[illegible]

女宓明年育佑壽 安

男明顯[illegible] [illegible]

男思社年育佑壽 卓

男明奉年育佑壽 卓

[illegible]

敦煌社會歷史文獻釋録第一編

策劃、主編：郝春文

# 英藏敦煌社會歷史文獻釋録 第十二卷

郝春文、宋雪春、董大學、王秀林　編著
助編：韓鋒、李芳瑶、王曉燕、游自勇、杜立暉、聶志軍、陳于柱

社會科學文獻出版社
SOCIAL SCIENCES ACADEMIC PRESS (CHINA)

# 敦煌社會歷史文獻釋錄

策劃、主編：郝春文

編委：柴劍虹、鄧文寬、方廣錩、郝春文、榮新江、張涌泉、趙和平、鄭炳林

海外編委：吳芳思（Frances Wood）、魏泓（Susan Whitfield）

本書第十二卷　係

國家社會科學基金重大項目（10&ZD080）
上海市哲學社會科學規劃重大課題
國家社會科學基金一般項目（04BZS004）

# 凡例

一　本書係大型文獻圖集《英藏敦煌文獻》的文字釋録本。其收録範圍、選擇内容均與上書相同。但增收該書漏收的部分佛教典籍以外文獻；對於該書未收的佛經題記，因其具有世俗文書性質，亦予增收；對於該書所收的部分佛經，本書則予以剔除。凡屬增收、剔除之文書，均作説明。

二　本書的編排順序係依收藏單位的館藏編號順序排列。每號文書按正背次序排列，背面以『背』（V）表示。文書正背之區分均依文書原編號。發現原來正背標錯的情況，亦不改動，但在校記中加以説明。

三　凡一號中有多件文書者，即依次以件爲單位進行録校。在每件文書標題前標明其出處和原編號碼。

四　每件文書均包括標題、釋文兩項基本内容；如有必要和可能，在釋文後加説明、校記和有關研究文獻等内容。

五　文書的擬題以向讀者提供盡量多的學術信息爲原則，凡原題和前人的擬題符合以上原則者，即行採用；不符者則重新擬題。

六　凡確知爲同一文書而斷裂爲兩件以上者，在校記中加以説明；若能直接綴合，釋文部分將逕録綴合後的釋文。

七　本書之敦煌文獻釋文一律使用通行繁體字釋録。釋文的格式採用兩種辦法，對有必要保存原格式的文書，以忠實原件、反映文書的原貌爲原則，按原件格式釋録；没有必要保存原格式的文獻，則採用自然行釋録。原件中之逆書（自左向右書寫），亦不改動；一件文書寫於另一件文書行間者，分别釋録，但加以説明。保存原格式的文書，原文一行排不下時，移行時比文書原格式低二格，以示區别。

八　釋文的文字均以原件爲據，適當吸收前人的研究成果。如已發表的釋文有誤，則逕行改正，並酌情出校。

九　同一文書有兩種以上寫本者，釋録到哪一號，即以該號中之文書爲底本，以其他寫本爲參校本；有傳世本者，則以寫本爲底本，以傳世本爲參校本。

一〇　底本與參校本内容有出入，凡底本中之文字文義可通者，均以底本爲准，而將參校本中之異文附於校記，以備參考。若底本有誤，則保留原文，在錯誤文字下用（　）注出正字；如底本有脱文，可據他本和上下文義補足，但需將所補之字置於〔　〕内；改、補理由均見校記。

一一　原件殘缺，依殘缺位置用（前缺）（中缺）（後缺）表示。因殘缺造成缺字者，用□

表示，不能確知缺幾個字的，上缺用［　　］表示，中缺用［　　］表示，下缺用［　　］表示，一般佔三格，但有時爲了保持原文格式，可適當延長，視具體情況而定。

一二　凡缺字可據別本或上下文義補足時，將所補之字置於□內，並在校記中說明理由；原文殘損，但據殘筆劃和上下文可推知爲某字者，逕補；無法擬補者，從缺字例；字跡清晰，但不識者照描，在該字下注以『（？）』，以示存疑；字跡模糊，無法辨識者，亦用□表示。

一三　原書寫者未書完或未書全者，用『（以下原缺文）』表示。

一四　原件中的俗體、異體字，凡可確定者，一律改爲通行繁體字；有些因特殊情況需要保留者，用（　）將正字注於該字之下。

一五　原件中的筆誤和筆劃增減，逕行改正；出入較大的保留，用（　）在該字之下注出正字，並在校記中說明理由。

一六　原件中的同音假借字照録，但用（　）在該字之下注出本字。

一七　原件有倒字符號者，逕改；有廢字符號者，不録；有重疊符號者，直接補足重疊文字；均不出校。有塗改、修改符號者，只録修改後的文字；不能確定哪幾個字是修改後應保留的，兩存之。有塗抹符號者，能確定確爲作廢者，不録；不能確定已塗抹的文字，則照録。原寫於行外的補字，逕行補入行內；不能確定補於何處者，仍照原樣録於夾行中。

一八　原件中的衍文，均保留原狀，但在校記中注明某字或某字至某字衍，並説明理由。

一九　文書中的朱書和印跡，均在説明中注明。

二〇　本書收録與涉及的敦煌文獻，在標明其出處時，使用學界通用的略寫中文詞和縮寫英文詞，即：

『斯』：倫敦英國國家圖書館藏敦煌文獻斯坦因（Stein）編號

『北敦』（BD）：北京中國國家圖書館藏敦煌文獻編號

『Ch BM』：倫敦英國國家博物館藏敦煌絹紙畫編號

『Ch IOL』：倫敦英國印度事務部圖書館藏敦煌文獻編號

『S. P』：倫敦英國國家圖書館藏敦煌文獻木刻本斯坦因（Stein）編號

『伯』：巴黎法國國立圖書館藏敦煌文獻伯希和（Pelliot）編號

『Дх. 』：聖彼得堡俄羅斯聯邦科學院東方文獻研究所藏敦煌文獻編號

『Ф. 』：聖彼得堡俄羅斯聯邦科學院東方文獻研究所藏敦煌文獻弗魯格（Флуг）編號

# 目録

## 斯二三五三　佛説無量壽宗要經題記

### 釋文

氾子昇寫。

### 説明

此件《英藏敦煌文獻》未收，現予增收。

### 參考文獻

《敦煌寶藏》一八册，臺北：新文豐出版公司，一九八一年，五四七頁（圖）；《中國古代寫本識語集録》，東京大學東洋文化研究所，一九九〇年，三九〇頁（録）；《敦煌遺書總目索引新編》，北京：中華書局，二〇〇〇年，七二頁（録）。

# 斯二三五四　　禮懺文摘抄

## 釋文

（前缺）

身有罪，盡懺悔已，歸命禮三寶。

志（至）心勸請[一]　十方佛[二]，見在成道者。我請轉法輪，安樂諸衆生。十方一切佛，若欲捨受（壽）命[三]。我今投（頭）面禮[四]，勸請令久住。勸請已，歸命禮三寶。

志（至）心隨喜[五]　所有佈施福，持戒脩禪定惠[六]，從身口意生，去來今所有。習學三乘人，具足一乘者，無量人天福，衆等皆隨喜。隨喜已，歸命禮三寶。

志（至）心迴向[七]　我所作福業，一切皆和合。爲度群生故，正迴向佛道。罪應如是懺，勸請隨喜福，迴向於菩提。迴向已，歸命禮三寶。

志（至）心發願[八]　願諸衆生等，悉發菩提心。繫心常思念，十方一切佛。復願諸衆生，永破諸煩惱。了了見佛性，由（猶）如妙德等[九]。發願已，歸命禮三寶。

白衆等聽説寅朝清淨偈　欲求寂滅樂，當學沙門法。衣食繼身命，精麤隨衆等。今日寅朝清淨，各記六念：念佛、念法、念僧、念戒、念天、念施。啓佛及法事，並依上文。

又黄昏偈　西方日已没，塵勞猶未除。老宿（病）死時至〔一〇〕，相看不久居。念念催年促，猶如少水魚。勸諸行道衆，脩學至無餘。

中夜無常偈　衆等各各觀身處，骨肉巾（筋）皮相浮堅〔一一〕。地水火風假成身，四大分散元無主。一函臭肉變成疽，分散爛壞從灰土〔一二〕。

後夜無常偈　時光千流轉，忽至五更初。無常念念至，恒與死王居。勸諸行道衆，脩學至無餘。

六根懺　我等自從無量劫，恒被六賊欺。居（於）一相之中〔一三〕，而共生分别。眼根常愛色，耳分别音聲，鼻或著餘香，舌鎮貪諸味。身常樂受觸，意相（想）遍攀緣〔一四〕。猶（由）斯顛倒心〔一五〕，固（故）沉輪生死海〔一六〕。懺悔已，歸命禮三〔寶〕〔一七〕。

願我等從今日，乃至證菩提。六賊恒爲成六通，三毒變爲三解脱。同一真如平等惺（性）〔一八〕，不捨生死證涅盤（槃）〔一九〕。恒於六趣濟群生，共證如來無上道。

志（至）心發願〔二〇〕　願我眼根常見佛，願耳恒聞説法聲。願鼻不嗅一餘香，願口常誦波羅蜜。願身不染諸邪境，願意不攀有相緣。願心能除煩惱賊，願我恒到涅盤（槃）城。我願衆生盡成佛，我願普證涅盤（槃）因。發願已，歸〔命禮〕三寶〔二一〕。

衆生無邊誓願度，煩惱無邊誓願斷。法門無盡誓願學，無上佛道誓願成。

聽説知時無常謁（偈）〔二二〕　色情若不住，草動染諸塵。隨緣遍六趣，刹那不暫停〔二三〕。知身如電影，悟趣（軀）若浮雲〔二四〕。了知心本淨，迴願入真門。

（後缺）

## 説明

此件首尾均缺，所存内容有至心懺悔、志（至）心勸請、志（至）心隨喜、志（至）心迴向、志（至）心發願、白衆等聽説寅朝清淨偈、黄昏偈、中夜無常偈、後夜無常偈、六根懺、志（至）心發願、聽説知時無常謁（偈）等，均爲『禮懺文』的組成部分。敦煌文獻中同類寫本較多，這類寫本雖然基本内容相同，但亦有差異。本書第一卷所釋録的斯二三六《禮懺文一本》存有『至心懺悔』至『白衆等聽説寅朝清淨偈』的内容，與此件相類似（參見《英藏敦煌社會歷史文獻釋録》一卷，三四七至三五一頁）。第七卷斯一六七四《雜抄（三禮三寶、金剛五禮文、五陰山詩）》，曾以此件『六根懺』及其後『志（至）心發願』爲戊本參校（參見《英藏敦煌社會歷史文獻釋録》七卷，四四二至四四四頁）。故此件僅用本書第一卷之斯二三六《禮懺文一本》、第七卷斯一六七四《雜抄（三禮三寶、金剛五禮文、五陰山詩）》校改錯誤。

## 校記

〔一〕『志』，當作『至』，據斯二三六《禮懺文一本》改，『志』爲『至』之借字。

〔二〕此句據斯二三六《禮懺文一本》及文義，疑有脱文。
〔三〕『受』，當作『壽』，據斯二三六《禮懺文一本》改，『受』爲『壽』之借字。
〔四〕『投』，當作『頭』，據斯二三六《禮懺文一本》改，『投』爲『頭』之借字。
〔五〕『志』，當作『至』，據斯二三六《禮懺文一本》改，『志』爲『至』之借字。
〔六〕『脩』，《大正新脩大藏經》釋作『修』，雖義可通而字誤，以下同，不另出校。此句斯二三六《禮懺文一本》作『持戒修禪惠』，疑底本『禪』字或『定』字當有一字爲衍文。
〔七〕『志』，當作『至』，據斯二三六《禮懺文一本》改，『志』爲『至』之借字。
〔八〕『志』，當作『至』，據斯二三六《禮懺文一本》改，『志』爲『至』之借字。
〔九〕『由』，當作『猶』，據斯二三六《禮懺文一本》改，『由』爲『猶』之借字。
〔一〇〕『宿』，當作『病』，據斯二三六《禮懺文一本》改，《大正新脩大藏經》逕釋作『病』。
〔一一〕『巾』，當作『筋』，《大正新脩大藏經》據文義校改，『巾』爲『筋』之借字。
〔一二〕『壞』，原卷作『壞』，蓋涉前『爛』字而成的類化俗字。
〔一三〕『居』，當作『於』，據斯一六七四《雜抄（三種三寶、金剛五禮文、五陰山詩）》改，『居』爲『於』之借字。
〔一四〕『相』，當作『想』，據斯一六七四《雜抄（三種三寶、金剛五禮文、五陰山詩）》改，『相』爲『想』之借字。
〔一五〕『猶』，當作『由』，據斯一六七四《雜抄（三種三寶、金剛五禮文、五陰山詩）》改，『猶』爲『由』之借字。
〔一六〕『固』，當作『故』，據斯一六七四《雜抄（三種三寶、金剛五禮文、五陰山詩）》改，『固』爲『故』之借字。
〔一七〕『寶』，《大正新脩大藏經》據文義校補。
〔一八〕『惺』，當作『性』，據文義改，『惺』爲『性』之借字。
〔一九〕『盤』，當作『槃』，據斯一六七四《雜抄（三種三寶、金剛五禮文、五陰山詩）》改，《大正新脩大藏經》逕釋作

「桀」。以下同，不另出校。

〔二〇〕「志」，當作「至」，據斯一六七四《雜抄（三種三寶、金剛五禮文、五陰山詩）》改，「志」爲「至」之借字。

〔二一〕「命禮」，據殘筆劃及文義補。

〔二二〕「謁」，當作「偈」，據文義改，《大正新脩大藏經》逕釋作「偈」。

〔二三〕「那」，據殘筆劃及文義補；「暫」，《大正新脩大藏經》釋作「繫」，誤。

〔二四〕「趣」，當作「軀」，據文義改，「趣」爲「軀」之借字。

## 參考文獻

《大正新脩大藏經》八五册，東京：大東出版社，一九三二年，一三〇五至一三〇六頁（録）；《敦煌寶藏》一八册，臺北：新文豐出版公司，一九八一年，五四七頁（圖）；《英藏敦煌文獻》四卷，成都：四川人民出版社，一九九一年，六七頁（圖）；《英藏敦煌社會歷史文獻釋録》一卷，北京：科學出版社，二〇〇一年，三四七至三五二頁（録）；《英藏敦煌社會歷史文獻釋録》七卷，北京：社會科學文獻出版社，二〇一〇年，六四至六九、四四二至四四四頁（録）。

# 斯二三六〇　七階佛名經題記

## 釋文

清信弟子石禄山敬寫此經，願所有罪鄣，願皆消滅。合家大小平安，遠行之子，早得見面〔一〕。

## 説明

此件《英藏敦煌文獻》未收，現予增收。

## 校記

〔一〕『見面』，《三階教之研究》釋作『面見』，誤。

## 參考文獻

《三階教之研究》，東京：岩波書店，一九二七年，五三四頁（録）；*Descriptive Catalogue of the Chinese Manuscripts from Tunhuang in the British Museum*, The Trustees of the British Museum, London 1957, p. 138（録）；《敦煌寶藏》一八册，臺北：新文豐出版公司，一九八一年，五六四頁（圖）；《敦煌學要籥》，臺北：新文豐出版公司，一九八二年，一一五頁（録）；《敦煌遺書總目索引》，北京：中華書局，一九八三年，一五六頁（録）；《中國古代寫本識語集録》，東京大學東洋文化研究所，一九九〇年，三二五至三二六頁（録）；《敦煌遺書總目索引新編》，北京：中華書局，二〇〇〇年，七二頁（録）。

# 斯二三六七　大乘起信論廣釋卷第三題記

## 釋文

光遍勘。

## 説明

以上三字爲朱筆所書。此件《英藏敦煌文獻》未收，現予增收。

## 參考文獻

*Descriptive Catalogue of the Chinese Manuscripts from Tunhuang in the British Museum*, The Trustees of the British Museum, London 1957, p. 178（録）；《鳴沙餘韻・解説篇》一部，京都：臨川書店，一九八〇年，一五八頁（録）；《敦煌寶藏》一八册，臺北：新文豐出版公司，一九八一年，五九五頁（圖）；《敦煌學要籥》，臺北：新文豐出版公司，一九八二年，一一五頁（録）；《敦煌遺書總目索引》，北京：中華書局，一九八三年，一五六頁（録）；《中國古代寫本識語集録》，東京大學東洋文化研究所，一九九〇年，三二六頁（録）；《敦煌遺書總目索引新編》，北京：中華書局，二〇〇〇年，七二頁（録）。

# 斯二三六九　式叉摩那尼六法文題記

## 釋文

乙巳年四月十八日沙州學士未時了〔一〕。

## 説明

此件《英藏敦煌文獻》未收，現予增收。

## 校記

〔一〕『學士』，《中國古代寫本識語集録》釋作『淨土』，誤。

## 參考文獻

*Descriptive Catalogue of the Chinese Manuscripts from Tunhuang in the British Museum*, The Trustees of the British Museum, London 1957, p. 208（録）；《敦煌寶藏》一八册，臺北：新文豐出版公司，一九八一年，六四二頁（圖）；《敦煌遺書總目

索引》，北京：中華書局，一九八三年，一五六頁（録）；《中國古代寫本識語集録》，東京大學東洋文化研究所，一九九〇年，四八五頁（録）；《敦煌遺書總目索引新編》，北京：中華書局，二〇〇〇年，七二頁（録）。

# 斯二三八五　　陰國政賣地契

**釋文**

（前缺）

[ ]陰國政只是一身[ ]動不得，[爲]□[ ]食之[處][ ]其地斷作[鄉]

[ ]永世爲業〔一〕，其物及地[ ][分]付[訖]〔二〕，[ ]欠少，[罰][ ]百年

[或][ ]稱爲主者〔三〕，一仰叔祇當〔四〕，並畔覓上好地充替〔五〕，如[若]□□已後〔六〕，不許

別房姪男寢（侵）劫〔七〕，如若無辜（故）非理諍論〔八〕，願你行（？）天傾地陷〔九〕，一定

已後，更不許翻悔。如有再生翻悔，罰麥玖碩，充入不悔之人。恐人無信，兩共對面平章，

故立私契，用[爲後憑]〔一〇〕。

地主叔陰國政指節　年七十六〔一一〕

同户姪陰再□

同□〔一二〕[ ]

見人□〔一三〕

見人何□〔一四〕

見人耆壽

節度押衙本鄉〔一五〕

河西管内都指揮使兼御□〔一六〕

## 説明

此件首缺尾殘，上下沿亦有多處殘破。從所存内容來看，應爲『陰國政賣地契』原件，陰國政名字後有指節畫押符號。

## 校記

〔一〕『爲』『處』『鄉』，《敦煌契約文書輯校》據殘筆劃及文義校補。

〔二〕『分』『訖』，《敦煌契約文書輯校》據文義校補。

〔三〕『罰』，據殘筆劃及文義補，《敦煌契約文書輯校》釋作『叔』；『□』，《敦煌契約文書輯校》補作『政』；『或』，據殘筆劃及文義補。

〔四〕『祇』，《敦煌社會經濟文獻真蹟釋録》釋作『祇』。

〔五〕「充」，《敦煌社會經濟文獻真蹟釋録》漏録。

〔六〕「若」，《敦煌契約文書輯校》據殘筆劃及文義校補。

〔七〕「寢」，當作「侵」，《敦煌契約文書輯校》據文義校改，《敦煌社會經濟文獻真蹟釋録》逕釋作「侵」，「寢」爲「侵」之借字。

〔八〕「辜」，當作「故」，據文義改，「辜」爲「故」之借字。

〔九〕「你」，《敦煌社會經濟文獻真蹟釋録》未能釋讀。

〔一〇〕「爲後憑」，《敦煌社會經濟文獻真蹟釋録》據文義校補。

〔一一〕「六」，《敦煌社會經濟文獻真蹟釋録》《敦煌契約文書輯校》釋作「二」，誤。

〔一二〕「同」，據殘筆劃及文義補。

〔一三〕「□」，《敦煌契約文書輯校》疑當作「彭」。

〔一四〕「□」，《敦煌契約文書輯校》疑當作「流」。

〔一五〕「本鄉」，《敦煌契約文書輯校》漏録。

〔一六〕「□」，《敦煌社會經濟文獻真蹟釋録》釋作「史」，《敦煌契約文書輯校》釋作「使」。

## 參考文獻

《敦煌寶藏》一九册，臺北：新文豐出版公司，一九八一年，七一頁（圖）；《敦煌社會經濟文獻真蹟釋録》二輯，北京：全國圖書館文獻縮微複製中心，一九九〇年，一六頁（録）；《英藏敦煌文獻》四卷，成都：四川人民出版社，一九九一年，六八頁（圖）；《敦煌契約文書輯校》，南京：江蘇古籍出版社，一九九八年，四〇至四一頁（録）。

# 斯二三八七　大般若波羅蜜多經卷第一百一十二題記

## 釋文

比丘談建寫。

## 説明

此件《英藏敦煌文獻》未收，現予增收。

## 參考文獻

*Descriptive Catalogue of the Chinese Manuscripts from Tunhuang in the British Museum*, The Trustees of the British Museum, London 1957, p. 3（録）；《敦煌寶藏》一九册，臺北：新文豐出版公司，一九八一年，七八頁（圖）；《敦煌學要籥》，臺北：新文豐出版公司，一九八二年，一一五頁（録）；《敦煌遺書總目索引》，北京：中華書局，一九八三年，一五七頁（録）；《中國古代寫本識語集録》，東京大學東洋文化研究所，一九九〇年，三五八頁（録）；《敦煌遺書總目索引新編》，北京：中華書局，二〇〇〇年，七三頁（録）。

# 斯二三八八　佛説觀音經題記

## 釋文

徐阿僧經。

## 説明

此件《英藏敦煌文獻》未收，現予增收。

## 參考文獻

*Descriptive Catalogue of the Chinese Manuscripts from Tunhuang in the British Museum*, The Trustees of the British Museum, London 1957, p. 86（録）；《敦煌寶藏》一九册，臺北：新文豐出版公司，一九八一年，八一頁（圖）；《中國古代寫本識語集録》，東京大學東洋文化研究所，一九九〇年，三二四頁（録）；《敦煌遺書總目索引新編》，北京：中華書局，二〇〇〇年，七三頁（録）。

## 斯二四〇〇背　雜寫

**釋文**

□佈從從垢膩藍□

□命四鄰不見

養身臘□

酒添否

某身（？）

二弁能造疏人

文一卷

隨藏疏科

疏題分二

疏序分三

百法論
初釋
三弁下下三三
報（？）使□
□但損
維摩經
灬羅睺
二土星
□有
一負百
□無非自也
朝臣（？）也（？）
大唐新
經
經　九曜（？）□□新譔
科分口

便勝貧出廿日
鷄肉嫩充
□低腰恐
莫言富貴
在灰黑黄□
慵輕俸禄
方廣佛花
本大方
今時
菩薩問
經淨行
中條山講
若心經
經（？）臺（？）
第十一
□將釋經疏大□

讚叙述

大般若波□

□修中品

□智

品天中天修

□佛聞法

□巨（？）通

□善緒瑞

## 説明

以上文字爲時人利用《妙法蓮華經》卷第一的卷背空白隨手所書，其中有的似爲修補正面佛經的帶字殘紙，横粘於卷背。這些文字并非連續書寫，中間多有空白，有正書，有倒書，而且字體大小不一。此件《英藏敦煌文獻》未收，現予增收。釋文部分按照從右至左的順序進行釋録，正、倒、横書均不再一一出校。

## 參考文獻

《敦煌寶藏》一九册，臺北：新文豐出版公司，一九八一年，一五七至一六三頁（圖）。

## 斯二四〇一　大般若波羅蜜多經卷第三百六十二勘經題記

### 釋文

兑。

兑。

### 説明

以上文字大字書寫於《大般若波羅蜜多經》卷第三百六十二天頭，表示此紙佛經抄寫有誤，已經作廢。《英藏敦煌文獻》未收，現予增收。

### 參考文獻

《敦煌寶藏》一九册，臺北：新文豐出版公司，一九八一年，一六四頁（圖）。

## 斯二四〇二背　大般若波羅蜜多經卷第三百六十二題記

### 釋文

十五袟。

（中空數行）

十五袟，十六袟，兑經。

無頭尾〔一〕

### 説明

此件《英藏敦煌文獻》未收，現予增收。

### 校記

〔一〕『無頭尾』，似朱筆所書，《敦煌佛教經録輯校》漏録。

## 參考文獻

《敦煌寶藏》一九册，臺北：新文豐出版公司，一九八一年，一七六頁（圖）；《敦煌佛教經録輯校》（下），南京：江蘇古籍出版社，一九九七年，一〇四一頁（録）。

# 斯二四〇四　甲申歲（公元九二四年）具注曆日

## 釋文

（前缺）

[　　]衙守隨軍參謀翟奉達撰上 干木支金納音水〔一〕。凡三百五十四日[　　]□乃判，故立二儀。然則晝見金烏，宵呈玉兔，陰陽[　　]□方列，運移寒暑，宜辯吉凶〔二〕，日往月來，如（而）成其歲[　　]惡備雜忌以終篇〔三〕。兼有《周易》爻象，令知軌則，年[　　]□方知秘録。

凡人年内造作，舉動百事，先須看太[并魁罡]〔四〕，犯之凶，避者吉。今年太歲在申，太陰在午，大將軍在午，歲煞在未，歲破在寅，歲刑在寅，黄幡在辰〔五〕，豹尾在戌，三公在亥，九卿在酉，博士在艮，力士在乾，奏書在坤，害氣在巳，畜官在子，大耗在丑，小耗在寅，蠶官在巽〔六〕，伏兵在丙，發盜在卯，劫煞在巳，喪門在戌，五鬼在申，吊客在午。右已上太歲及已下諸神煞所在之地，並不得妄有穿穴，因有破壞者，事須修治。其日遇（與）天赦〔七〕、歲德、月德、天恩、母倉并者，修之無妨；若不并者，即須避之。

凡太歲、太陰同遊日，常以甲子日東遊〔八〕，己巳日還；丙子日南遊，辛巳日還；庚子日西遊，乙巳日還；壬子日北遊，丁巳日還；戊子日中遊，癸巳日還。若所遊之方，不得修造動土。若犯太歲，妨家長；犯太陰，妨家母。今年歲德在甲，合德在己，甲、己上取土吉及宜修造。凡土公，常以甲子日北遊，庚午日還；戊寅日東遊，甲申日還；甲午日南遊，庚子日還；戊申日西遊，甲寅日還。凡土公本位恆在中庭，每有遊日之方，不得動土，犯之凶。

凡宅內伏龍遊法

正月一日在中庭，去堂六尺，六十日；三月一日在堂門內，一百日；六月十一日移在東垣，六十日；八月十一日在四隅，一百日；十一月廿一日移在竈內，卌日。伏龍所在之處，不可動土穿地，若犯者，則傷家長。

今年十月天罡，四月河魁。今年生男起五宮，女起七宮〔九〕。九宮之中，年起五宮，月起四宮〔一〇〕，日起二宮。

九方色之中，但依紫、白二方修造法，出貴子，加官，受職，横得財物，婚嫁酒食，所作通達，合家吉慶。

若犯緑方，注有損傷或從高墜下，及小兒、奴婢、妊身者，厄。

若犯黑方，注〔有〕哭聲[一一]、口舌、損傷財物六畜，凶。

若犯碧方，注有損胎、驚恐、疾病，凶。

若犯黄方，注有鬭諍及損六畜、病疾[一二]，凶。

若犯赤方，注多死亡、驚恐、怪夢，凶。

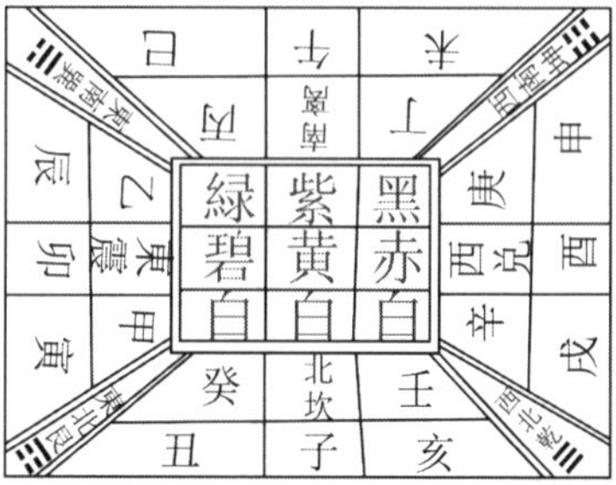


推七曜直用日吉凶法

弟（第）一蜜[一三]，太陽直日，宜見官、出行、捉走失，吉；吉事重吉，凶事重凶。

弟（第）二莫[一四]，太陰直日，宜納財、治病、修井竈門户，吉；忌見官，凶。

弟（第）三雲漢，火直日，宜買六畜、治病、合火造書契[一五]，市買，吉；忌針灸，凶。

弟（第）四嘀，水直日，宜入學、造功德，一切工巧皆成，人、畜走失自來，吉。

弟（第）五温没斯，木直日，宜見官、禮事、買莊宅、下文狀、洗頭，吉。

弟（第）六那頡，金直日，宜受法、見官、市口馬、著新衣、修門户，吉。

弟（第）七鷄緩，土直日，宜典莊田、〔市〕〔買〕牛馬〔一六〕，利加萬倍，及修治倉庫，吉。今年莫日受歲。每月日遊，人神并注在當日足下。若日遊所在之地，不得修造、掃舍，產難，凶。人神所在之處，不得針灸出血。

雜忌日法

月虛日不煞生祭神，八魁日不開墓，復日不爲凶事，九焦、九坎日不種蒔及蓋屋，天李、地李日不嫁娶及入官論理，厭對及往亡日不遠行、出兵。血忌日不煞生及針灸出血。歸忌日不歸家及召女呼婦。八龍、七鳥、九虛（虎）〔一七〕、六蛇日不嫁娶。章光、天門、九醜及天尸日不出行及出師。煞陰、大敗日不出兵戰鬭。四（五）墓日不出行〔一八〕。地囊日不動土，大時日不安墓〔一九〕，滅、没日不涉深水乘船，蜜日不問病，上、下弦日不舉小事。望日不祭神及煞生，朔日不會客及歌樂，晦日不裁衣，魁、罡日不舉百事。建日不開倉，除日不出財，滿日不服藥，平日不修溝，定日不作辭，執日不發病，破日不會客，危日不遠行，成日不詞訟，收日亦不遠行，開日不送喪，閉日不治目。子日不卜問，丑日不買牛，寅日不祭祀，卯日不穿井，辰日不哭泣，巳日不迎女，午日不蓋屋，未日不服藥，申日不裁衣，酉日不會客，戌日不養犬，亥日不育豬及不伐罪人。

推五姓利年月法

宮姓今年大利造作，修造大吉利，月〔宜〕〔用〕四月〔二〇〕、五月、七月、八月，大吉。商姓今年大利造作，百事大吉利，月宜用三月、九月、八月、十月，大吉。角姓今年小利修造，造作小吉利，月宜用四月、五月、正月、二月〔二一〕、十月，吉。徵姓今年小利〔修〕〔造〕〔二二〕，造作小吉利，月宜用正月、二月、六月、七月，吉。羽姓今年大利造作，〔修〕〔造〕大吉利〔二三〕，月宜用正月、二月、七月、八月，吉。

謹案《仙經》云：『若有人每夜志心禮北斗者，長命消災，大吉。』

葛仙公禮北斗法

昔仙公志心每夜頂禮北斗，延年益算；鄭君禮斗官長命，不注刀刃所傷。

申生人猴相本命元神。若有精心之者，逐日供养元神者，消災益福〔二四〕，及畫形頭前安之〔二五〕，大吉。

正月小，二月大，三月小，四月小，五月大，六月小，七月大，八月小，九月大，十月大，十一月小，十二月大。

正月小建

丙寅[二六]

| | | |
|---|---|---|
| 碧 | 白 | 白 |
| 黑 | 緑 | 白 |
| 赤 | 紫 | 黄 |

自正月一日至廿四驚蟄[二七]，已得正月之節，即天道南行，宜修南方，宜向南行。天德在丁，月德在丙，合德在辛，丙、辛上取土吉及宜修造。月空在壬，月厭在戌，月煞在丑，月破在申，月刑在巳。用甲、庚、丙、壬時吉。日出乙　入庚　　日遊　人神

莫一日辛丑土閉　祭風伯　合德、歸忌、塞穴、取土、解吉。二虛，在內紫微宮，在足大指。

二日壬寅金建　天門、煞陰、不將、嫁娶、加官、拜謁、移徙吉晝卌五刻，夜五十五刻。在內紫微宮，在外踝。

三日癸卯金除　大時、治病、嫁娶、祭祀、斬草、符鎮吉。九室[二八]，在內太廟宮，在股內。

四日甲辰火滿　□□□[二九]□，在內御女宮[三〇]，□

（後缺）

## 説明

此件首尾均缺，失題，起『押衙隨軍參謀翟奉達撰上』，訖『四日甲辰火滿』。原卷有朱筆句讀和標記，並繪有『年九宮圖』和『正月九宮圖』，圖心均爲朱筆所書。另外，『日遊』『人神』『祭風伯』等均爲朱筆所書。

此件曆日具注曆日部分只存正月一日至四日，鄧文寬考訂其爲《後唐同光二年甲申歲（公元九二四

年）具注曆日》（參見《敦煌天文曆法文獻輯校》，三八二至三八三頁）。

## 校記

〔一〕『銜』，《敦煌天文曆法文獻輯校》校補作『押銜』；『干』，《敦煌天文曆法文獻輯校》據文義校補。

〔二〕『辯』，《敦煌天文曆法文獻輯校》校改作『辨』，按不改亦可通。

〔三〕『如』，當作『而』，《〈敦煌天文曆法文獻輯校〉零拾》據文義較改，『如』爲『而』之借字。

〔四〕『并魁罡』，《敦煌天文曆法文獻輯校》據文義校補。

〔五〕『幡』，《敦煌天文曆法文獻輯校》以此字爲缺文並校補，按底本實有此字。

〔六〕『蠶官在巽』，《敦煌天文曆法文獻輯校》據《欽定協紀辨方書》卷九《立成》申年之『蠶官在辰，蠶室在巽』句認爲底本此句有誤。

〔七〕『遇』，當作『與』，《敦煌天文曆法文獻輯校》據文義校改，『遇』爲『與』之借字。

〔八〕『日』，以小字補於『子』與『東』字右側的縫隙處。

〔九〕『男起五宫，女起七宫』，《敦煌天文曆法文獻輯校》據S.P.6《唐乾符四年丁酉歲（公元八七七年）具注曆日》推算此處當作『男起二宫，女起一宫』。

〔一〇〕『四』，《敦煌天文曆法文獻輯校》據S.P.6《唐乾符四年丁酉歲（公元八七七年）具注曆日》推算此字當作『二』。

〔一一〕『有』，《敦煌天文曆法文獻輯校》據文義校補。

〔一二〕『病疾』，《敦煌天文曆法文獻輯校》認爲當互乙。

〔一三〕『弟』，當作『第』，《敦煌天文曆法文獻輯校》據文義校改，『弟』爲『第』之本字。

〔一四〕『弟』，當作『第』，據文義改，《敦煌天文曆法文獻輯校》逕釋作『第』，『弟』爲『第』之本字。以下同，不另出校。
〔一五〕『火』，《敦煌天文曆法文獻輯校》校改作『夥』，按不改亦可通。
〔一六〕『市買』，《敦煌天文曆法文獻輯校》據伯三四〇三《雍熙三年丙戌歲（公元九八六年）具注曆日并序》校補。
〔一七〕『虛』，當作『虎』，《敦煌天文曆法文獻輯校》據文義校改。
〔一八〕『四』，當作『五』，《敦煌天文曆法文獻輯校》據文義校改。
〔一九〕『墓』，《敦煌天文曆法文獻輯校》疑當作『葬』。
〔二〇〕『宜用』，《敦煌天文曆法文獻輯校》據文義校補。
〔二一〕『正月二月』《敦煌天文曆法文獻輯校》認爲當置於『四月』之前。
〔二二〕『修造』，《敦煌天文曆法文獻輯校》據文義校補。
〔二三〕『修造』，《敦煌天文曆法文獻輯校》據文義校補。
〔二四〕『消』，據殘筆劃及文義補。
〔二五〕『晝形』，《敦煌天文曆法文獻輯校》釋作『晝夜』，誤。
〔二六〕《敦煌天文曆法文獻輯校》認爲正月九宮圖誤，推算該年正月起『二黑』，九宮圖當是：

| | | |
|---|---|---|
| 白 | 白 | 白 |
| 紫 | 黑 | 綠 |
| 黃 | 赤 | 碧 |

〔二七〕此句《敦煌天文曆法文獻輯校》據《通典》卷一一一所載，認爲當作『自去年十二月××日立春』。

〔二八〕『九』，《敦煌天文曆法文獻輯校》疑當作『乙』。

〔二九〕『□□□』，《敦煌天文曆法文獻輯校》釋作『魚上冰』。

〔三〇〕『在内御女宫』，《敦煌天文曆法文獻輯校》據伯二九七三、斯〇二七六校補。此句後《敦煌天文曆法文獻輯校》另釋有『在腰』二字。

## 參考文獻

《敦煌寶藏》一九册，臺北：新文豐出版公司，一九八一年，一八八頁（圖）；《中國歷史博物館館刊》一九八九年一二期，一四頁；《英藏敦煌文獻》四卷，成都：四川人民出版社，一九九一年，六八至六九頁（圖）；鄧文寬《敦煌天文曆法文獻輯校》，南京：江蘇古籍出版社，一九九六年，三七四至三八三、七二三頁（録）；《〈敦煌天文曆法文獻輯校〉零拾》，《慶祝吴其昱先生八秩華誕敦煌學特刊》，臺北：文津出版社，二〇〇〇年，一五〇至一五一頁；《敦煌學輯刊》二〇一〇年四期，八四至八九頁。

# 斯二四一九　妙法蓮華經卷三題記

## 釋文

大業四年四月十五日〔一〕，敦煌郡旅師（帥）王師（海）〔二〕，奉爲亡妣敬造《涅槃》《法華》《方廣》各一部。以兹勝善〔三〕，奉福尊靈〔四〕，願超越三途，登七淨〔五〕；六道含識，皆霑願海。

## 説明

此件首尾完整，寫於《妙法蓮華經》卷第三尾題之後，是敦煌郡大黄府旅帥王海爲亡妣抄經做功德的發願題記，抄寫時間爲『大業四年』，即公元六〇八年。現知敦煌文獻中保存與此件内容相近的題記尚有伯二一一七和伯二二〇五兩件寫本：伯二一一七寫於《大般涅槃經》卷第卅三尾題之後，伯二二〇五寫於《大般涅槃經》卷第八尾題之後。此件《英藏敦煌文獻》未收，現予增收。

## 校記

〔一〕『月』，《敦煌遺書總目索引新編》漏録。

〔二〕第一個『師』，當作『帥』，據伯二三〇五《大般涅槃經》卷第八題記改；第二個『師』，當作『海』，據伯二一一七《大般涅槃經》卷第卅三題記、伯二三〇五《大般涅槃經》卷第八題記改。

〔三〕『以』，《敦煌遺書總目索引新編》釋作『經』，誤。

〔四〕『福』，《敦煌學要籥》《敦煌遺書總目索引新編》均釋作『爲』，誤。

〔五〕『七淨』，《敦煌學要籥》校補作『七佛淨土』。

## 參考文獻

*Descriptive Catalogue of the Chinese Manuscripts from Tunhuang in the British Museum*, The Trustees of the British Museum, London 1957, p. 69（錄）；《鳴沙餘韻·解説篇》一部，京都：臨川書店，一九八〇年，二七三頁（錄）；《敦煌寶藏》一九册，臺北：新文豐出版公司，一九八一年，二九一頁（圖）；《敦煌學要籥》，臺北：新文豐出版公司，一九八二年，一一五頁（錄）；《中國古代寫本識語集錄》，東京大學東洋文化研究所，一九九〇年，一七五頁（錄）；《敦煌願文集》，長沙：嶽麓書社，一九九五年，八七七頁（錄）；《敦煌遺書總目索引新編》，北京：中華書局，二〇〇〇年，七三頁（錄）。

# 斯二四二〇　讚僧功德經一卷

## 釋文

讚僧功德經〔一〕

阿含經中略集出〔二〕，歎大德僧聽我説〔三〕。世尊出廣長舌相〔四〕，以大梵音讚僧寶。

如地堅牢承萬物〔五〕，任持有情非情類〔六〕。我末法中出家人，常住僧寶亦如是〔七〕。

諸願誓重不退者〔八〕，志求菩提微妙果。於濁苦惡世界中，常在如來清淨衆。

僧中或有求四果，或以證果在僧中。此等八輩諸上人，和合僧中常不斷。

或有頭陀行乞食，或有山間樂寂靜。乃至於微細戒中，不犯如來嚴命教。

或有深廣學智惠〔九〕，或有息慮習諸禪。並皆集在僧衆中〔一〇〕，猶如百川歸大海。

殊勝妙寶大德僧，長養衆生功德種。能與人天勝果者，無過佛法僧寶衆。

善心僧中施掬水〔一一〕，獲福多於大海量〔一二〕。微塵尚可有算期，僧中施報無有盡。

若人當來求遠離，越於生死貧窮河〔一三〕。應當速疾志誠心，於僧寶中樹因果〔一四〕。

於此最妙良福田〔一五〕，若有種植功德子〔一六〕。當來收獲無邊畔，由（猶）如雲中含大雨〔一七〕。

施者不籌量受者，平等奉施無二心〔一八〕。是人方可能堪任，受人天中勝如（妙）果〔一九〕。

無量功德具莊嚴，大悲世尊第（弟）子衆〔二〇〕。凡人肉眼難分別〔二一〕，由（猶）如灰覆於火上〔二二〕。

或有外現犯戒相，内秘無量諸功德。應當信順崇重之〔二三〕，賢聖凡愚不可測〔二四〕。

或有外現具威儀，或示未能捨其欲。外相人觀謂凡夫，不妨内即是其聖。

由（猶）如四種菴羅果〔二五〕，生熟難分不可别。如來弟子亦如是〔二六〕，有戒無戒亦難辨（辯）〔二七〕。

是故殷勤勸諸人〔二八〕，不聽毁駡僧寶衆。若欲不沈淪苦海，常當敬重植良田。

若欲天中受樂者，亦當供養苾芻僧。勿以凡夫下劣心〔二九〕，分别如來弟子衆〔三〇〕。

若有清信士女等，能於一念生信心。平等供養苾芻僧，是人獲得無量報。

若於僧中起邪見，當來定墮三惡道。世尊親自以梵音，金口弘宣誠不妄。

寧以利刀割其舌，或以捻杵碎其身〔三一〕。不應一念嗔恚心〔三二〕，謗毁如來淨僧衆。

寧以吞大熱鐵丸，寧便口中出猛焰〔三三〕。不應戲論以一言，毁駡出家清淨衆。

寧以利刀自屠割，殘害支節毀肌膚〔三四〕。不應戲笑調凡愚〔三五〕，何況打罵苾芻衆。
寧以自手挑兩目，寧於多劫受生盲。其於習行離欲人，不應惡眼而瞻視。
寧毀精舍及制多，寧焚七寶舍利塔。勿於僧中出惡言，誹謗如來清淨衆。
毀塔之人自墮落，經無量劫受諸苦。好説衆僧短長者〔三六〕，自墮亦引無量衆。
是故智者善思量，勿於僧中起輕慢。善自防護口業非〔三七〕，莫談此持彼犯戒。
若一惡言毀沙門〔三八〕，當墮泥犁受極苦〔三九〕。從地獄出得人身，即招聾盲瘖瘂報〔四〇〕。
世間多有愚劣人，談説僧尼諸過惡。因兹墮落惡道中〔四一〕，永劫沈淪没苦海。
大悲世尊禮大衆，尊敬和合大德僧。諸佛尚自致殷勤，何況凡夫輕慢衆〔四二〕。
世間多有信心人，崇重世尊弟子者〔四三〕。聞説三寶短長時，恐於僧中起邪見。
因此退敗諸善人，毀壞如來清淨衆。不見賢劫千世尊，是故智者應思忖。
昔有俱迦離苾芻，以一惡言罵僧衆〔四四〕。猶落鉢頭磨地獄〔四五〕，舌被犁耕數萬段〔四六〕。
亦有迦葉佛弟子，謗毀無量世間人。承斯惡業捨殘形〔四七〕，還受耕舌地獄苦〔四八〕。
沙門懷忿毀諸人，尚招無量口業報〔四九〕。何況無戒白衣人〔五〇〕，罵僧免墮惡道者〔五一〕。
是故智人不應罵，乃至草木塼瓦等。況毀清淨出家人，習行離欲善法者。
縱使慾火熾燒心〔五二〕，點汙尸羅清淨戒〔五三〕。不久速能自懺除，還入如來聖衆位。
如人暫迷失其道，有目還能尋本路。苾芻雖犯世尊禁，雖然暫犯還能滅。

如人平地蹶腳時，有足還能而速起。苾芻雖暫缺尸羅，雖犯不久還能補。
猶如世間金寶器〔五四〕，雖破其價一種貴。木器縱然全不漏，不可比於破寶器。
破禁苾芻雖無戒，初心出家功德勝。百千萬億白衣人，功德縱多不及彼。
出家弟子能堪任〔五五〕，繼嗣如來末代法。萬億無量在俗人，不能須臾弘聖教。
最下犯禁破戒僧，供養由（猶）獲萬億報〔五六〕。是故世尊讚勝因，天上人中受尊貴。
是故殷勤勸諸人，勿毀如來僧寶衆。今生習惡因緣故，當來業成亦毀佛。
緣茲身口意業支，永斷世間人天種〔五七〕。當墮三塗惡道中，億劫沈淪無休息〔五八〕。
若於清衆起正信，無有毀謗名僧罪。常能防護口業過，不談如來僧寶衆。
若人於僧有罵罪〔五九〕，應須志誠速求懺〔六〇〕。於僧勿起憍慢心，來生受苦必當悔。
如僧刹那有功德，其福不容於大地。何況經月累歲年，堅持如來嚴禁戒。
是人持戒功德報，佛於一劫説不盡。况餘凡俗知其邊，福等虚空無有量。
當知功德廣莊嚴，釋迦如來僧寶衆。是故不聽在家者，毀辱打罵出家僧。
縱見沙門犯戒時，當寬其意勿嫌毀。如入芳叢採妙花，不應擿選枯枝葉。
廣大清淨佛法海，多有持戒精脩者。其中縱有犯威儀，白衣不應生毀謗。
譬如田中新苗稼，於中亦有稗莠草。應可一種敬良田，不應揀選生分別。
是以世尊制諸人，不聽毀謗沙門衆。唯當尊重生敬心，同此受勝諸天報。

佛日滅没雖久遠，僧寶連暉傳法燈。由（猶）如龍王降甘雨[六一]，大地萌芽普洽潤。
和合僧寶亦如是，雨於如來妙法雨。滋潤枯渴諸群生，長養善牙功德種。
於多劫中宿植因，得爲如來弟子衆。處在賢聖法海中，飲妙解脱甘露味。
傳持世尊末代教，流化十方諸國土。利益一切諸衆生，令佛法輪恒不絶。
佛法久後滅没時，伽藍精舍毁成聚。龕塔尊像併荒良（涼）[六二]，設欲供養難可得。
壁畫僧形不可見，何況得聞於正法。人身難得生人中，佛法難逢今已遇。
如何於妙良福田，不種當來功德種。冥路懸遠不可達，當辦資糧備前所。
善福田中不種植，當來嶮路乏資糧。是故諸人應善思，聞强僧中應惠施。
依經我略讚僧寶，功德無量遍虚空。迴施一切諸群生，願共當來值彌勒。

讚僧功德經一卷

## 説明

此件首尾完整，首部幾行文字稍有殘損，首題『讚僧功德經』，尾題『讚僧功德經一卷』。關於此件之性質，周紹良認爲其體裁與《大漢三年季布罵陣詞文》相類，因此斷定此件爲詞文，乃俗講師爲俗講而編撰（參見周紹良、白化文、李鼎霞《敦煌變文集補編》，一一四頁）。

現知敦煌文獻中保存的與此件內容和結構基本相同的寫本尚有八件。包括北敦〇〇九七〇（京仄七〇），該件首尾完整，首尾均題『讚僧功德經』；斯二六四三，首尾完整，首題『讚僧功德經』，尾題『讚僧功德經一卷』；北敦〇六二七八B（京海七八），首全尾缺，首題『讚僧功德經』，訖『應須志誠速求識』，其內容與斯一五四九可相銜接；北敦〇八二六二（京服六二），首缺尾全，尾題『讚僧功德經』，首起『何況凡夫輕慢衆』；北敦〇八三二二（京衣二二），首缺尾全，尾題『讚僧功德經一卷』，首起『若有種植功德子』；北敦〇三九四〇（京生四〇），首缺尾全，尾題『讚僧功德經』，首起『善心僧中施掬水』；斯五九五四，首殘尾全，尾題『讚僧功德經』，首起『阿含經中略集出』；斯六一一五，首全尾缺，下半部殘損嚴重，首題『佛説讚僧功德經』，訖『尚招無量口業報』。

以上釋文以斯二四二〇爲底本，用北敦〇〇九七〇（稱其爲甲本）、斯二六四三（稱其爲乙本）、北敦〇六二七八B（稱其爲丙本）、北敦〇八二六二（稱其爲丁本）、北敦〇八三二二（稱其爲戊本）、北敦〇三九四〇（稱其爲己本）、斯五九五四（稱其爲庚本）、斯六一一五（稱其爲辛本）參校。自『於僧勿起憍慢心』至尾題的內容，本書第七卷所收斯一五四九《讚僧功德經一卷》即以此件爲甲本參校，各件之異同均已見於該件之校記，故此件僅用本書第七卷斯一五四九《讚僧功德經一卷》校改錯誤，各本其他異文不再一一出校。

## 校記

〔一〕『讚』，甲、乙、丙本同，辛本作『佛說讚』；首題下部甲、乙、丙、辛本有『詞辯菩薩譯』。

〔二〕庚本始於此句之『中略集出』。

〔三〕『德僧聽我說』，據甲、乙、丙、辛、庚本補。

〔四〕『世尊出廣長舌相』，據甲、乙、丙、庚本補。

〔五〕『承萬物』，據甲、丙、辛、庚本補；乙本『萬』字作『邁』，誤。

〔六〕『任持有情非情類』，據甲、乙、丙、辛、庚本補。

〔七〕『如是』，據甲、乙、丙、庚本補。

〔八〕『諸願誓重不退者』，據甲、乙、丙、辛本補。

〔九〕『惠』，乙本同，甲、丙、辛、庚本作『慧』，均可通。

〔一〇〕『並』，甲、乙、辛本同，丙本作『普』。

〔一一〕己本始於此句。

〔一二〕『福』，甲、乙、丙、辛本同，庚本作『報』。

〔一三〕『河』，甲、乙、辛、庚本同，丙本作『何』，『何』爲『河』之借字。

〔一四〕『樹』，己、庚本同，甲、乙本作『竪』，『竪』爲『樹』之借字，丙本作『種』。

〔一五〕『妙良』，甲、丙、辛、庚本同，乙本作『勝妙』。

〔一六〕『子』，甲、乙、丙、己、庚本同，辛本作『者』。戊本始於此句。

〔一七〕『由』，甲、乙、丙、庚本同，當作『猶』，據文義改，『由』爲『猶』之借字。

〔一八〕『心』，甲、丙、戊、己、辛、庚本同，乙本作『法』。

〔一九〕「如」，當作「妙」，據甲、乙、丙、戊、己、庚本改。

〔二〇〕「第」，丙、戊本同，當作「弟」，據甲、乙、辛、庚本改，「第」爲「弟」之借字。

〔二一〕「人」，甲、戊本同，乙、丙、己、庚本作「夫」。

〔二二〕「由」，甲、丙、戊、庚本同，當作「猶」，據乙本改，「由」爲「猶」之借字。

〔二三〕「之」，甲、丙、戊、己、庚本同，乙本作「心」。

〔二四〕「測」，甲、乙、戊、己本同，庚本作「惻」，「惻」爲「測」之借字，丙本作「則」，誤。

〔二五〕「由」，甲、丙、戊、辛本同，當作「猶」，據乙、己本改，「由」爲「猶」之借字。

〔二六〕「弟」，甲、乙、己、庚本同，丙、戊本作「第」，「第」爲「弟」之借字。

〔二七〕「辦」，當作「辯」，據甲、乙、丙、戊、己、庚本改，「辯」同「辨」，「辦」爲「辯」之借字。

〔二八〕「歡」，乙、丙、戊、己、辛、庚本同，甲本作「歡」，誤。

〔二九〕「心」，甲、丙、戊、己、庚本同，乙本作「人」。

〔三〇〕「弟」，甲、乙、己、庚本同，丙、戊本作「第」，「第」爲「弟」之借字。

〔三一〕「捻」，乙、丙、戊、己、辛、庚本同，甲本作「鉆」。

〔三二〕「嗔」，甲、乙、戊本同，丙、己、庚本作「瞋」，均可通。

〔三三〕「使」，甲、戊、己、辛、庚本同，乙、丙本作「使」；「焰」，乙、己、庚本同，甲本作「餤」，丙、戊本作「火」。

〔三四〕「害」，甲、丙、戊、己、辛、庚本同，乙本作「肉」，誤；「肌」，甲、丙、戊、己、辛本同，乙本作「肥」，誤。

〔三五〕「調」，甲、丙、戊、己、庚本同，乙本作「謂」。

〔三六〕「短長」，甲、乙、戊、己、庚本同，丙本作「長短」。

〔三七〕『善』，甲、乙、戊、己、庚本同，丙本作『若』，誤；『自』，甲、乙、丙、己、庚本同，戊本作『白』，誤。

〔三八〕『毁』，乙、丙、戊、己、辛、庚本同，甲本作『駡』。

〔三九〕『極』，乙、丙、戊、己、辛、庚本同，甲本作『衆』。

〔四〇〕『瘂』，戊本同，甲本作『亞』，乙、丙、己、庚本作『啞』，『瘂』『啞』均可通，『亞』爲『瘂』之借字。

〔四一〕『因』，乙、丙、戊、己、辛本同，庚本作『緣』。

〔四二〕丁本始於此句。

〔四三〕『弟』，乙、丁、己、辛、庚本同，甲、丙、戊本作『第』，『第』爲『弟』之借字。

〔四四〕『駡』，甲、乙、丁、戊、己、辛、庚本同，丙本作『謗』。

〔四五〕『猶』，甲、丁、戊本同，乙、丙、己、庚本作『由』，『由』爲『猶』之借字；『磨』，甲、乙、丁、戊、己、庚本同，丙本作『摩』，『摩』爲『磨』之借字。

〔四六〕『犂耕』，甲、丙、戊本同，乙本作『耕梨』，丁本作『梨耕』，己、庚本作『耕犂』。

〔四七〕『斯』，甲、乙、丁、戊、己本同，丙、庚本作『此』；『形』，乙、丙、己、庚本同，甲、丁、戊本作『刑』，『刑』爲『形』之借字。

〔四八〕『還受耕舌地獄苦』，甲、丁、戊、己、庚本同，乙本作『還受耕梨舌地獄』，衍『梨』字，丙本作『還受犂舌地獄報』。

〔四九〕辛本止於此句。

〔五〇〕『白』，乙、丙、丁、戊、己、庚本同，甲本作『自』，誤。

〔五一〕『兔』，甲、乙、丙、戊、己、庚本同，丁本作『兔』，誤。

〔五二〕『縱』，甲、乙、丁、戊、己、庚本同，丙本作『從』，誤。

〔五三〕「點汙」，甲、丙、丁、戊、庚本同，乙、己本作「汙點」。

〔五四〕「猶」，甲、乙、丁、戊本同，丙、己、庚本作「由」，「由」爲「猶」之借字。

〔五五〕「弟」，乙、丁、己、庚本同，甲、丙、戊本作「第」，「第」爲「弟」之借字。

〔五六〕「由」，甲、乙、丙、丁、戊、庚本同，當作「猶」，據己本改，「由」爲「猶」之借字。

〔五七〕「種」，甲、乙、戊、己本同，丙、丁、庚本作「衆」。

〔五八〕丙本脱下兩句「若於清衆起正信，無有毁謗名僧罪」。

〔五九〕「人」，甲、丙、丁、戊、己、庚本同，乙本作「能」。

〔六〇〕丙本止於此句。

〔六一〕「由」，當作「猶」，據斯一五四九《讚僧功德經一卷》改，「由」爲「猶」之借字。

〔六二〕「良」，當作「涼」，據斯一五四九《讚僧功德經一卷》改，「良」爲「涼」之借字。

## 參考文獻


《敦煌寶藏》一九册，臺北：新文豐出版公司，一九八一年，二九二至二九四頁（圖）；《敦煌變文集補編》，北京大學出版社，一九八九年，一〇九至一一六頁（録）；《英藏敦煌文獻》四卷，成都：四川人民出版社，一九九一年，六九至七〇頁（圖）；《英藏敦煌社會歷史文獻釋録》七卷，北京：社會科學文獻出版社，二〇一〇年，二四九至二五四頁（録）。

# 斯二四二三　　佛説示所犯者瑜伽法鏡經題記

## 釋文

景龍元年歲次景（丙）午十二月廿三日〔一〕，三藏法師室利末多唐云妙惠於崇福寺翻譯〔二〕。

大興善寺翻經大德沙門師利筆受、綴文。

大慈恩寺翻經大德沙門道安等證義。

大首領安達摩譯語。

至景雲二年三月十三日奏行。

太極元年四月　日，正議大夫、太子洗馬、昭文館學士張齊賢等進。

奉勅太中大夫〔三〕、昭文館學士鄭喜王詳定〔四〕。

奉勅秘書少監、昭文館學士韋利器詳定。

奉勅正議大夫、行太府寺卿、昭文館學士沈佺期詳定〔五〕。

奉勅銀青光禄大夫、太子右諭德、昭文館學士延（丘）悦詳定〔六〕。

奉勅銀青光禄大夫、黄門侍郎、昭文館學士、上柱國李乂詳定〔七〕。

奉　勑工部侍郎、昭文館學士、上護軍盧藏用詳定。

奉　勑左散騎常侍、昭文館學士、權兼檢校右羽林將軍〔八〕、上柱國、壽昌縣開國伯賈膺福詳定〔九〕。

奉　勑右散騎常侍、昭文館學士、權兼檢校左羽林將軍〔一〇〕、上柱國、高平縣開國侯徐彦伯詳定〔一一〕。

奉　勑銀青光禄大夫、行中書侍郎、昭文館學士、兼太子右庶子崔湜詳定〔一二〕。

奉　勑金紫光禄大夫、行禮部尚書、昭文館學士、上柱國、晉國公薛稷詳定。

延和元年六月廿日〔一三〕，大興善寺翻經沙門師利檢校寫，奉

勑令昭文館學士等詳定，入目録訖，流行。

## 説明

此件《英藏敦煌文獻》未收，現予增收。景龍元年即公元七〇七年，景雲二年即公元七一一年，太極元年、延和元年同爲公元七一二年，由此看來此件從翻譯到入目録、流行，前後共經歷了五年多的時間。但《佛説示所犯者瑜伽法鏡經》疑爲僞經，其題記後的列名和年代等都尚待證實。

## 校記

〔一〕第一個『景』字，《敦煌學要籥》校改作『神』，誤；第二個『景』，當作『丙』，爲避唐諱而改。

〔二〕「云」，《敦煌學要籥》釋作「言」，誤；「惠」，《鳴沙餘韻·解説篇》釋作「慧」，誤。

〔三〕「太」，《敦煌學要籥》校改作「大」，按不改亦可通。

〔四〕「學士」，《敦煌遺書總目索引新編》漏録。

〔五〕「沈」，《鳴沙餘韻·解説篇》釋作「沉」，誤。

〔六〕「延」，當作「丘」，《中國古代寫本識語集録》據文義校改，《敦煌遺書總目索引新編》逕釋作「丘」。

〔七〕「又」，《敦煌學要籥》釋作「又」，誤，《敦煌遺書總目索引新編》漏録。

〔八〕「右」，《敦煌學要籥》校改作「左」。

〔九〕「昌」，《中國古代寫本識語集録》釋作「白」，校改作「昌」，按底本實爲「昌」。

〔一〇〕「左」，《敦煌學要籥》校改作「右」。

〔一一〕「侯」，《鳴沙餘韻·解説篇》釋作「伯」，誤；「徐」，《鳴沙餘韻·解説篇》釋作「除」，誤。

〔一二〕「兼」，《敦煌遺書總目索引新編》漏録；「右」，《敦煌學要籥》校改作「左」，《敦煌遺書總目索引新編》釋作「左」，誤。

〔一三〕「廿」，《敦煌學要籥》釋作「二十」。

## 參考文獻

*Descriptive Catalogue of the Chinese Manuscripts from Tunhuang in the British Museum*, The Trustees of the British Museum, London 1957, p. 161（録）；《鳴沙餘韻·解説篇》二部，京都：臨川書店，一九八〇年，二九三至二九五頁（録）；《敦煌寶藏》一九册，臺北：新文豐出版公司，一九八一年，三一〇頁（圖）；《敦煌學要籥》，臺北：新文豐出版公司，一九八二年，八三至八四頁（録）；《中國古代寫本識語集録》，東京大學東洋文化研究所，一九九〇年，二八四頁（録）；

《敦煌遺書總目索引新編》，北京：中華書局，二〇〇〇年，七四頁（録）。

# 斯二四二四　　佛説阿彌陀經題記

## 釋文

景龍三年十二月十一日，李奉裕在家未時寫了。

十二月十一日，清信女鄧氏敬造《阿彌陀經》一部〔一〕。上資　天皇天后聖化無窮，下及法界衆生並超西方，俱同上品之果〔二〕。

## 説明

此件《英藏敦煌文獻》未收，現予增收。景龍三年即公元七〇九年。

## 校記

〔一〕『氏敬』，《敦煌學要籥》《敦煌遺書總目索引新編》漏録。

〔二〕『俱』，《敦煌學要籥》釋作『共』，《鳴沙餘韻·解説篇》《敦煌遺書總目索引新編》釋作『供』，誤。

## 參考文獻

*Descriptive Catalogue of the Chinese Manuscripts from Tunhuang in the British Museum*, The Trustees of the British Museum, London 1957, p. 103（録）；《鳴沙餘韻·解説篇》一部，京都：臨川書店，一九八〇年，二八二頁（録）；《敦煌寶藏》一九册，臺北：新文豐出版公司，一九八一年，三一三頁（圖）；《敦煌學要籥》，臺北：新文豐出版公司，一九八二年，一一五頁（録）；《中國古代寫本識語集録》，東京大學東洋文化研究所，一九九〇年，二七一頁（録）；《敦煌遺書總目索引新編》，北京：中華書局，二〇〇〇年，七四頁（録）。

# 斯二四二五　　諸星母陀羅尼經題記

## 釋文

吴達。

## 説明

此件《英藏敦煌文獻》未收，現予增收。

## 參考文獻

《敦煌寶藏》一九册，臺北：新文豐出版公司，一九八一年，三一六頁（圖）；《敦煌學要籥》，臺北：新文豐出版公司，一九八二年，一一五頁（録）；《敦煌遺書總目索引新編》，北京：中華書局，二〇〇〇年，七四頁（録）。

## 斯二四三二背　維摩詰經疏題記

### 釋文

丁未年三月廿日〔一〕，蓮僧慶會自手書記〔二〕。

### 説明

此件《英藏敦煌文獻》未收，現予增收。『蓮』爲敦煌蓮臺寺之簡稱。

### 校記

〔一〕『未』，《敦煌學要籥》疑當作『亥』。

〔二〕『蓮』，《敦煌學要籥》未能釋讀；『手書』，《敦煌學要籥》《敦煌遺書總目索引新編》釋作『書手』，誤。

### 參考文獻

*Descriptive Catalogue of the Chinese Manuscripts from Tunhuang in the British Museum*, The Trustees of the British Museum, Lon-

don 1957, p. 168（録）；《敦煌寶藏》一九册，臺北：新文豐出版公司，一九八一年，三七八頁（圖）；《敦煌學要籥》，臺北：新文豐出版公司，一九八二年，一一六頁（録）；《中國古代寫本識語集録》，東京大學東洋文化研究所，一九九〇年，三四一頁（録）；《敦煌遺書總目索引新編》，北京：中華書局，二〇〇〇年，七四頁（録）。

## 斯二四三六　　大乘起信論略述卷上題記

### 釋文

寶應貳載玖月初，於沙州龍興寺寫記〔一〕。

### 説明

此件《英藏敦煌文獻》未收，現予增收。寶應二載即公元七六三年。本年七月壬子唐王朝已改元廣德，敦煌邊地仍使用寶應年號。

### 校記

〔一〕『記』，《敦煌學要籥》釋作『訖』，誤。

### 參考文獻

*Descriptive Catalogue of the Chinese Manuscripts from Tunhuang in the British Museum*, The Trustees of the British Museum, Lon-

don 1957, p. 178（録）；《鳴沙餘韻·解説篇》一部，京都：臨川書店，一九八〇年，一五三頁（録）；《敦煌寶藏》一九册，臺北：新文豐出版公司，一九八一年，四二八頁（圖）；《敦煌學要籥》，臺北：新文豐出版公司，一九八二年，七七頁（録）；《敦煌遺書總目索引》，北京：中華書局，一九八三年，一五八頁（録）；《中國古代寫本識語集録》，東京大學東洋文化研究所，一九九〇年，三〇七頁（録）；《敦煌遺書總目索引新編》，北京：中華書局，二〇〇〇年，七四頁（録）。

# 斯二四三八　一　道家方書（絶穀仙方、去三尸方等）

## 釋文

（前缺）

光紫色而▭年化爲流星，流星千年▭爲浮水，金入水不耗反益▭太清，此

飛仙之法勿傳〔一〕，▭酒二斗與茯苓合餅〔二〕▭

絶穀仙方　胡麻之法：▭如一名三光之貴榮，一名□□▭昌，一名含

暵〔三〕，一名青襄（蘘）〔四〕，是其葉，食▭好成熟者，擣持土穢〔五〕，隨意多少，湯

▭乾後蒸之，使微氣出，極溜通止，更曝▭曝，每至蒸時要須快日〔六〕，天陰不

得蒸〔七〕，▭復温而復蒸，都曝訖，而後擣之，和以白蜜，□□▭至服時，一服

一枚〔八〕，以日三時服之，可長生不死。一年□▭十一月上亥日〔九〕，收槐子熟好者，

内著黄□〔一〇〕。▭服之百日，上見天文；二百日〔一一〕，上見□〔一二〕。初服一

枚〔一三〕，後［　　］又十月上建收槐子三斗〔一四〕，□□[七]枚〔一五〕，一年夜□［　　］，二年萬病皆除，服之三［　　］聰[明萬]取章陸根卅斤〔一六〕，去惡［　　］陰乾六十日，末篩方寸匕，和［　　］取寶，立得不難，日行千［　　］金不傳。

去三尸方　恆以□［　　］黄、雌黄等分末之，以綿[裹]［　　］死〔一七〕，出，去壽五百年活。又[方]〔一八〕：［　　］以酒和取，八月破除日和藥，［　　］百病愈，服三節，耳目聰明，［　　］同光，上尸百日〔出〕〔一九〕，中尸六十日〔出〕〔二〇〕，下［　　］鷄子〔二一〕。上尸黑，中尸青〔二二〕，下尸白［　　］伺人罪過，上奏天翁〔二三〕，世間［　　］洇其藥力〔二四〕，令人百病不[愈]〔二五〕，［　　］五色〔二六〕。若不去三尸〔二七〕，但［　　］仙人與日月同光，莫視凡下［　　］。又方：七月十七日去手爪、足爪吞腹中，去三[尸]〔二八〕，［　　］。又方：取蕪荑五升，乾漆四兩，苟杞根四［　　］華水服〔二九〕，日一食，五日三尸蟲於下部中出，時［　　］防護之〔三〇〕，三日後自好，不須防。

觀世音菩薩〔三一〕，［　　］傍蟹八枚〔三二〕，上好酒半升，□□□蟹□末和［　　］肉

身〔三三〕，日行萬里，奔馬趁不及〔三四〕，□[ ]從經劫數已來〔三五〕，不曾見之，念□

[ ]説令人狐疑顛倒。

採黄精方　[取]洗卻惡皮毛〔三六〕，細切，一石水煮之，至[ ]黄末和作餅，日服如雞子[ ]不老，聰明萬倍，與天地相[ ]搗熟，以水一石煮，復内麻後（？）[ ]可丸如雞子大，日服三丸，十日已後〔三七〕，[ ]服之百日，萬病皆除，三二間即昇天矣。[ ]洗，生搗，以生大豆黄末一升，和合作餅〔三八〕，如常以煻□[ ]服一餅〔三九〕，後日三餅，漸自不飢，至十日已後〔四〇〕，□□□[ ]睡眠自然不須食，一年已後昇〔四一〕。[ ]黄精〔四二〕，二名重樓，三名仙人餘糧[ ]天老曰：天地所生草，有食之令[ ]名曰黄精〔四三〕，餌而食之，所以度世□[ ]之，入口即死，人若信鉤吻傷[人]或乎〔四四〕。其草精者，葉似竹[ ]也。夫採以二月、八月，三月[ ]禁忌食梅。

絶穀不飢方　□米〔四五〕，□[ ]大豆敖（熬）之〔四六〕，[以]上六味各五合〔四七〕，搗篩爲末，白蜜一斤，[ ]可丸如李子大，頓吞服之，令人終不飢渴。夫□[ ]皆須天氣晴明[四八]，先當清心齋戒，香湯沐浴，［　］可合和仙藥。

又治三尸法　取狼牙根陰乾，［　］服之一方寸匕，日三，明蟲下得［　］麻子二升，大豆一升已上冬服[四九]，麻子［　］麻子亦炒，和搗作末，每日一抄，三□□之[五〇]，□□［　］服之，若經一年，日行千里。

五芝方　烏麻油一［　］茯苓半斤，椒四兩，餳半□，蜜二合，令□［　］日三服[五一]，食之三丸，以日出時［　］，及午時[五二]、申時［　］年，頭白更黑，力徹虛空，日行千里[五三]。

王喬傳［　］五斤[五四]，水三石，於釜口稍稍添水煮之[五五]，可至一斗□即［　］之[五六]，又内白蜜一升，重湯中更煎，五升［　］騰躍自在。

## 説明

此卷首尾均缺，下半部殘損嚴重，書名及撰者不詳。其中前六十九行雜録道家辟穀服食諸方，自第七十行以下爲道經《三萬佛同根本神秘之印并法》。馬繼興認爲卷中避『世』字諱及『旦』字諱，但不避「恆」字諱，當爲唐中葉寫本（參見《敦煌古醫籍考釋》，一九八八年，四六八頁）。

此件首缺尾全，内容爲道家服食草木丸藥，絶穀、去三尸等仙方，王卡擬題爲《太清神仙服食經方》，存：〔服松脂茯苓飛仙方〕、絶穀仙方（餌胡麻法）、去三尸方、觀世音方（食蟹粉速行法）、採黄精方、絶穀不飢方、治三尸法（餌麻子）、五芝方、仙人王喬方等。其中部分藥方及文字，見於《太上靈寶五符序》卷中（《道藏》洞玄部神符類）、《太清經斷穀法》、孫思邈《枕中記》（《道藏》洞神部方法類）等書。斯五七九五的首尾及下半部缺損，筆跡與此件相同，應爲同卷，但不能直接綴合，内容有服雄黄、禹餘糧、雲母等藥絶穀昇仙方、服車前子明目方、健行方等，其内容應在斯二四三八之前（參見《敦煌道教文獻研究：綜述·目録·索引》，二一五頁）。

## 校記

〔一〕「傳」，據殘筆劃及文義補。

〔二〕「斗」，《敦煌古醫籍考釋》《敦煌中醫藥全書》《敦煌醫藥文獻輯校》《英藏敦煌醫學文獻圖影與注疏》均釋作「升」，誤。

〔三〕「暎」，《敦煌中醫藥全書》釋作「暎」，校改作「映」，按「暎」同「映」，不必校改。

〔四〕「襄」，當作「囊」，《敦煌古醫籍考釋》據文義校改，「襄」爲「囊」之借字。

〔五〕「持」，《敦煌古醫籍考釋》疑爲「去」之訛；「持土穢」，《敦煌中醫藥全書》疑此三字爲衍文。

〔六〕「快」，《敦煌醫藥文獻輯校》據下文「陰」字疑爲「晴」之訛，按「快日」猶好日、晴日。

〔七〕「蒸」，據殘筆劃及文義補。

〔八〕「枚」，《敦煌古醫籍考釋》《敦煌醫藥文獻輯校》釋作「牧」，校改作「枚」，按底本實爲「枚」。

〔九〕第一個「一」，《敦煌古醫籍考釋》《敦煌中醫藥全書》《敦煌醫藥文獻輯校》漏録；「□」，《敦煌中醫藥全書》釋作「期」。

〔一〇〕「内」，《敦煌古醫籍考釋》《敦煌醫藥文獻輯校》未能釋讀，《敦煌中醫藥全書》漏録；「著黄」，《敦煌中醫藥全書》漏録。

〔一一〕「日」，《英藏敦煌醫學文獻圖影與注疏》據殘筆劃及文義校補。

〔一二〕「上見」，《敦煌古醫籍考釋》據文義校補。

〔一三〕「枚」，《敦煌古醫籍考釋》釋作「牧」，校改作「枚」，按底本實爲「枚」。

〔一四〕「建」，《敦煌古醫籍考釋》釋作「違」，誤；「斗」，《敦煌古醫籍考釋》《敦煌中醫藥全書》《敦煌醫藥文獻輯校》《英藏敦煌醫學文獻圖影與注疏》均釋作「升」，誤。

〔一五〕「七」，據殘筆劃及文義補；「枚」，《敦煌古醫籍考釋》釋作「牧」，校改作「枚」，按底本實爲「枚」。此句後《敦煌古醫籍考釋》《敦煌中醫藥全書》另釋有「已收」，按底本實無此二字。

〔一六〕「明」，據殘筆劃及文義補；「萬」，據殘筆劃及文義補，《英藏敦煌醫學文獻圖影與注疏》補作「百」；「章」，《敦煌醫藥文獻輯校》校改作「商」；「卅」，《敦煌古醫籍考釋》《敦煌中醫藥全書》《敦煌醫藥文獻輯校》均釋作「三十」。

〔一七〕「裏」，據殘筆劃及文義補。

〔一八〕「方」，據殘筆劃及文義補。

〔一九〕「出」，《敦煌中醫藥全書》據《醫心方》校補。

〔二〇〕「出」，《敦煌中醫藥全書》據《醫心方》校補。

〔二一〕「下」，《敦煌古醫籍考釋》補作「下尸」，《敦煌中醫藥全書》據《醫心方》補作「下尸三十日出」；「鷄子」，《敦煌中醫藥全書》疑此二字爲衍文。

〔二二〕「青」，《敦煌古醫籍考釋》釋作「清」，誤，《敦煌中醫藥全書》釋作「清」，校改作「青」，按底本實爲「青」。

〔二三〕「天」，《敦煌醫藥文獻輯校》漏録。

〔二四〕「洇」，《敦煌古醫籍考釋》《敦煌中醫藥全書》《敦煌醫藥文獻輯校》均釋作「洄」，誤。

〔二五〕「愈」，《英藏敦煌醫學文獻圖影與注疏》據殘筆劃及文義校補。

〔二六〕「色」，《敦煌醫藥文獻輯校》釋作「味色」，按底本「味」字右側有删除符號，不録。

〔二七〕「尸」，《敦煌醫藥文獻輯校》漏録。

〔二八〕「尸」，據殘筆劃及文義補，《敦煌古醫籍考釋》《敦煌中醫藥全書》釋作「尺」，誤。

〔二九〕「苟」，《敦煌古醫籍考釋》釋作「枸」，《敦煌中醫藥全書》釋作「葛」，均誤，《敦煌醫藥文獻輯校》《英藏敦煌醫學文獻圖影與注疏》校改作「枸」，按不改亦可通；「杞」，《敦煌中醫藥全書》漏録；「根」，《敦煌古醫籍考釋》《敦煌醫藥文獻輯校》漏録；「四」，《敦煌古醫籍考釋》《敦煌醫藥文獻輯校》釋作「八」，誤，《敦煌中醫藥全書》未能釋讀；「華」，《敦煌古醫籍考釋》《敦煌中醫藥全書》補作「井華」。

〔三〇〕「時」，《敦煌古醫籍考釋》《敦煌中醫藥全書》《敦煌醫藥文獻輯校》《英藏敦煌醫學文獻圖影與注疏》均未能釋讀。

〔三一〕「音」，《敦煌古醫籍考釋》釋作「者」，誤；「菩」，《敦煌中醫藥全書》未能釋讀，《敦煌古醫籍考釋》釋作「舉」，誤；「薩」，《敦煌古醫籍考釋》《敦煌中醫藥全書》《英藏敦煌醫學文獻圖影與注疏》均未能釋讀。

〔三二〕「傍」，《敦煌古醫籍考釋》《敦煌中醫藥全書》《敦煌醫藥文獻輯校》《英藏敦煌醫學文獻圖影與注疏》校改作「螃」，按不改亦可通；「枚」，《敦煌古醫籍考釋》釋作「牧」，校改作「枚」，按底本實爲「枚」。

〔三三〕第一個「□」，《敦煌古醫籍考釋》釋作「上」；「蠜」，《敦煌中醫藥全書》《敦煌醫藥文獻輯校》《英藏敦煌醫學文獻圖影與注疏》均未能釋讀。

〔三四〕「趁」，《敦煌中醫藥全書》校改作「趕」。

〔三五〕「□」，《英藏敦煌醫學文獻圖影與注疏》補作「上」；「已」，《敦煌醫藥文獻輯校》釋作「以」，誤。

〔三六〕「取」，據殘筆劃及文義補。

〔三七〕「已」，《敦煌中醫藥全書》校改作「以」，按不改亦可通，《敦煌醫藥文獻輯校》釋作「以」，誤。

〔三八〕「和合」，《敦煌中醫藥全書》釋作「以和」，誤；「作」，《敦煌中醫藥全書》漏録。

〔三九〕「常」，《敦煌中醫藥全書》釋作「帀」，誤；「□」，《英藏敦煌醫學文獻圖影與注疏》補作「火」。

〔四〇〕「日」，《敦煌中醫藥全書》未能釋讀；「已」，《敦煌古醫籍考釋》《敦煌中醫藥全書》《敦煌醫藥文獻輯校》《英藏敦煌醫學文獻圖影與注疏》均未能釋讀；「後」，據殘筆劃及文義補。

〔四一〕「已」，《敦煌中醫藥全書》校改作「以」，按不改亦可通，《敦煌醫藥文獻輯校》釋作「以」，誤。

〔四二〕「黄」，《敦煌古醫籍考釋》補作「一名黄」。

〔四三〕「有」，《敦煌醫藥文獻輯校》釋作「不」，誤。

〔四四〕「鉤」，底本原寫作「㖃」，應爲涉下文「吻」而成之類化俗字，《敦煌古醫籍考釋》《英藏敦煌醫學文獻圖影與注疏》釋作「㖃」，《敦煌中醫藥全書》釋作「勾」；「人」，據殘筆劃及文義補。

〔四五〕「□」，《英藏敦煌醫學文獻圖影與注疏》補作「粳」；「米」，《敦煌中醫藥全書》《敦煌古醫籍考釋》《敦煌醫藥文獻輯校》均未能釋讀。

〔四六〕「敖」，當作「熬」，《英藏敦煌醫學文獻圖影與注疏》據文義校改，《敦煌古醫籍考釋》《敦煌醫藥文獻輯校》逕釋作「熬」，「敖」爲「熬」之借字，《敦煌中醫藥全書》釋作「煞」，誤。

〔四七〕「以」，《英藏敦煌醫學文獻圖影與注疏》據殘筆劃及文義校補，《敦煌中醫藥全書》《敦煌中醫藥全書》《敦煌醫藥文獻輯校》漏録。

〔四八〕「夫」，《敦煌中醫藥全書》未能釋讀。

〔四九〕「已」，《敦煌古醫籍考釋》《敦煌中醫藥全書》釋作「以」，誤。

〔五〇〕第二個「□」，《英藏敦煌醫學文獻圖影與注疏》釋作「服」。

〔五一〕「□」，《敦煌古醫籍考釋》《敦煌醫藥文獻輯校》釋作「童」，《英藏敦煌醫學文獻圖影與注疏》補作「童」。

〔五二〕「及」，據殘筆劃及文義補。

〔五三〕「日行」，《敦煌古醫籍考釋》據文義校補。

〔五四〕「喬」，《敦煌中醫藥全書》未能釋讀；「傳」，據殘筆劃及文義補。

〔五五〕「口」，《敦煌中醫藥全書》釋作「中」，誤。

〔五六〕「斗」，《敦煌古醫籍考釋》《敦煌中醫藥全書》《敦煌醫藥文獻輯校》釋作「升」，誤；「即」，《敦煌醫藥文獻輯校》未能釋讀；「即□之」，《敦煌古醫籍考釋》釋作「□即之」，《敦煌中醫藥全書》釋作「□即可」，均誤。

## 參考文獻

《大正新脩大藏經》八五册，東京：大藏出版社，一九三二年，一四四九至一四五〇頁（録）；《敦煌寶藏》一九册，臺北：新文豐出版公司，一九八一年，四五四至四五五頁（圖）；《敦煌學輯刊》一九八二年三期，七六頁；《敦煌古醫籍考釋》，南昌：江西科學技術出版社，一九八八年，四六八至四七一頁（録）；《英藏敦煌文獻》四卷，成都：四川人民出版社，一九九一年，七一至七二頁（圖）；《敦煌中醫藥全書》，北京：中醫古籍出版社，一九九四年，六七七至六八〇頁（録）；《敦煌醫藥文獻輯校》，南京：江蘇古籍出版社，一九九八年，七〇八至七一四頁（録）；《敦煌道教文獻研究：綜述·目録·索引》，北京：中國社會科學出版社，二〇〇四年，五〇、二一五頁；《英藏敦煌醫學文獻圖影與注疏》，北京：人民衛生出版社，二〇一二年，二五二至二五四頁（録）。

# 斯二四三八　二　三萬佛同根本神秘之印并法

## 釋文

三萬佛同根本神秘之印并法

如是我聞〔一〕，一時佛在他化自在天，與諸大菩薩百▭超世間〔二〕，其名曰總持天菩薩、虛空菩薩、充明▭菩薩〔三〕，無量▭幢菩薩、無量身菩薩、金剛□□▭菩薩、觀世音菩薩、大□▭鳴菩薩、天親菩薩、天津菩薩、▭菩薩、海眼菩薩、▭菩薩、文殊師利菩薩等，有▭大菩薩摩訶薩，□有無量聲聞緣覺比丘尼〔四〕，清信男清信女等〔五〕，繞佛百匝，默然而坐〔六〕。爾時▭寶莊嚴世□龍種上尊王佛〔七〕，將卅二萬億呪〔八〕，▭提桓□□等類并諸眷屬〔九〕，前後圍繞，▭諸□散花，香風吹林，處處普遍，光明照曜，□地六種震動，巡諸國土，來至自天上，其諸廿八天及諸日月星辰並隱没不現〔一〇〕，及此自在天上變爲金色，菩薩所威光并悉不現〔一一〕。爾時彼龍種上尊王佛到如來所，無量問訊起居〔一二〕，卻住一面〔一三〕。是時□佛白言：世尊，我〔從〕無量劫來〔一四〕，修集方術〔一五〕，[ ]此欲崇大法，願佛慈悲，□□□□，[ ]聲□言：善哉！善哉！汝能發心，欲化[ ]今速説〔一六〕，我及十方諸大如來，助汝宣化。時上王佛復白[ ]有神印，前佛後佛三萬餘人，皆因此印得無上道究竟涅盤（槃）〔一七〕。世尊，若未得道，□□阿羅漢、辟支佛等，并下類凡夫，初發心者，若求諸大方術，□□自在〔一八〕，先當取盧耶娑木，方一寸八分，此云赤柳木，是剋印持帶，[ ]□□千靈并顯，萬術自通。

龍種上尊王佛法第一　先立壇，三日一上廁一浴，然後剋印，含香水剋印，呪曰：

毗耶　提摩辟馱兜莎訶　念龍種上尊王佛一萬遍〔一九〕，發願速□。

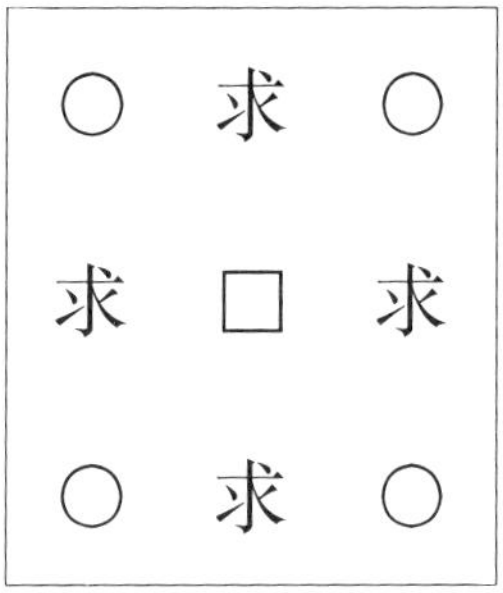


世尊，若有諸善男子、善女人，欲求無量百千萬億方術者〔二〇〕，即剋此印。□□帛作囊盛之〔二一〕，於膊上安之。無得汙淨，隨所住處□□坐臥，百無妨礙。常念我名，南無龍種上尊王佛〔二二〕，每須念之。龍種上尊王佛剋印法第一　世尊，當剋印之際，[ ]默然除語，剋之□□□□□發願，然後即受印。當受印之日，我及四衆□諸呪願〔二三〕，□在□[ ]□□於黃昏受之〔二四〕。

龍種上尊王佛帶印試效境相第一　世尊，若欲帶之，□即云其印多〔二五〕，聖顯少效。作是言已，即卧，若有上類利根凡夫，於白頭邊即有三丸黑摩尼心寶藥。若有下類凡夫，即於中夜時有鍾鳴〔二六〕。若□□□凡夫，即有異香來前。若有利根，即有此事。若中根，三日及（乃）有〔二七〕。若得藥時〔二八〕，勿令外人知覺，便一氣吞之，其人即與陁羅尼菩薩同位也。若得是相已後，至日滿，乃可即試印術方爾。

試印效法第一　世尊，若當帶印〔二九〕，行滿□□□□試效力也〔三〇〕。欲試之時，丁香七枚，以印印之一下，各擣碎，和水吞之，須臾即得自然智。若欲求他心智者，亦取丁香二七枚〔三一〕，□乾吞之，即以印印口三下，立得他心智，預知三生之事。

又法：取死人髑髏一枚〔三二〕，無問以印印之七下，世間一切惡鬼，並悉來降伏。

又法：若欲求役使百千萬種神金剛等類，取桑根皮一斤，煮令爛，去惡皮，以印印之，食次復之，萬鬼并來降伏。□□信息并亦預。

又法：取清淨沙一升，以印印之，於四方□之□，並悉得脫。

又法：取井華水三升，以印印之，四方散一切枯沼衆□潤益〔三三〕。

又法：取黃沙三斗〔三四〕，以印印之，埋於土中，一日變成黃金。

又法：取帶印人髮七枚，以印印之，擲在地中，變成黑蛇〔三五〕。

又法：帶印人取蛇，以印印之，各印一下，其蛇即死〔三六〕，取之□方〔三七〕。□一癲及瘻□無申等患〔三八〕，以蛇少許與服，［　］差。

又法：若印人求出世間者，取水三升煎〔三九〕，取一升，以□□宅（？）處（？）同洗面及腳，子時之間，從地踊（涌）出百寶蓮花〔四〇〕，承印之［　］□人求騰空者〔四一〕，取水三升，印之百遍，洗自立即便騰身而去。

又發廣大心求萬法術者，取椒一兩，取水三升煎之，以印印之三遍，分作三分，平旦時服一分，午時服一分，至夜間服一分。至［　］悟相似〔四二〕，然後即得通達萬法，上知卌三天〔四三〕，下知九十二億世界之□［　］苦衆生，并悉能救之。

又法：取乳頭香三兩，以印印之七遍，［　］諸夜叉、羅刹及諸惡鬼，皆發善心，奉事和上，亦下（？）［　］印〔四四〕，并來歸依。

又法：取牛蘇一斤，練持白瓷椀盛，無□多少，以印印之，日服三兩，服盡自厭此身〔四五〕，爲我被惡賊侵陵捨身，他世得生佛前。

又法：若取白石七枚，以印印之，擲在水中，江神□□，并來踊（涌）出〔四六〕，及諸毒龍，并皆自歸依。

又法：取印□□［　　］成寶樓〔四七〕，世尊，其印前後有二萬億佛，皆從是度，若□［　　］善男子善女人〔四八〕，但求得此印帶行，日滿亦與佛等［　　］〔四九〕。

又法：但取印印，隨意所須之處，立即［　　］爲灰，印與餘死人身全者，口中［　　］以印印之，變成灰土。

又法：取□少［　　］

又法：取松樹，以印印之，立變成花樹。

又法〔五〇〕：［　　］取桃木六尺，以印印，將行意欲去處，隨意［　　］世尊，其印我自化身，付囑前人，令□［　　］又世尊〔五一〕，此印若處世界，恆被□［　　］聞知〔五二〕，唯有菩薩，自在者即得之，餘者［　　］見。世尊，此法若有持帶此印〔五三〕，印人廿萬種福〔五四〕，不可具□□〔五五〕，略而説之〔五六〕。第一，從無量世以來，輪迴六趣，三業重障，廣植佛法〔五七〕，及［　　］見此印，便即除滅，得清涼勝報。第二，無量劫來□［　　］□

孝出佛身血，殺阿羅僧，誹謗三明大士長□[ ]□此印〔五八〕，便永除斷無量重障，得清淨[ ]□，恒在地獄餓鬼畜生邊，[ ]字（？）即得無量百福莊嚴之身〔五九〕。第四，[衆]生無有（？）頭數〔六〇〕，若聞此印，便得除斷無量惡[ ]第五，從無量年來，學種種法及諸方術，一聞（？）此印[ ]□惡報。第六，從無量時來，求禪定慧達〔六一〕，[ ]□□一聞此印〔六二〕，便得通達無邊智慧之門。第[七]〔六三〕，[ ]□□此印〔六四〕，便成無上道法。世尊，其印但有[ ]覺者〔六五〕，我當亦不取正覺。世[尊]〔六六〕，[ ]自現，不假遠覓。

又法：取灰一斗〔六七〕，□之□□以[ ]此世界，至於他方。

又法：取棗□□〔六八〕，以印印之，服令盡[ ]世尊，諸善男子但有緣者，□□一人、三人、百人、萬人〔六九〕，[ ]持帶我領無量呪術，大仙恒常助護〔七〇〕。[善]哉〔七一〕！善哉！大士，汝能有如是力不可思議，此[法]彼法及勑十方諸大菩薩〔七二〕，并亦令得聞[ ]帶此印，於五濁惡世而得清[ ]衆恒常衛助呪〔七三〕，乃作印帶之者[ ]過[ ]佛爲上首，皆從此印得度，現在佛亦隨此印得大□[ ]此印，而得度脱〔七四〕。世尊，但有諸善士等脩[集]（？）此印〔七五〕，□□□…□住坐卧，悉但留心，令立即成就，説此語時〔七六〕，□…□俱從座起，而白佛言：今者若有諸善男[子]〔七七〕，□…□香一兩，搗作末，以蜜和之燒，以印印，香□□…□法令得，與我等生於一處。若有□…□令得度之，無量大願，悉[得]□…□仙而爲上首〔七八〕，及獨仙人所爲菴□□…□阿婆仙而爲上首，及三明大[士]〔七九〕、六通神仙□…□[天]龍八部〔八〇〕、諸大鬼王，及諸夜叉王、獸王、鳳火□…□王、鐵山王、大鐵山王、目真陀山王、□陀□□…□六欲天王，并作是言：世尊，若有□…□恒常衛護〔八一〕，悉不暫捨，□□…□徒衆皆大歡喜，一心修持，各奉□…□於佛四面，高聲讚佛，散花供養。□禮□□…□

龍種上尊王佛消息萬神勑使（？）法□…□凡欲作此印者，萬鬼來集，千神俱聚〔八二〕。若帶此印，若□…□坐卧無量者，即當憐（斂）目取定〔八三〕。若得此[印]〔八四〕，□…□凡欲所作法，先以大母（拇）指掐離傳目〔八五〕，□…□不得成。又有外作法中，上掐□…□若作此法〔八六〕，更不得成，別[法]□…□法喜〔八七〕，並能作之。若修印人□

□意所坐處，便即令變□□〔八八〕□

（後缺）

## 説明

此件首全尾缺，中間亦多有殘缺，首題『三萬佛同根本神秘之印并法』，以『如是我聞』開始，按三分方式叙述，與一般佛經的書寫方式相同。其文借由龍種上尊王佛向佛叙説法印，來説明符印之效驗。雖似佛經，實則多取道教之説。文中有一神印，全文旨在論述神印之刻製、佩帶及使用方法。《敦煌遺書總目索引新編》誤以此件爲卷背，但此件與上一件均在正面，背面爲『佛經疏釋』。

## 校記

〔一〕『如是』，據文義補。
〔二〕『超世』，據殘筆劃及文義補。
〔三〕『明』，據殘筆劃及文義補。
〔四〕『比』，據文義補；『丘』，《大正新脩大藏經》未能釋讀；『尼』，據殘筆劃及文義補。
〔五〕第二個『清』，據文義補。
〔六〕『而坐』，據殘筆劃及文義補。
〔七〕『爾』，據殘筆劃及文義補；『寶莊』，據殘筆劃及文義補。

〔八〕「卅」，《大正新脩大藏經》釋作「三十」。
〔九〕「提」，據殘筆劃及文義補。
〔一〇〕「廿」，《大正新脩大藏經》釋作「二十」。
〔一一〕「不現」，據殘筆劃及文義補。
〔一二〕「訊」「居」，據殘筆劃及文義補。
〔一三〕「卻住」，據殘筆劃及文義補；「一」，《大正新脩大藏經》未能釋讀。
〔一四〕「從」，據文義補。
〔一五〕「術」，據殘筆劃及文義補。
〔一六〕「化」，據殘筆劃及文義補。
〔一七〕「盤」，當作「槃」，據文義改，《大正新脩大藏經》《道教術儀與密教典籍》逕釋作「槃」。
〔一八〕「自」，據殘筆劃及文義補。
〔一九〕「佛」，《大正新脩大藏經》《道教術儀與密教典籍》未能釋讀；「萬」，據殘筆劃及文義補，《大正新脩大藏經》《道教術儀與密教典籍》釋作「切」，誤。
〔二〇〕「億方」，據殘筆劃及文義補。
〔二一〕「帛」，《大正新脩大藏經》釋作「卑」，誤。
〔二二〕「種上尊」，據殘筆劃及文義補。
〔二三〕「願」，據殘筆劃及文義補。
〔二四〕「在」，《大正新脩大藏經》《道教術儀與密教典籍》未能釋讀。
〔二五〕「即」，據殘筆劃及文義補，《大正新脩大藏經》釋作「略」。

〔二六〕「鍾」，《大正新脩大藏經》釋作「鐘」。
〔二七〕「及」，當作「乃」，據文義改。
〔二八〕「時」，據殘筆劃及文義補。
〔二九〕「印」，據殘筆劃及文義補。
〔三〇〕「行滿」「試」，據殘筆劃及文義補。
〔三一〕「七」，《大正新脩大藏經》未能釋讀；「枚」，據殘筆劃及文義補。
〔三二〕「髏」，據殘筆劃及文義補。
〔三三〕「沼衆」，據殘筆劃補。
〔三四〕「斗」，《大正新脩大藏經》《道教術儀與密教典籍》釋作「升」，誤。
〔三五〕「蛇」，《大正新脩大藏經》《道教術儀與密教典籍》釋作「地」，誤。
〔三六〕「即」，據殘筆劃及文義補，《大正新脩大藏經》釋作「印」，誤。
〔三七〕「方」，《大正新脩大藏經》未能釋讀。
〔三八〕第一個「□」，《大正新脩大藏經》釋作「第」。
〔三九〕「升」，據殘筆劃及文義補。
〔四〇〕「踊」，當作「涌」，據文義改，「踊」爲「涌」之借字。
〔四一〕「之」，據殘筆劃及文義補。
〔四二〕「至」，《大正新脩大藏經》未能釋讀。
〔四三〕「卅」，《大正新脩大藏經》釋作「三十」。
〔四四〕「下」，據殘筆劃及文義補；「印」，《大正新脩大藏經》未能釋讀。

〔四五〕「盡」，《大正新脩大藏經》未能釋讀。
〔四六〕「踊」，當作「涌」，據文義改，「踊」爲「涌」之借字。
〔四七〕「成」，據殘筆劃及文義補。
〔四八〕「善」，據文義補。
〔四九〕「等」，《大正新脩大藏經》未能釋讀。
〔五〇〕「法」，據殘筆劃及文義補。
〔五一〕「令」，《大正新脩大藏經》未能釋讀。
〔五二〕「聞」，據殘筆劃及文義補。
〔五三〕「此」，據殘筆劃及文義補；「法」，《大正新脩大藏經》未能釋讀。
〔五四〕「廿」，《大正新脩大藏經》釋作「二十」。
〔五五〕「具」，《大正新脩大藏經》釋作「得」。
〔五六〕「略」，據殘筆劃及文義補。
〔五七〕「廣」，據殘筆劃及文義補。
〔五八〕「士」，《大正新脩大藏經》釋作「出」，誤。
〔五九〕「即得」，《大正新脩大藏經》未能釋讀。
〔六〇〕「衆」，據殘筆劃及文義補；「生無」，《大正新脩大藏經》未能釋讀。
〔六一〕「禪」，《大正新脩大藏經》釋作「緣」，誤；「慧達」，《大正新脩大藏經》未能釋讀。
〔六二〕「一聞此印」，《大正新脩大藏經》未能釋讀。
〔六三〕「七」，據文義補。

（六四）「此印」，《大正新脩大藏經》未能釋讀。
（六五）「但有」，《大正新脩大藏經》未能釋讀。
（六六）「世」，《大正新脩大藏經》未能釋讀；「尊」，據殘筆劃及文義補。
（六七）「斗」，《大正新脩大藏經》釋作「升」，誤。
（六八）「棗」，《大正新脩大藏經》未能釋讀。
（六九）「萬」，《大正新脩大藏經》釋作「力」，誤；「人」，《大正新脩大藏經》未能釋讀。
（七〇）「常助」，《大正新脩大藏經》未能釋讀。
（七一）「善」，據文義補。
（七二）第一個「法」，據殘筆劃及文義補；「勑」，《大正新脩大藏經》釋作「物」，誤。
（七三）「衛」，《大正新脩大藏經》釋作「術」。
（七四）「脱」，《大正新脩大藏經》釋作「得」，誤。
（七五）「脩」，《大正新脩大藏經》釋作「修」，雖義可通而字誤；「集」，據殘筆劃及文義補。
（七六）「語」，《大正新脩大藏經》釋作「諸」，誤。
（七七）「子」，據殘筆劃及文義補。
（七八）「得」，據殘筆劃及文義補。
（七九）「士」，據殘筆劃及文義補。
（八〇）「六」，《大正新脩大藏經》未能釋讀；「天」，據文義補。
（八一）「衛」，《大正新脩大藏經》釋作「術」，誤。
（八二）「聚」，《大正新脩大藏經》未能釋讀。

〔八三〕『憐』，當作『斂』，據文義改，『憐』爲『斂』之借字。
〔八四〕『印』，據殘筆劃及文義補。
〔八五〕『母』，當作『拇』，據文義改，『母』爲『拇』之借字。
〔八六〕『掐』，《大正新脩大藏經》釋作『搯』。
〔八七〕第一個『法』，據殘筆劃及文義補。
〔八八〕『即』，《大正新脩大藏經》釋作『印』，誤；『變』，《大正新脩大藏經》未能釋讀。

## 參考文獻

《大正新脩大藏經》八五册，東京：大藏出版社，一九三二年，一四五〇至一四五一頁（録）；《敦煌寶藏》一九册，臺北：新文豐出版公司，一九八一年，四五五至四五七頁（圖）；《英藏敦煌文獻》四卷，成都：四川人民出版社，一九九一年，七二至七三頁（圖）；《道教術儀與密教典籍》，臺北：新文豐出版公司，一九九四年，四六四至四六七頁（録）。

# 斯二四四〇　一　維摩經押座文

## 釋文

維摩經押座文〔一〕

頂禮上方香積〔世〕〔二〕，妙喜如來化相身。

是（示）有妻兒眷屬徒〔三〕，心淨常修於梵行。

智力神通難可惻（測）〔四〕，手摇日月動須彌。佛子

我佛如來在菴園，宣説甚深普集教。

長者身心歡喜了，持其花蓋詣如來。佛子

偏偏摇動佈金雲〔五〕，七寶雙雙香送遠。

直到菴園法會上，持其寶蓋上如來。佛子

五百花蓋立其前，聖力合成爲一蓋。

日月星辰皆總現，山河大地及龍宮。佛子

世界摇時寶蓋摇，世界動時寶蓋動。
一切十方諸淨土，三世如來悉現中〔六〕。佛子
五百聲聞皆〔被〕訶〔七〕，住相法空分所證。
更有光嚴彌勒衆〔八〕，申（身）心皆拜道徒中〔九〕。佛子
不二真門性自融〔一〇〕，只有維摩親證悟。
示病室中而獨卧，廣談六品不思議〔一一〕。佛子
大聖牟尼悲願深，一一親呼十大衆。
皆曰不堪而問疾〔一二〕，唯有文殊千佛師。佛子
巍巍身動寶星宫，岌岌珠摇飛寶座。
八萬仙人香滿國，千千聖衆遍長空。佛子
請飯上方香積中，化座燈王師子吼。
盡到毗耶方丈室，作其佛事對弘揚。佛子
今晨擬説甚深文〔一三〕，惟願慈悲來至此。
聽衆聞經罪消滅，總證菩提法報身〔一四〕。佛子

火宅忙忙何日休，五欲終朝（招）生死苦〔一五〕。

不似聽經求解脱〔一六〕，學佛脩行能不能？

能者虔恭合掌著，經題名字唱將來〔一七〕。

## 説明

此卷首部略殘，尾部完整，中間有幾處殘損，存『維摩經押座文』『三身押坐文』『解座文』『八相押坐文』『押坐文』『温室經講唱押座文』『維摩經押座文』等七件。其中五件押座文均有首題，但各件筆跡不同，字體亦大小不等，應屬不同人所書。其中第一和第七兩件『維摩經押座文』内容相同。

此卷背抄有『釋迦因緣演出腳本』一篇、『押座文』一篇。

『押座文』是唐宋時期以通俗方式向佛教徒宣講佛經之前所唱的七言韻文，『押座』有鎮壓四座之意，對講經而言，『押座文』具有導引正題、收攝心神的作用。

此件首殘尾全，下沿亦稍有殘損，其中多句後有『佛子』等小字，爲聽衆唱和語。現知敦煌文獻中與此件内容相同的寫本除上述同卷之第七件外，尚有斯一四四一背、伯二一二二背和伯三二一〇。本書第六卷收録了斯一四四一背『維摩經押座文』（參見郝春文編著《英藏敦煌社會歷史文獻釋録》六卷，三三九至三四四頁）。

以上釋文以斯二四四〇中之第一件爲底本，因本書第六卷所收之斯一四四一背『維摩經押座文』曾用此卷中的兩件寫本分别作爲甲、乙本參校，各件之異同均已見於該件之校記，故此件僅用本書第六卷之斯一四四一背『維摩經押座文』（稱其爲甲本）校補缺文和脱誤，各本其他異文不再一一出校。

## 校記

〔一〕『維摩經押座』，據甲本補。
〔二〕『世』，據甲本補。
〔三〕『是』，當作『示』，據甲本改，『是』爲『示』之借字；『兒』『屬』，據甲本補。
〔四〕『惻』，當作『測』，據甲本改，『惻』爲『測』之借字。
〔五〕『金』，據甲本補。
〔六〕『來』，據甲本補。
〔七〕『被』，據甲本補。
〔八〕『更有』，據甲本補。
〔九〕『申』，當作『身』，據甲本改，『申』爲『身』之借字。
〔一〇〕『性自』，據甲本補。
〔一一〕『六品』，據甲本補。
〔一二〕『皆曰』，據甲本補。
〔一三〕『文』，據甲本補。
〔一四〕『法報』，據伯三一二二『維摩經押座文』補。

〔一五〕『朝』，當作『招』，據甲本改，『朝』爲『招』之借字。
〔一六〕『聽經求』，據甲本補。
〔一七〕『經題』，據甲本補。

## 參考文獻

《敦煌變文集》（下），北京：人民文學出版社，一九五七年，八二九至八三二頁（録）；《敦煌寶藏》一九册，臺北：新文豐出版公司，一九八一年，四六四至四六五頁（圖）；《英藏敦煌文獻》四卷，成都：四川人民出版社，一九九一年，七四頁（圖）；《敦煌變文校注》，北京：中華書局，一九九七年，一一四六至一一五一頁（録）；《英藏敦煌社會歷史文獻釋録》六卷，北京：社會科學文獻出版社，二〇〇九年，三三九至三四四頁（録）。

# 斯二四四〇　二　三身押坐文

## 釋文

三身押坐文

常嗟多劫處輪迴，末法世中多障難。
慚愧我世尊悲願重，唯留佛教在世間。
向娑婆世界作舟船，五濁劫中爲導首。
只是衆生惡業重，敬信之心大矖希。
見人造惡處强攢頭，聞道説經則佯不採（睬）[一]。
今生少善不曾作，來世覓人身大矖難。
不知不覺大忙忙，不怕不驚長造罪。
若不是者死王押頭著[二]，準擬千年餘（與）萬年[三]。
今朝希遇大乘經，似見優曇花一種。
暫解聞聽微妙法，萬劫身中惡業消。

輪王髻寶此時逢，窮子衣珠今日得。
十法行中行一行，六千功德用嚴身。
既能來至道場中，定是願聞微妙法。
樂者一心合掌著，經題名字唱〔將〕來〔四〕。

## 説明

此件首尾完整，首題『三身押坐文』。『三身』指法身、報身、應身三種佛身，『三身押坐文』，或是用於闡釋『三身』的講經法會。此件之内容爲四句一節，每節前均有朱筆標記。周紹良認爲此件在囑都講將『經題名字唱將來』下，復提及『今朝法師説其真』，可見此種變文爲二人合作演繹之用，亦俗講之明證也（參見《敦煌變文彙録》，二一一頁）。

## 校記

〔一〕『採』，當作『睬』，據文義改，『採』爲『睬』之借字。
〔二〕『者』，《敦煌變文校注》認爲『者』猶『這』；『押』，《敦煌變文校注》認爲『押』疑當讀作『壓』，按『押』通『壓』。
〔三〕『餘』，當作『與』，據文義改，『餘』爲『與』之借字，《敦煌變文校注》認爲『餘』讀作『與』。
〔四〕『將』，《敦煌變文校注》據文義校補。

## 參考文獻

《敦煌變文彙録》，上海出版公司，一九五四年，二一一至二一二頁（録）；《敦煌變文集》（下），北京：人民文學出版社，一九五七年，八二七至八二八頁（録）；《敦煌寶藏》一九册，臺北：新文豐出版公司，一九八一年，四六五頁（圖）；《英藏敦煌文獻》四卷，成都：四川人民出版社，一九九一年，七四頁（圖）；《敦煌變文集新書》，臺北：文津出版社，一九九四年，九至一〇頁（録）；《敦煌變文校注》，北京：中華書局，一九九七年，一一四四至一一四五、一一九六頁（録）。

# 斯二四四〇　三　解座文

## 釋文

今朝法師説其真，坐下聽衆莫因循。
念佛急手歸舍去，遲歸家中阿婆嗔。

## 説明

此件首尾完整，抄於『三身押坐文』之後，周紹良認爲其爲講經結束時的『解座文』，屬於講經法師爲使用方便而和『押座文』抄録在一起的（參見黄征、張涌泉《敦煌變文校注》，一一九六頁）。

## 參考文獻

《敦煌變文集》（下），北京：人民文學出版社，一九五七年，八二八頁（録）；《敦煌寶藏》一九册，臺北：新文豐出版公司，一九八一年，四六五頁（圖）；《敦煌研究》一九八七年四期，八三頁；《英藏敦煌文獻》四卷，成都：四川人民出版社，一九九一年，七四頁（圖）；《敦煌變文集新書》，臺北：文津出版社，一九九四年，九至一〇頁（録）；《敦煌變文校注》，中華書局，一九九七年，一一九六頁（録）。

# 斯二四四〇　四　八相押坐文

## 釋文

八相押坐文

始從兜率降人間，先向王宮示生相。

九龍齊嗢香和水〔一〕，爭浴蓮花葉上身〔二〕。

聖主摩耶往後園，頻（嬪）妃俫（綵）女走（奏）樂暄（喧）〔三〕。

魚透碧波堪賞玩，無憂花色最宜觀。

無憂花樹葉敷榮〔四〕，夫人彼中緩步行。

舉手或攀枝余（與）葉〔五〕，釋迦聖主袖中生。

釋迦慈父降生來，還從右脅出身胎〔六〕。

九龍灑水早是衩〔七〕，千輪足下有瑞蓮開〔八〕。

阿斯陀仙啓大王，太子瑞應極貞祥〔九〕。

不是尋常等閑事，必作個菩提大法王〔一〇〕。
前生與殿下結良緣，賤妾如今豈敢專？
是日耶輸再三請，太子當時脱指環。
長成不戀世榮華，厭患深宫爲太子。
捨卻金輪七寶〔位〕〔一一〕，〔夜〕〔半〕〔逾〕〔城〕〔願〕〔出〕〔家〕〔一二〕。
六年苦行在山中，鳥獸同居爲伴侣。
長飢不食真（珍）修（羞）飯〔一三〕，麻麥將來便短終〔一四〕。
得證菩提樹下身，降伏衆魔成正覺。
鷲領（嶺）峰頭放毫相〔一五〕，鹿苑初度五俱輪。
先開有教益群情，次説空宗令悟解。
後向靈山談妙法，益今利後不思議。
今晨擬説此甚深經〔一六〕，唯願慈悲來至此。
聽衆聞經願罪消滅〔一七〕，不似聽經求解脱〔一八〕。

## 説明

此件首尾完整，首題『八相押坐文』，上沿和中間有兩處斷裂，部分文字屬於重裱的痕跡較爲明顯。此件字體大小不一，有多處塗抹删改和在行間添加的文字。『八相』指如來爲化度衆生，以成道爲中心而示現的由生至滅的八個階段，即降兜率、入胎、住胎、出胎、出家、成道、轉法輪、入滅。『八相押坐文』，或是用於闡釋『八相』的講經法會。此件之内容爲四句一節，每節前面均有朱筆勾記符號，其内容與《太子成道經》相似，散見於伯二九九九、斯五四八、斯四五〇四等寫本之中，略有異文。

## 校記

〔一〕『嘔』，《敦煌變文校注》認爲此字義與文義不合，當是『温』的换旁字。

〔二〕『始從兜率降人間』至『爭浴蓮花葉上身』，底本以雙行小字抄於標題『八相押坐文』之前。

〔三〕『頻』，當作『嬪』，《敦煌變文集》據文義校改，『頻』爲『嬪』之借字；『保』，當作『綵』，據文義改，《敦煌變文集》《敦煌變文集新書》《敦煌變文校注》逕釋作『綵』，『保』爲『綵』之借字；『走』，當作『奏』，據文義改，『走』爲『奏』之借字；『暄』，當作『喧』，據文義改，『暄』爲『喧』之借字，《敦煌變文集》《敦煌變文集新書》《敦煌變文校注》均逕釋作『喧』。

〔四〕『無憂花』，據殘筆劃及文義補。

〔五〕『或』，《敦煌變文校注》認爲斯五四八《太子成道經》同句此字作『已（以）』，義較長；『枝』，《敦煌變文校注》據伯二九九九《太子成道經》疑當作『諸』；『余』，當作『與』，據文義改，『余』爲『與』之借字，《敦煌變文校注》據伯二九九九《太子成道經》疑當作『餘』。

〔六〕「脅」，據殘筆劃及文義補。

〔七〕「衩」，《敦煌變文校注》認爲此字當是「差」的俗字。

〔八〕「開」，據伯二九九九、斯五四八等號《太子成道經》補。

〔九〕「極」，《敦煌變文集》據文義校補；「貞」，《敦煌變文校注》疑當校改作「禎」，按不改亦可通。

〔一〇〕「個」，伯二九九九、斯五四八等號《太子成道經》無，但據上文「千輪足下有瑞蓮開」亦爲八字，此字似非衍文。

〔一一〕「位」，據伯二九九九、斯五四八等號《太子成道經》補。

〔一二〕「夜半逾城願出家」，據伯二九九九、斯五四八等號《太子成道經》補。

〔一三〕「真修」，當作「珍羞」，蔣禮鴻據文義校改，「真修」爲「珍羞」之借詞。

〔一四〕「短」，《敦煌變文校注》疑當作「斷」；「終」，袁賓認爲此字係「中」之音近借字。

〔一五〕「領」，當作「嶺」，《敦煌變文集》據文義校改，「領」爲「嶺」之借字。

〔一六〕「晨」，據殘筆劃及文義補；「此」，《敦煌變文校注》認爲「押座文」相類文句皆無「此」字，疑涉下句「此」字而衍。

〔一七〕「願」，《敦煌變文校注》認爲《維摩經押座文》等相類文句皆無「願」字，疑爲衍文。「今晨擬説此甚深經」至「聽衆聞經願罪消滅」，《敦煌變文校注》認爲此數句係補抄於底本行與行間的空檔，蓋因空檔太少，頗有節略，此句後疑省略了「總證菩提法報身。火宅忙忙何日休，五欲終招生死苦」三句。

〔一八〕「不似聽經求」，底本此句頂部尚有「今晨」二字，《敦煌變文校注》認爲此乃誤書而未抹去者，當不録，兹從之；「解脱」，《敦煌變文校注》據文義校補。此句之後，《敦煌變文校注》另補有「學佛修行能不能？能者虔恭合掌著，經題名字唱將來」。

## 參考文獻

《敦煌變文集》（下），北京：人民文學出版社，一九五七年，八二三至八二四頁（録）；《敦煌寶藏》一九册，臺北：新文豐出版公司，一九八一年，四六五至四六六頁（圖）；《英藏敦煌文獻》四卷，成都：四川人民出版社，一九九一年，七四至七五頁（圖）；《敦煌變文集新書》，臺北：文津出版社，一九九四年，一至八頁（録）；《敦煌變文校注》，北京：中華書局，一九九七年，一一三九至一一四三頁（録）。

## 斯二四四〇　五　押座文

### 釋文

[賦]〔一〕

就〔中〕〔此〕地足悲哀〔二〕，暫到城南便不迴〔三〕。

侵晨行早尋沙逕〔四〕，[博]（薄）暮休程傍水偎〔五〕。

憶兒母子應長（腸）斷〔六〕，應須會裏見如來。

今日講經功德分，願因逢便早[歸]來〔七〕。

就中此地足別離，每夜唯聞處處悲。

借問因何懷悵惘，昨朝强賊捉余兒。

孤貧臨老遭如此，啓告黄（皇）天願照之（知）〔八〕。

黨（儻）令母子重相見〔九〕，由（猶）如枯樹再生枝〔一〇〕。

弟子佈施一索〔一一〕，分難之時願平善〔一二〕，孩兒早出來。久住令賤〔一三〕。

此方日没西方照，莫道西沈日便無。
此方入滅化餘方，莫道世尊真滅度。
譬如長天有月，被浮雲障翳不出來。
身中有佛性甚分明，被業障覆藏都不現。
欲長空月現，先須要假狂風。
欲得身中佛性明，事須勤聽大乘經。
纔（殘）雲被狂風吹散去[一四]，月影長空便出來。
在聽甚深微妙法，身中佛性甚分明。
一沾（點）兩沾（點）三沾（點）雨[一五]，滅卻衢中多少塵。
一句兩句大乘經，滅卻身中多少罪。
我擬請佛，恐人坐多時，便擬説經，願不願？願者檢（斂）心〔合〕掌待[一六]。
西方還有白銀臺，四衆聽法心總開。願聞法者合掌著，都講經題唱將來。

## 説明

《敦煌變文集》認爲此件爲另一『押座文』，文題已佚，開端有殘闕，疑首有闕文（參見王重民等編著《敦煌變文集》（下），八二六頁）。

## 校記

〔一〕「賦」，《敦煌變文集》據殘筆劃及文義校補，並將其與「就〔中〕〔此〕地足悲哀」作一句讀，《敦煌變文校注》認爲底本中「賦」字獨自爲行，實爲聲腔標字，不得連下爲讀。

〔二〕「中」，據文義補；「此」，《敦煌變文校注》據文義校補。

〔三〕「便不迴」，底本此三字墨跡大部分已脱落。

〔四〕「侵晨行早尋沙逕」，底本此句墨跡大部分已脱落。

〔五〕「博」，據殘筆劃及文義補，當作「薄」，《敦煌變文集》據文義校改，「博」爲「薄」之借字；「偎」，《敦煌變文集新書》疑當作「隈」，按「偎」有「近」義。

〔六〕「長」，當作「腸」，《敦煌變文集》據文義校改，「長」爲「腸」之借字。

〔七〕「歸」，據殘筆劃及文義補。

〔八〕「黄」，當作「皇」，《敦煌變文集》據文義校改，「黄」爲「皇」之借字；「之」，當作「知」，《敦煌變文校注》據文義校改，「之」爲「知」之借字。

〔九〕「黨」，當作「儻」，《敦煌變文集》據文義校改。

〔一〇〕「由」，當作「猶」，《敦煌變文集新書》據文義校改，「由」爲「猶」之借字。

〔一一〕「索」，《敦煌變文校注》疑當作「束」。此句疑有脱文。

〔一二〕「難」，《敦煌變文校注》疑當作「離」。

〔一三〕「久住令賤」，《敦煌變文新書》疑其下有闕文，或是誤衍。

〔一四〕「纔」，當作「殘」，《敦煌變文集》據文義校改。

〔一五〕『沾』，當作『點』，徐復據文義校改。

〔一六〕『檢』，當作『斂』，《講經文四篇補校》據文義校改；『合』，《講經文四篇補校》據文義校補。

## 參考文獻

《敦煌變文集》（下），北京：人民文學出版社，一九五七年，八二四至八二六頁（録）；《敦煌寳藏》一九册，臺北：新文豐出版公司，一九八一年，四六五至四六六頁（圖）；《敦煌研究》一九八八年一期，三九頁（録）；《英藏敦煌文獻》四卷，成都：四川人民出版社，一九九一年，七五頁（圖）；《敦煌變文集新書》，臺北：文津出版社，一九九四年，一至八頁（録）；《敦煌變文校注》，北京：中華書局，一九九七年，一一三九至一一四三頁（録）。

## 斯二四四〇　六　温室經講唱押座文

### 釋文

温室經講唱押座文

頂禮上方大覺尊，　歸命難思清淨衆。
四智三身隨衆願，　慈悲丈六釋迦文。
百千萬劫作輪王，　不樂王宫恩愛事。
捨命捨身千萬劫，　直至今身證菩提。
生死海中久沈淪，　不覺不知業力引。
垢障消除今睹佛，　光照三千世界中。
毗耶離國有菴園，　㮈女還生㮈花中。
寶樹枝條光色好，　非凡非聖化生身。
祇域還從㮈女生，　妙通法術救衆生。
能療衆病一切差，　國稱之（至）寶大醫王〔一〕。

父號祇婆慈愍賢，下針之（諸）疾立輕便〔二〕。
名高八國爲長者，迴喪起死閻浮中。
祇域思念牟尼尊，明旦勑家俱詣佛。
直到靈山法會上，請佛沐俗（浴）及凡僧〔三〕。
佛說七物各有功，不違祈願浴法身。
香湯能淨凡聖衆，功德無量滿願中。
今晨擬說甚深文，唯願慈悲來至此。
聽衆聞經罪消滅，總證菩提法寶（报）身〔四〕。
閻浮濁惡實堪悲，老病終朝長似醉。
已捨喧喧求出離，端坐聽經能不能？
能者虔恭合掌著，經題名字唱將來。

## 說明

此件首尾完整，首題『温室經講唱押座文』，底本有墨筆句讀。《敦煌變文集》用伯三二一〇爲校本對其進行釋録，實則伯三二一〇、伯二二一二乃《佛說阿彌陀經押座文》，只有前四句和末六句與此件大體相同，其餘完全不同，對此件並無校勘價值（參見黄征、張涌泉《敦煌變文校注》，一一五二頁）。

## 校記

〔一〕『之』，當作『至』，據文義改，『之』爲『至』之借字，《敦煌變文校注》亦疑『之』當作『至』。

〔二〕『之』，當作『諸』，據文義改，『之』爲『諸』之借字，《敦煌變文校注》認爲『之』當讀作『諸』。

〔三〕『俗』，當作『浴』，據文義改。

〔四〕『寶』，當作『報』，據文義改，『寶』爲『報』之借字，《敦煌變文校注》認爲『寶』當讀作『報』。

## 參考文獻

《敦煌變文集》（下），北京：人民文學出版社，一九五七年，八三三至八三四頁（録）；《敦煌寶藏》一九册，臺北：新文豐出版公司，一九八一年，四六六至四六七頁（圖）；《英藏敦煌文獻》四卷，成都：四川人民出版社，一九九一年，七五至七六頁（圖）；《敦煌變文校注》，北京：中華書局，一九九七年，一一五二至一一五三頁（録）。

# 斯二四四〇　七　維摩經押座文

## 釋文

維摩經押座文

頂禮上方香積世，妙喜如來化相身。
是（示）有妻兒眷屬徒[一]，心淨常修於梵行。
智力神通難可測，手摇日月動須彌。念菩薩佛子
我佛如來在菴園，宣説甚深普集教。
長者身心歡喜了，持其寶蓋詣如來。念菩薩佛子
偏偏摇動佈金雲鈴[二]，七寶雙雙香送遠。
直到菴園法會上，捧其寶蓋上如來。佛子
五百花蓋立其前，聖力合成爲壹蓋。
日月星辰皆總現，山河大地及龍宫。佛子
世界摇時寶蓋摇，世界動時動寶蓋動[三]。

一切十方諸淨土，三世如來悉現中。佛子
毗耶離國地中心，寶樹光暉金璨爛。
多出人賢性慈愍，久曾過去早修行。佛子
居士維摩衆中尊，十德圓明人所重。
親近無邊三世佛，故號維摩長者身。佛子
五百聲聞皆被訶，住相法空分所證。
更有光嚴彌勒衆，身心皆拜道徒中。佛子
不二真門性自融，只有維摩親證悟。
示病室中而獨卧，廣談六品不思儀（議）〔四〕。佛子
大聖牟尼悲願深，一一親呼十大衆。
皆曰不堪而問疾，唯有文殊千佛師。佛子
巍巍身動寶星宫，岌岌珠摇飛寶座。
八萬仙人香滿國，千千聖衆遍長空。佛子
請飯上方香積中，化座燈王師子吼。
盡到毗耶方丈室，作其佛事對弘揚。佛子
今晨擬説甚深經，惟願慈悲來至此。

聽衆聞經罪逍（消）滅[五]，總證菩提法寶（報）身[六]。佛子

火宅忙忙何日休[七]，五欲終招生死苦。重述

不似聽經求解脱，學佛修行能不能？

能者虔恭合掌著，經提（題）名目唱將來[八]。

## 説明

此件首尾完整，首題『維摩經押座文』，其中多句後有『念菩薩佛子』『佛子』等小字，爲提示衆人相和語。關於敦煌文獻中保存的《維摩經押座文》之情況，可參看此卷第一件《維摩經押座文》之『説明』。

以上釋文以斯二四四〇中之第二通《維摩經押座文》爲底本，因本書第六卷所收之斯一四四一背『維摩經押座文』曾用此件和其他『維摩經押座文』參校，各件之異同均已見於該件之校記，故此件僅用本書第六卷之斯一四四一背『維摩經押座文』（稱其爲甲本）校改錯誤，各本其他異文不再一一出校。

## 校記

〔一〕『是』，當作『示』，據甲本改，『是』爲『示』之借字。

〔二〕『鈴』，《敦煌變文校注》認爲該字墨色較淡，『雲』字較濃，似應當録『雲』字。

〔三〕第二個『動』，據甲本係衍文，當删。

〔四〕「儀」，當作「議」，據甲本改，「儀」爲「議」之借字。
〔五〕「逍」，當作「消」，據甲本改，「逍」爲「消」之借字。
〔六〕「寶」，當作「報」，據甲本改，「寶」爲「報」之借字。
〔七〕「忙忙」，底本作「茫茫」，參照此卷中之相同内容文書，應爲「忙忙」之俗寫，《敦煌變文集》釋作「茫茫」。
〔八〕「提」，當作「題」，據甲本改，「提」爲「題」之借字。

## 參考文獻

《敦煌變文集》（下），北京：人民文學出版社，一九五七年，八二九至八三二頁（録）；《敦煌寶藏》一九册，臺北：新文豐出版公司，一九八一年，四六七頁（圖）；《英藏敦煌文獻》四卷，成都：四川人民出版社，一九九一年，七六至七七頁（圖）；《敦煌變文校注》，北京：中華書局，一九九七年，一一四六至一一五一頁（録）；《英藏敦煌社會歷史文獻釋録》六卷，北京：社會科學文獻出版社，二〇〇九年，三三九至三四四頁（録）。

# 斯二四四〇背　一　釋迦因緣演出腳本

## 釋文

隊扙（仗）白説[一]

白月才沈形[二]，紅日初生。擬（儀）扙（仗）才行形[三]，天下宴靜[四]。爛滿（漫）繡衣花璨璨[五]，無邊神女貌螢（瑩）螢（瑩）[六]。

青一隊，黄一隊，熊踏[七]。

大王吟

撥棹乘船過大江，神前傾酒五三巵[八]。傾杯不爲諸餘事[九]，大王男女相兼乞一雙。

夫人吟

撥棹乘船過大池，盡情歌舞樂神祇。歌舞不緣別餘事，伏願大王乞一個兒[一〇]。

迴鑾駕卻[一一]。

吟生

△聖主摩耶往後園，頻（嬪）妃綵女走（奏）樂暄（喧）[一二]。魚透碧波堪賞玩，無憂

花色最宜觀。

△無憂花樹葉敷榮，夫人彼中緩步行。舉手或攀枝余（與）葉〔一三〕，釋迦聖主袖中生。

△釋迦慈父降生來，還從右脇出身胎。九龍灑水早是衩〔一四〕，千輪足下瑞蓮開〔一五〕。

△相吟別

阿斯陀仙啓大王，太子瑞應極貞祥〔一六〕。不是尋常等閑事，必作菩提大法王。

△婦吟別

前生與殿下結良緣，賤妾如今豈敢專？是日耶輸再三請，太子當時脱指環。

△老相吟

眼闇都緣不弁（辨）色〔一七〕，耳聾高語不聞聲。欲行三里二里時，雖（須）是四迴五迴歇〔一八〕。

△少年莫笑老人頻（貧）〔一九〕，老人不奪少年春。此老老人不將去，此老還留與後人。

△四（死）吟〔二〇〕

國王之位大尊高，煞鬼臨頭無處逃。四（死）相之身皆若此〔二一〕，還漂苦海浪滔滔。

△臨險吟

可笑危中也大危〔二二〕，靈山會上亦合知〔二三〕。賤妾一身猶乍可，莫交（教）辜負阿孩兒〔二四〕。

△修行吟

夫人據（既）解别揚（陽）臺〔二五〕，此事如蓮火裏開。曉鏡罷看桃李面，鉗（紺）雲休插鳳凰釵〔二六〕。無明海水從資（玆）竭〔二七〕，煩惱叢林任意摧。努力鷲峰修聖道，新婦莫慵讒不掣（擎）卻迴來〔二八〕。

長成不戀世榮華〔二九〕，厭患深宫爲太子。捨卻金輪七寶位，夜半逾城願出家。六年苦行在山中〔三〇〕，鳥獸同居爲伴侣。長飢不食珍修（羞）飯〔三一〕，麻麥將來便短終〔三二〕。得證菩提樹下身，降伏衆魔成正覺。鷲嶺峰頭放毫光，説此三乘微妙法〔三三〕。

## 説明

此件首尾完整，倒書，無題。李正宇擬名爲『釋迦因緣劇本』（參見《晚唐敦煌本〈釋迦因緣劇本〉試探》，《敦煌研究》一九八七年一期，六四至八二頁）。《敦煌變文校注》認爲此件乃抄撮《太子成道經》變文或《八相變》中的吟詞而成，是一種節本，旨在供變文演説時配合吟唱者執以吟唱，與後世的獨立構思創作的有完整情節的劇本不同，且擬題爲『太子成道吟詞』（參見黄征、張涌泉《敦煌變文校注》，四八二頁）。但此件的内容除『吟詞』外，尚有『隊仗白説』『大王吟』『夫人吟』等確定『吟詞』由何人吟唱的按語，以及『迴鑾駕卻』規定場景及動作的按語，這表明此件具有演出腳本的功能，或可稱爲早期劇本。此暫定名爲『釋迦因緣演出腳本』。此件中之一些段落前有層次符號『△』，爲保持文書原貌，釋文按原段落符號分段，仍將該符號置於段落之首。

李正宇指出此件與斯二四四〇正面之《八相押坐文》出於同一抄寫者的手筆，并根據兩卷的書法、行款及相關内容，推測其抄寫年代當在晚唐乾符二年（公元八七五年）之前（參見《晚唐敦煌本〈釋迦因緣劇本〉試探》，八〇頁）。

此件後抄有『押坐文』一篇，與此件之間留有空白，且兩件筆跡不同，字體亦大小不等，應屬不同人所書。《英藏敦煌文獻》圖版誤將『押坐文』置於此件之前。

## 校記

〔一〕『扙』，當作『仗』，《晚唐敦煌本〈釋迦因緣劇本〉試探》據文義校改。
〔二〕『形』，《敦煌變文校注》據《太子成道經》疑爲衍文並删。
〔三〕『擬扙』，當作『儀仗』，《唐戲弄》據《太子成道經》校改；『才行形』，《敦煌變文集補編》據伯二九二四、斯二六八二號《太子成道經》認爲當作『横行』，《敦煌變文校注》據《太子成道經》疑『形』爲衍文並删。
〔四〕『宴』，《敦煌變文校注》釋作『晏』，雖義可通而字誤。
〔五〕『滿』，當作『漫』，《晚唐敦煌本〈釋迦因緣劇本〉試探》據文義校改，『滿』爲『漫』之借字；『璨璨』，《敦煌變文校注》釋作『燦燦』，誤。
〔六〕『螢螢』，當作『瑩瑩』，劉修業據文義校改，『螢』爲『瑩』之借字。
〔七〕『青一隊，黄一隊，熊踏』，《敦煌變文集補編》《敦煌變文校注》均未録，《敦煌變文集補編》指出此句筆跡異於正文，爲他人戲添者，蓋摘自盛唐劉瑕《駕幸温泉賦》。
〔八〕『五三』，《敦煌變文校注》釋作『三五』，誤。

〔九〕「杯」，底本作「伓」，爲涉前字「傾」而成的類化增旁俗字。

〔一〇〕「二」，《敦煌變文校注》據《太子成道經》認爲此字爲衍文，當删。

〔一一〕「鸞」，《晚唐敦煌本〈釋迦因緣劇本〉試探》校改作「鑾」，按不改亦可通。此句《敦煌變文集補編》《敦煌變文校注》均未録，《敦煌變文集補編》認爲此四字爲舞臺提示語，《敦煌變文校注》認爲此四字乃誤抄《太子成道經》「迴鸞駕卻入宫中」散句未完，係衍文，當删。

〔一二〕「頻」，當作「嬪」，《晚唐敦煌本〈釋迦因緣劇本〉試探》據文義校改，「頻」爲「嬪」之借字；「走」，當作「奏」，據伯二九九九、斯四五〇四等號《太子成道經》改，「走」爲「奏」之借字；「瞶」，當作「喧」，據文義改，《敦煌變文集補編》逕釋作「喧」，「瞶」爲「喧」之借字，《敦煌變文集補編》釋作「暄」，校改作「喧」。

〔一三〕「余」，當作「與」，《敦煌變文集補編》據文義校改，「余」爲「與」之借字，《敦煌變文校注》據《太子成道經》校改作「諸餘」。

〔一四〕「早」，《敦煌變文集補編》認爲當作「卓」，唐宋時敦煌人讀「卓」爲「早」，蓋同音而誤；「衩」，《敦煌變文字義通釋》認爲「衩」「詫」蓋同音而誤。

〔一五〕「足」，底本右側有一墨點，含義不明。

〔一六〕「貞」，《敦煌變文校注》校改作「禎」，按不改亦可通。

〔一七〕「弁」，當作「辨」，《晚唐敦煌本〈釋迦因緣劇本〉試探》據文義校改，「弁」爲「辨」之借字。

〔一八〕「雖」，當作「須」，據北敦六八八〇號《太子成道經》改，《敦煌變文集補編》認爲「雖」「須」蓋唐宋敦煌方音同音致誤。

〔一九〕「頻」，當作「貧」，《敦煌變文集補編》據文義校改，「頻」爲「貧」之借字。

〔二〇〕「四」，當作「死」，《敦煌變文校注》據《太子成道經》校改，「四」爲「死」之借字。此句《唐戲弄》據《太子成道經》認爲當作「喪主吟」，《敦煌變文集補編》認爲當是「四相吟」之省稱。

〔二一〕「四」，當作「死」，《唐戲弄》據《太子成道經》校改，「四」爲「死」之借字。

〔二二〕「可」，《敦煌變文集補編》釋作「卻」，誤，按底本「卻」字以淡墨塗抹，並在其上書一「可」字，《敦煌變文校注》校改作「卻」；「笑」，《敦煌變文校注》校改作「唤」。

〔二三〕「靈」，《敦煌變文集補編》《敦煌變文校注》均釋作「雪」，誤。

〔二四〕「交」，當作「教」，《敦煌變文校注》據文義校改，「交」爲「教」之借字。

〔二五〕「據」，當作「既」，《敦煌變文校注》據文義校改，《敦煌變文集補編》疑當作「遽」；「揚」，當作「陽」，《晚唐敦煌本〈釋迦因緣劇本〉試探》據文義校改，「揚」爲「陽」之借字。

〔二六〕「甜」，當作「紺」，《敦煌曲》據文義校改，「甜」爲「紺」之借字，《敦煌變文校注》認爲「甜」通「紺」。

〔二七〕「資」，當作「玆」，《晚唐敦煌本〈釋迦因緣劇本〉試探》據文義校改，「資」爲「玆」之借字。

〔二八〕「新婦」，底本二字上下各留一字之空，與前文「大王吟」「夫人吟」「相吟別」「老相吟」等格式相同，而異於「大王吟」中小字夾白「大王」，《敦煌變文集補編》據文義校補作「新婦吟」；「讒」，《敦煌變文校注》認爲通「饞」；「掣」，當作「擎」，《敦煌變文字義通釋》據文義校改。

〔二九〕《敦煌變文校注》認爲以此句爲起始的段落中，首六句見於《太子成道經》篇首第一段吟詞，遂於此句前補作「吟」。

〔三〇〕「苦」，底本似作「笘」，但有改動痕跡，另「艹」「⺮」古多混用，因此視之爲「苦」之俗寫。

〔三一〕「修」，當作「羞」，蔣禮鴻據文義校改，「修」爲「羞」之借字。

〔三二〕「短終」，《敦煌變文校注》疑當作「斷中」。

〔三三〕「法」，《敦煌變文校注》釋作「經」，誤。

## 參考文獻

《敦煌曲》，巴黎：法國國家科學研究中心，一九七一年，二八至三〇頁（録）；《敦煌寳藏》一九册，臺北：新文豐出版公司，一九八一年，四六八頁（圖）；《唐戲弄》（下），上海古籍出版社，一九八四年，八七五至八七六頁（録）；《敦煌研究》一九八七年一期，六四至八二頁；《敦煌研究》一九八七年四期，八三頁；《敦煌變文集補編》，北京大學出版社，一九八九年，一一七至一二一頁（録）；《敦煌研究》一九八九年三期，六三至七三頁；《敦煌研究》一九九〇年二期，一〇六頁；《敦煌研究》一九九〇年四期，八六至九〇頁；《英藏敦煌文獻》四卷，成都：四川人民出版社，一九九一年，七八頁（圖）；《敦煌變文校注》，北京：中華書局，一九九七年，四八一至四八三頁（録）。

# 斯二四四〇背　二　押坐文

## 釋文

押坐文

佛世難遇，如優潭（曇）鉢花〔一〕；我輩得逢，似盲龜值木。

生死海中千萬劫，從來轉換多少身〔二〕。

億億萬劫數雖多，幾度得逢佛出世〔三〕。

必若當初逢著佛〔四〕，爭肯將身向者裏來〔五〕。

縱緣心願見慈尊〔六〕，即漸擬求親近去。

動説無邊無量劫，日月時長大曬難〔七〕。

見佛不是暫時間，百千萬劫長時見。

欲得來生者個事〔八〕，數聽經來能不能〔九〕？

能者須生渴仰心〔一〇〕，似見世尊須一種。
樂者虔恭合掌著〔一一〕，經題名字唱〔將〕來〔一二〕。

## 説明

此件首尾完整，首題『押坐文』，底本自第四行至第八行下沿文字稍有殘損。敦煌文獻中保存的與此件内容相同的尚有斯四四七四背一件寫本，該件無題。

以上釋文以斯二四四〇背爲底本，用斯四四七四背（稱其爲甲本）參校。

## 校記

〔一〕『如』，甲本作『似』；『優』，甲本作『憂』；『潭』，當作『曇』，據甲本改，『潭』爲『曇』之借字。
〔二〕『從來轉换』，甲本作『轉换從來』；『身』，據甲本補。
〔三〕『幾』，甲本作『既』，『既』爲『幾』之借字。
〔四〕『初逢』，據殘筆劃及甲本補。
〔五〕『者』，甲本同，《敦煌變文集》校改作『這』，《敦煌變文校注》認爲『者』之後起字作『這』，可不必校改。
〔六〕『尊』，據甲本補。
〔七〕『長大』，據甲本補。
〔八〕『欲得』，據甲本補；『事』，甲本脱。

〔九〕「經來」，甲本作「文」。

〔一〇〕「渴仰心」，據甲本補。

〔一一〕「著」，甲本脱。

〔一二〕「字」，據甲本補；「將」，據甲本補。

## 參考文獻

《敦煌變文集》（下），北京：人民文學出版社，一九五七年，八四二頁（録）；《敦煌寶藏》一九册，臺北：新文豐出版公司，一九八一年，四六八頁（圖）；《英藏敦煌文獻》四卷，成都：四川人民出版社，一九九一年，七七頁（圖）；《敦煌變文校注》，北京：中華書局，一九九七年，一一六七頁（録）。

# 斯二四四七　壬子年知經藏所由僧光璨共僧伯明交割經論律手帖

## 釋文

壬子年二月二日，共前知經藏所由伯明交割經論律等〔一〕，除先亥年九月算計目録上欠數及判狀教填欠少者外，見應交得，都計若忓（干）卷〔二〕。其數内又欠若忓（干）卷。伯明云：其欠經律，先日諸人請將爲本抄寫，未收入藏。昨交割日其應在諸人上經論律等〔三〕，准交歷並收入見在額數。其在諸人上經論律等，並仰前所由伯明勾當收什〔四〕，限至丑年五月十五日已前並須收入，分付後所由光璨等訖。如違限不收什〔五〕，一任掣奪家資什物充填經直〔六〕。如中間伯明身或不在，一仰保人填納。恐後無憑，故勒手帖爲記。

前計大乘經二千七百兩卷，又八十卷，共計二千七百八十二卷。三十〔七〕。小乘經都三百卌一卷，同。律計二百卌一卷〔八〕，不同。大乘論計二百七卷。計小乘論六百七十八卷，同。計賢〔聖〕集傳一百五卷〔九〕。計新寫經五百一十二卷。計新寫論二百八十七卷。

計大乘經二千七百五十四，卅〔一〇〕；計二千六百五十四；又計二千七百卌七〔一一〕；又計二千七百五十五。計小乘律二百廿八卷〔一二〕，同。大乘論二百七十一卷，同。賢聖集傳一百一十二卷。新寫雜經五百卌二卷〔一三〕，雜論二百八十五。

## 説明

此件首尾完整，卷中統計經律論卷數的小字部分有朱筆點勘符號。方廣錩認爲此件是吐蕃時期敦煌龍興寺前後管理藏經的僧人伯明、光璨交割時，就伯明經手借出，卻未能收回之經典所立的手帖，并據卷中「壬子年」斷定其書寫於唐文宗大和六年（公元八三二年）（參看《敦煌佛教經録輯校》，七〇九至七一〇頁）。《英藏敦煌文獻》定名爲「壬子年二月二日前知經藏僧光璨共僧伯明交割手帖」，不確。據以上釋文，前知經藏所由應爲僧伯明，僧光璨爲現任知經藏所由，兹據内容重新擬題。

此卷背面分别抄寫「丑年九月十月吴法闍梨請經論卷帙數目」「子年十二月廿日對記」「丑年九月宋判官請經論經疏卷帙數目」和「亥年十月一日已後諸家散施入經物歷」四種文獻，其中第二種和第四種爲倒書。

## 校記

〔一〕「割」，《敦煌佛教經録輯校》釋作「剖」，誤。
〔二〕「忓」，當作「干」，據文義改，「忓」爲「干」之借字，《敦煌佛教經録輯校》逕釋作「干」。以下同，不另出校。
〔三〕「割」，《敦煌佛教經録輯校》釋作「剖」，誤。
〔四〕「什」，《敦煌佛教經録輯校》校改作「拾」，按「收什」可通，不煩校改。

〔五〕『什』，《敦煌佛教經録輯校》校改作『拾』，按『收什』可通，不煩校改。
〔六〕『直』，《敦煌佛教經録輯校》校改作『值』，按『直』通『值』，不煩校改。
〔七〕『三十』，原卷抄於上句『八十』二字之右側。
〔八〕『卌』，《敦煌佛教經録輯校》釋作『四十』。
〔九〕『聖』，《敦煌佛教經録輯校》據文義校補。
〔一〇〕『卅』，《敦煌佛教經録輯校》釋作『三十』。
〔一一〕『卌』，《敦煌佛教經録輯校》釋作『四十』。
〔一二〕『廿』，《敦煌佛教經録輯校》釋作『二十』。
〔一三〕『卅』，《敦煌佛教經録輯校》釋作『三十』。

## 參考文獻

《鳴沙餘韻・解説篇》，京都：臨川書店，一九八〇年，二六二頁；《敦煌寶藏》一九册，臺北：新文豐出版公司，一九八一年，五三九頁（圖）；《講座敦煌》7《敦煌與中國佛教》，東京：大東出版社，一九八四年，二九八頁；《佛教大藏經史（八—十世紀）》，北京：中國社會科學出版社，一九九一年，一一二至一一四頁；《英藏敦煌文獻》四卷，成都：四川人民出版社，一九九一年，七八頁（圖）；《敦煌佛教經録輯校》（下），南京：江蘇古籍出版社，一九九七年，七〇九至七一二頁（録）；《晚唐五代敦煌諸寺藏經與管理》，載《新世紀敦煌學論集》，成都：巴蜀書社，二〇〇三年，三五六至三五七頁。

# 斯二四四七背　一　丑年九月十月吴法闍梨請經論卷袟數目

## 釋文

丑年九〔月〕廿六日[一]，吴法闍梨請《阿毗達磨大毗婆沙論》[二]，第一袟、第二袟、第三袟、第四袟、第五袟、第七袟、第八袟、第十袟。并竹錦袟並足[三]。

十月十五日，□又請《毗婆娑論》[四]，壹伯卷[五]，拾袟。并竹錦袟拾枚[六]。《發智論》，兩袟，廿卷[七]。并袟。

## 説明

此件首尾完整，爲丑年九月和十月吴法闍梨所請經論的記録。卷中有墨筆的點勘符號。此件及其後的數件均用地支紀年，其時代應與正面一致，亦當在吐蕃時期。此件後有倒書『子年十二月廿因（日）對記』，似爲蔣孝琬所書。

## 校記

〔一〕『月』，《敦煌佛教經録輯校》據文義校補；『廿』，《敦煌佛教經録輯校》釋作『二十』。

〔二〕「沙」，《敦煌佛教經録輯校》據歷代經録校改作「娑」，「娑」，亦可作「沙」。

〔三〕「并」，《敦煌佛教經録輯校》釋作「五」，誤；「足」，《敦煌佛教經録輯校》疑爲「尺」。

〔四〕「□」，《敦煌佛教經録輯校》疑作「芪」；「又」，《敦煌佛教經録輯校》釋作「丈」，誤。

〔五〕「佰」，《敦煌佛教經録輯校》釋作「佰」。

〔六〕「竹」，《敦煌佛教經録輯校》釋作「紅」，疑當校改作「竹」；「枚」，《敦煌佛教經録輯校》釋作「及」，誤。

〔七〕「廿」，《敦煌佛教經録輯校》釋作「二十」。

## 參考文獻

《敦煌寶藏》一九册，臺北：新文豐出版公司，一九八一年，五四〇頁（圖）；《英藏敦煌文獻》四卷，成都：四川人民出版社，一九九一年，七九頁（圖）；《敦煌佛教經録輯校》（下），南京：江蘇古籍出版社，一九九七年，七五〇至七五一頁（録）。

## 斯二四四七背　二　丑年九月宋判官請經論經疏卷袟數目

### 釋文

丑年九月廿六日〔一〕，宋判官請《攝大乘論》，三袟，共廿七卷〔二〕。并袟。《楞伽疏》，八卷。無袟〔三〕。

（中空一行）

第五（？）十二袟内欠第五〔四〕、第十兩卷〔五〕，内道貞欠一卷〔六〕。

### 説明

此件首尾完整，爲丑年九月宋判官請經論經疏的記録。卷中有朱筆勾勒符號。

### 校記

〔一〕『廿』，《敦煌佛教經録輯校》釋作『二十』。

〔二〕『廿』，《敦煌佛教經録輯校》釋作『二十』。

〔三〕『無』，《敦煌佛教經録輯校》釋作『并』，誤。

〔四〕『第五』，《敦煌佛教經録輯校》漏録。

〔五〕『第十兩卷』，《敦煌佛教經録輯校》漏録。

〔六〕『内道貞欠一卷』，《敦煌佛教經録輯校》漏録。

## 參考文獻

《敦煌寶藏》一九册，臺北：新文豐出版公司，一九八一年，五三九頁（圖）；《英藏敦煌文獻》四卷，成都：四川人民出版社，一九九一年，七九頁（圖）；《敦煌佛教經録輯校》（下），南京：江蘇古籍出版社，一九九七年，七五一頁（録）。

## 斯二四四七背　　三　亥年（公元八三一年？）十月一日已後應諸家散施入經物歷

### 釋文

亥年十月一日已後應諸家散施〔一〕

亥年十月一日已後應諸家散施入經物，一一具色目如後：

僧伯明施三歲特子壹頭，出唱得經紙參拾帖。

杜都督施紅單絹裙壹并腰帶，出唱得布壹伯參拾尺，又施麥伍斗。子年五月廿一日，僧靈秀施經紙伍帖，計貳伯肆拾捌張。

### 説明

此件首尾完整，倒書，是對諸家散施入經物的記載。其中『僧伯明』見於此卷的正面文書之中。

## 校記

〔一〕此行原爲第一行，因漏寫『家』字被廢棄，改爲從第二行起重寫此件文書。

## 參考文獻

《敦煌寶藏》一九册，臺北：新文豐出版公司，一九八一年，五三九頁（圖）；《敦煌社會經濟文獻真蹟釋録》三輯，北京：全國圖書館文獻縮微複製中心，一九九〇年，七四頁（録）；《敦煌學輯刊》一九九一年二期，五一頁；《英藏敦煌文獻》四卷，成都：四川人民出版社，一九九一年，七九頁（圖）；《敦煌學輯刊》一九九七年二期，六四頁；《敦煌寺院會計文書研究》，臺北：新文豐出版公司，一九九七年，四五三頁；《關於唐後期五代宋初沙州僧俗的施捨問題》，《唐研究》三卷，北京大學出版社，一九九七年，三六至三七頁（録）；《唐後期五代宋初敦煌僧尼的社會生活》，北京：中國社會科學出版社，一九九八年，二六五頁（録）；《關於唐後期五代宋初沙州僧團的『出唱』活動》，《首都師範大學史學研究》（一），北京：首都師範大學出版社，一九九九年，一一〇頁。

# 斯二四四八　太平興國九年（公元九八四年）正月八日沙州三界寺授菩提愛八戒牒

## 釋文

南贍部州娑（娑）訶世界沙州三界寺授八戒牒[一]

授戒女第（弟）子菩提愛[二]

牒得前件第（弟）子[三]，白月垂光，入寒譚（潭）而

是幻[四]；紅蓮出水，悟生死之無餘。今則方

駕牛車，將辭火宅，欲網裂而須堅固，塵

世出而坐寶華。吾今睹斯真意，方施

戒牒（條）[五]。仍牒知者，故牒。

太平興國九年正月八日牒[六]。

奉請阿彌陀　佛　爲檀頭　和尚。

奉請釋迦牟尼佛　爲阿　闍梨。

奉請彌勒菩薩　　爲羯磨阿闍梨。

奉請十方諸佛　　爲證戒師。

奉請諸大菩薩摩訶薩　爲同學伴侣〔七〕。

授戒　師主　沙門　道真。

## 説明

此件首尾完整，爲太平興國九年（公元九八四年）正月八日三界寺沙門道真爲女弟子菩提愛授戒之證明書，上鈐有朱色佛印兩方，『道真』二字爲本人簽名。

## 校記

〔一〕『娑』，當作『娑』，據斯三三〇《太平興國九年正月沙州三界寺授惠意程氏八戒牒》改，《敦煌社會經濟文獻真蹟釋録》逕釋作『娑』。

〔二〕『第』，當作『弟』，據文義改，『第』爲『弟』之借字，《敦煌社會經濟文獻真蹟釋録》逕釋作『弟』；『菩提愛』，底本爲淡墨書寫，《敦煌社會經濟文獻真蹟釋録》未能釋讀，《敦煌寫本〈授戒牒〉初探》釋作『菩提最』，並認爲係朱筆書寫，誤。

〔三〕『第』，當作『弟』，據文義改，《敦煌社會經濟文獻真蹟釋録》逕釋作『弟』，『第』爲『弟』之借字。

〔四〕『譚』，當作『潭』，據文義改，『譚』爲『潭』之借字。

〔五〕『牒』，當作『條』，據伯三二〇七《太平興國八年正月八日沙州三界寺授李憨兒八戒牒》改。
〔六〕『太』，底本原作『大』，敦煌寫本中『大』『太』常混寫不分。
〔七〕『摩』，《敦煌社會經濟文獻真蹟釋録》釋作『磨』，誤。

## 參考文獻

Giles，*BSOS*，11.1（1943），P. 167（録）；《西域文化研究》一《敦煌佛教資料》，京都：法藏館，一九五八年，二八一頁；《敦煌寶藏》一九册，臺北：新文豐出版公司，一九八一年，五四〇頁（圖）；《敦煌社會經濟文獻真蹟釋録》四輯，北京：全國圖書館文獻縮微複製中心，一九九〇年，九一頁（録）；《英藏敦煌文獻》四卷，成都：四川人民出版社，一九九一年，七九頁（圖）；《敦煌學輯刊》一九九一年二期，四七頁；《講座敦煌》5《敦煌漢文文獻》，東京：大東出版社，一九九二年，六〇〇頁；《敦煌碑銘贊輯釋》，蘭州：甘肅教育出版社，一九九二年，五一九頁；《敦煌研究》一九九七年三期，三五頁；《沙州三界寺〈授戒牒〉初探》，載《甘肅民族研究論叢》，蘭州：甘肅人民出版社，二〇〇二年，三九一、四〇二頁；《敦煌寫本〈授戒牒〉初探》，載《敦煌文獻與佛教研究》，北京：中央民族大學出版社，二〇一〇年，一八頁。

# 斯二四四八背　雜寫（樊婆）

## 釋文

樊婆。

## 説明

此件係時人隨手寫於『太平興國九年（公元九八四年）正月八日沙州三界寺授菩提愛八戒牒』的背面，倒書。

## 參考文獻

《敦煌寶藏》一九册，臺北：新文豐出版公司，一九八一年，五四一頁（圖）；《英藏敦煌文獻》四卷，成都：四川人民出版社，一九九一年，八〇頁（圖）。

# 斯二四四九　一　寫經付紙歷

## 釋文

**弟（第）一袟**〔一〕

第一卷，十三紙；第二，十五紙；弟（第）三，十四紙；第四，十五紙；弟（第）五，十六紙；弟（第）六，十五紙；弟（第）七，十五紙；弟（第）八，十五紙〔二〕；弟（第）九，十四紙；弟（第）十，十四紙。

**第二袟**

上五，索法律。後添六紙，又一張，又添紙一張。

第一，十三紙；弟（第）二，十五紙付了；弟（第）三，十五紙；弟（第）四，十六紙；弟（第）五，十四紙。

下五，馬法律。後添七紙。

弟（第）六，十四紙；弟（第）七，十五紙；弟（第）八，十三紙；弟（第）九，十五紙；第十，十五紙。

**第三袟**

弟（第）一，十五紙；弟（第）二，十五紙；弟（第）三，十五紙；弟（第）四，十五紙；弟（第）五，十五紙；弟（第）六，十五紙；第七，十五紙；第八，十五紙；第九，十五紙；弟（第）十，十五紙。

**第四袟**

上五，鄧僧正。添兩紙[三]，上座一張[四]，又兑紙一張[五]。

第一，十五紙；第二，十五紙付了；第三，十五紙；第四，十五紙；第六五[六]，十四紙。下五，安法律。七紙，添一張，又一張。

第六，十四紙；第七，十四紙付了；第八，十五紙；第九，十五紙；第十，十四紙。

**第五袟**

上五，唐僧正。忝（添）紙一張[七]。

第一，十四紙；第二，十四紙付了；第三，十四紙；第四，十四紙；第五，十四紙。下五，陰法律。七紙，兑一張，添一張。

第六，十四紙；第七，十四紙付了；第八，十四紙；第九，十四紙；第十，十四紙。

**第六袟**

第一，十五紙；第二，十四紙；第三，十四紙；第四，十四紙；第五，十四紙；第六，十四紙；第七，十四紙；第八，十五紙；第九，十四紙；第十，十四紙。

**《瑜伽論》**

**弟（第）四袟**宋法律。添紙兩張，兑紙兩張。

弟（第）一，十六紙；弟（第）二卷，十七紙付了〔八〕；弟（第）三卷，十七紙付了；弟（第）四卷，廿三紙付了〔九〕；弟（第）五卷，十六紙付了；弟（第）六卷，廿一紙付了。王法律。又一張。；弟（第）七卷，廿二紙付了；弟（第）八卷，十九紙付了。王法律。添紙兩張。；弟（第）九卷，十七紙付了；弟（第）十卷，十六紙付了。

**弟（第）六袟**馬法律。添紙兩張，兑紙兩張，添四張，又一張。

弟（第）一卷，十七紙付了；弟（第）二卷，十四紙付了；弟（第）三，十六紙付了；弟（第）四卷，十九紙付了；弟（第）五〔一〇〕，十八紙付了；弟（第）六〔一一〕，十八紙付了；弟（第）七，二十一紙付了；弟（第）八，有；弟（第）九，十七紙付了；弟（第）十，十九紙付了。

**弟（第）一袟**氾法律。兑紙兩張，添三張。

弟（第）三卷，十四紙付了。

**弟（第）二袟**

弟（第）八卷，二十紙付了。索法律。；弟（第）十卷，廿三紙付了。

**第五袟**

第七卷，二十二紙付了。

**第八袟**

第三卷，十五紙付了。太子。；第八卷，二十四紙付了。其紙宋法律袟。

**第十袟**

第四卷，十九紙付了。

太子兑紙一卷。

**説明**

此件首尾完整，卷中有墨筆點勘符號，内容爲《瑜伽論》等佛典抄經付紙的記録，反映了敦煌僧團的抄經活動。行間有加字，有對僧人添紙、加紙或兑紙情況的記録，還有對部分卷次付紙已經付了的説明。從内容和筆跡來看，此件經過若干次加工而成。

此件後有習字數行，背面亦有『寫經付紙歷』和雜寫。

## 校記

〔一〕『弟』，當作『第』，據文義改，『弟』爲『第』之本字，《敦煌佛教經録輯校》逕釋作『第』。以下同，不另出校。
〔二〕底本此行與上一行間有『定興相曰』諸字，爲後人所添加，未録。
〔三〕『兩紙』，《敦煌佛教經録輯校》釋作『又兑十一張』。
〔四〕『上座一』，《敦煌佛教經録輯校》釋作『兑兩』。
〔五〕『又兑紙一』，《敦煌佛教經録輯校》釋作『兑一』。
〔六〕『六』，《敦煌佛教經録輯校》認爲係衍文，當删。
〔七〕『忝』，當作『添』，《敦煌佛教經録輯校》據文義校改，『忝』爲『添』之借字。
〔八〕『付了』，《敦煌佛教經録輯校》漏録。
〔九〕『廿』，《敦煌佛教經録輯校》釋作『二十』。以下同，不另出校。
〔一〇〕『五』，《敦煌佛教經録輯校》釋作『五卷』，誤。
〔一一〕『六』，《敦煌佛教經録輯校》釋作『六卷』，誤。

## 參考文獻

《敦煌寶藏》一九册，臺北：新文豐出版公司，一九八一年，五四一至五四二頁（圖）；《英藏敦煌文獻》四卷，成都：四川人民出版社，一九九一年，八〇至八一頁（圖）；《敦煌佛教經録輯校》（下），南京：江蘇古籍出版社，一九九七年，九六三至九七一頁（録）。

# 斯二四四九　二　習字（瑜伽論卷第一等）

## 釋文

《瑜伽論》卷第一　《瑜伽論》卷第一　《瑜伽論》卷第一
喻伽瑜瑜論道是數甚水火中生無邊身菩有之之之
方方方方方及及及及及及之之之之道道道是
處處

## 説明

此件抄於『寫經付紙歷』之後。

## 參考文獻

《敦煌寶藏》一九册，臺北：新文豐出版公司，一九八一年，五四二頁（圖）；《英藏敦煌文獻》四卷，成都：四川人民出版社，一九九一年，八一頁（圖）；《敦煌佛教經録輯校》（下），南京：江蘇古籍出版社，一九九七年，九六九頁（録）。

## 斯二四四九背　一　寫經付紙歷

### 釋文

付與氾法律紙兩帖，又付紙六帖。

（中空一行）

《瑜伽論》紙付與氾法律紙壹束[一]。

（中空一行）

《佛藏經》：第一卷，十七紙；第二卷，十五紙；第三卷，廿二紙[二]；第四卷，十四紙。

計六十八紙。

（中空兩行）

《佛説本行集》

### 説明

此件爲《瑜伽論》等佛典抄經付紙的記録，筆跡與正面不同。

## 校記

〔一〕『束』，《敦煌佛教經録輯校》釋作『吏』，誤。
〔二〕『廿』，《敦煌佛教經録輯校》釋作『二十』。

## 參考文獻

《敦煌寶藏》一九册，臺北：新文豐出版公司，一九八一年，五四三頁（圖）；《英藏敦煌文獻》四卷，成都：四川人民出版社，一九九一年，八一頁（圖）；《敦煌佛教經録輯校》（下），南京：江蘇古籍出版社，一九九七年，九七〇頁（録）。

# 斯二四四九背　　二　雜寫

## 釋文

賀師阿撾

王僧正户（？）羊兩口上了

（中空數行）

糧龍（？）家部落屯中

上有家龍總須定

五　五

庚寅年五月

## 説明

此件爲時人隨手所寫，筆跡不同，且字體大小不一，應爲不同人所書。其中第一行、第三至六行爲倒書。按文中有『部落屯』字樣，似爲吐蕃時期所寫。

## 參考文獻

《敦煌寶藏》一九册，臺北：新文豐出版公司，一九八一年，五四二頁（圖）；《英藏敦煌文獻》四卷，成都：四川人民出版社，一九九一年，八一至八二頁（圖）。

# 斯二四五四　一　維摩五更轉兼十二時

## 釋文

維摩五更轉[一]

一更初，一更初，醫王設教有多途，維摩權疾從（徙）方丈[二]，蓮花實（寶）想（相）坐街衢[三]。

二更淺，二更淺，金粟如來巧方便，室包乾像掌擎山[四]，示有妻兒常厭患。

三更深，三更深，釋迦演法語同音，聽聞隨類皆得解，觀根爲説稱人心。

四更至，四更至，月面毫光千道起，有學無學萬餘人，助佛弘宣一大事。

五更曉，〔五〕〔更〕〔曉〕[五]，將明佛國先有兆，一蓋之中千土呈，十方世界俱能照。

鷄鳴丑，〔鷄〕〔鳴〕〔丑〕[六]，寶積發心中夜後，啓問如來不獨行，五百之中爲上首。天將曙[七]，命無垢，與君今爲不請友[八]，言談恐未成寶經[九]，所以相印傳金口[一〇]。

平旦寅[一一]，〔平〕〔旦〕〔寅〕[一二]，毗耶長者半千人，但（俱）持寶蓋來相詣[一三]，維摩託疾有其因。從托（託）疾[一四]，何所因[一五]，將明佛土有虛真[一六]，了（料）取世尊必問疾[一七]，從兹折伏大聲聞〔一八〕。

日出卯，〔日〕〔出〕〔卯〕〔一九〕，聲聞弟子如來告，汝往維摩問因緣〔二〇〕，出來皆〔説〕無詞報〔二一〕。有何過〔二二〕，無詞報，舍利林間豈爲道〔二三〕，貪嗔元是大菩提〔二四〕，何須宴〔坐〕除煩惱路〔二五〕。

## 説明

此件首尾完整，卷首題『維摩五更轉』，存《五更轉》五首和『十二時』之『鷄鳴丑』『平旦寅』『日出卯』六首，内容係對維摩託疾故事的贊詠。現知敦煌文獻中保存此文的尚有斯六六三一背和伯三一四一，斯六六三一背首尾完整，存標題『維摩五更轉十二時』，辭存『十二時』廿首，缺子丑四首，又缺《五更轉》辭全部；伯三一四一首尾均缺，首題殘存『轉』字，辭存『五更轉』五首和『十二時』之『鷄鳴丑』『平旦寅』『日出卯』『食時辰』『隅中巳』『正南午』『日昳未』十四首。任半塘認爲此文『五更轉』和『十二時』爲復合定格聯章體，乃一篇作品（參看《敦煌歌辭總編》，一四九二頁）。

此件『五更轉』和『十二時』兩部分字體大小不同。卷末有倒書『洪潤鄉』三字，應係雜寫，卷背抄有『一行大師十世界輪燈法』。

以上釋文以斯二四五四爲底本，以斯六六三一背（稱其爲甲本）和伯三一四一（稱其爲乙本）參校。

## 校記

〔一〕乙本始於此句之『轉』字。

〔二〕「從」，當作「徒」，據文義改，《敦煌歌辭總編》認爲底本作「保」，誤。
〔三〕「實」，當作「寶」，據乙本改；「想」，當作「相」，據乙本改，「想」爲「相」之借字。
〔四〕「像」，乙本同，《敦煌歌辭總編》校改作「象」，按「像」通「象」，不煩校改。
〔五〕「五更曉」，據乙本及文例補。
〔六〕「鷄鳴丑」，據乙本及文例補。
〔七〕「天」，乙本作「大」，誤。
〔八〕底本「不」字右側行間有一「説」字。
〔九〕「恐」，乙本同，《敦煌歌辭總編》認爲乙本作「空」，當校改作「尚」，誤。
〔一〇〕「印傳」，乙本作「持印」，誤；「金」，乙本作「今」，「今」爲「金」之借字。
〔一一〕甲本始於此句。
〔一二〕「平旦寅」，據甲、乙本及文例補。
〔一三〕「但」，當作「俱」，據甲、乙本改；「持」，乙本同，甲本作「時」，誤。
〔一四〕「托」，當作「託」，據甲、乙本改，「托」爲「託」之借字。
〔一五〕「何所因」，乙本同，甲本脱。
〔一六〕「虚」，甲、乙本同，《敦煌歌辭總編》釋作「靈」，誤。
〔一七〕「了」，當作「料」，據甲、乙本改，「了」爲「料」之借字。
〔一八〕「兹」，甲、乙本同，《敦煌歌辭總編》釋作「此」，誤。
〔一九〕「日出卯」，據甲、乙本及文例補。
〔二〇〕「因緣」，乙本同，甲本作「疾因」。

〔二一〕「説」，據甲、乙本補。

〔二二〕「過」，乙本同，甲本作「遇」。

〔二三〕「豈」，乙本同，甲本作「起」，「起」爲「豈」之借字。

〔二四〕「貪」，乙本同，甲本作「含」，誤，《敦煌歌辭總編》認爲底本與甲、乙本均作「貪」，當校改作「呵」，按「貪」可通，不煩校改；「元」，甲、乙本同，《敦煌歌辭總編》校改作「原」，按「元」有「原」義，不煩校改。

〔二五〕「須」，乙本同，甲本作「時」；「宴」，乙本同，甲本作「安」，誤；「坐」，據甲、乙本補；「路」，甲、乙本無，《敦煌歌辭總編》認爲係衍文，當删。

## 參考文獻

*Descriptive Catalogue of the Chinese Manuscripts from Tunhuang in the British Museum*, The Trustees of the British Museum, London: 1957, p. 188（録）；《敦煌韻文集》，高雄：佛教文化服務處，一九六五年，四九至五四頁（録）；《講座敦煌》8《敦煌佛典と禪》，東京：大東出版社，一九八〇年，二六八頁；《敦煌寶藏》一九册，臺北：新文豐出版公司，一九八一年，五九〇頁（圖）；《敦煌孝道文學研究》，臺北：石門圖書公司，一九八二年，五三二頁；《全唐五代詞》，上海古籍出版社，一九八六年，一一一三至一一一五、一一四五至一一四七頁（録）；《敦煌歌辭總編》（下），上海古籍出版社，一九八七年，一四八六至一五一二頁（録）；《世界宗教研究》一九八八年四期，一八頁；《敦煌佛教の研究》，京都：法藏館，一九九〇年，四二〇頁；《英藏敦煌文獻》四卷，成都：四川人民出版社，一九九一年，八二頁（圖）；《敦煌文獻與文學》，臺北：新文豐出版公司，一九九三年，一〇三至一四九頁；《〈敦煌歌辭總編〉匡補》，臺北：新文豐出版公司，一九九四年，二六三至二六六頁；《中國敦煌學百年文庫·文學卷》（四），蘭州：甘肅文化出版社，一九九九年，三二五至三三六頁（録）；《初期禪宗史書の研究》，京都：法藏館，二〇〇〇年，一七九頁；《中國俗文化

研究》一輯，成都：巴蜀書社，二〇〇三年，二八頁；《敦煌學輯刊》二〇〇五年四期，六〇頁。

# 斯二四五四　二　雜寫（洪潤鄉）

## 釋文

洪潤鄉

## 説明

此件似爲時人隨手所書。

## 參考文獻

《敦煌寶藏》一九册，臺北：新文豐出版公司，一九八一年，五九〇頁（圖）；《英藏敦煌文獻》四卷，成都：四川人民出版社，一九九一年，八二頁（圖）。

## 斯二四五四背　一行大師十世界地輪燈法

### 釋文

一行大師十世界地輪燈法

按經云：地藏菩薩哀愍世間，人世有横死者不少，或犯四煞，或天羅地網，觸突三尊，惡神所拘，致令非夭〔一〕。三尸讒邪〔二〕，互減算〔三〕，不得壽終。世間興作，或犯土工（公）〔四〕，不避神煞。凡人拜壇上官〔五〕，皆有衰捐（損）〔六〕，亦因起作，入新宫宅〔七〕。可先建十世界地輪燈於堂殿中，畫地爲輪，以爲十道。每輪七燈，輪心安地藏菩薩。施主虔心勸請，發露懺悔〔八〕。黄昏燃燈燒香，每輪淨食一分，各具疏於菩薩前，燒香、花果、淨水、刀子。其食（時）乃《大悲心咒》加持廿一遍〔九〕，即普遍三千大千世界，水陸並蒙飽足，罪業消滅。至五更，以食以爲三分，一分施獄囚，一分送於野外，一分送致河沱中〔一〇〕。所有衰年厄月〔一一〕，并得消散，轉禍爲福。上至人王，下至群臣黎庶，力辦隨喜。此亦名施水陸冥道齋法。衆生在世，多被怨家讎讎訟〔一二〕，身遭横死。若能設此燈法，應是殃厄，悉得消散。若有怨敵，欲來侵伐，亦設此燈，彼自遭殃，不果所願。蝗蟲犯境，五稼不成，雨雹傷苗〔一三〕，疫疾流行〔一四〕，亦得消滅。遇辦即作，不要擇日〔一五〕，具法如右〔一六〕。

天曹府君、地府閻羅天子、司命并諸持（侍）從〔一七〕、太山府君并諸持（侍）從〔一八〕、司録并諸持（侍）從、五道大神并諸持（侍）從、察命并諸持（侍）從、地府都官并諸持（侍）從、本命都官〔一九〕、本命都官主録庫使者、太歲諸神并諸持（侍）從、主録庫使者、六道都判使者、本命神宿、土地靈祇、龍王之屬、南北鬪（斗）屬〔二〇〕、司命使者、地府諸司一切官屬〔二一〕、天曹司判使者、地獄獄卒一切使者。

## 説明

此件首尾完整，首題『一行大師十世界地輪燈法』，卷中言其亦名『施水陸冥道齋法』。李小榮認爲此文乃託名一行大師之僞作，所述齋法行儀實際上是佛、道術儀的混合産物（參看《敦煌密教文獻論稿》，北京：人民文學出版社，二〇〇三年，二七七頁）。謝生保、謝靜認爲其所請諸神與後世水陸法會相似（參看《敦煌文獻與水陸法會——敦煌唐五代時期水陸法會研究》，《敦煌研究》二〇〇六年二期，四四頁）。

## 校記

〔一〕『夭』，《敦煌密教文獻論稿》釋作『友』。

〔二〕『讒』，《敦煌密教文獻論稿》釋作『説』。

〔三〕「互」，疑爲衍文，當删，《敦煌密教文獻論稿》釋作「牙」，誤；「減」，《敦煌密教文獻論稿》釋作「瘴」，誤。

〔四〕「工」，當作「公」，據文義改，「工」爲「公」之借字。

〔五〕「凡」，《敦煌密教文獻論稿》未能釋讀。

〔六〕「捐」，當作「損」，據文義改，《敦煌密教文獻論稿》逕釋作「損」。

〔七〕「宫」，《敦煌密教文獻論稿》釋作「官」，誤。

〔八〕「露」，《敦煌密教文獻論稿》釋作「願」，誤。

〔九〕「食」，當作「時」，據文義改，「食」爲「時」之借字，《敦煌密教文獻論稿》釋作「呪」，誤。

〔一〇〕「致」，《敦煌密教文獻論稿》釋作「至」，雖義可通而字誤；「沱」，《敦煌密教文獻論稿》釋作「池」，雖義可通而字誤。

〔一一〕「厄」，《敦煌密教文獻論稿》釋作「死」，誤。

〔一二〕「雔雔」，《敦煌密教文獻論稿》認爲此處衍一「雔」字，當删，按第一個「雔」似已廢棄。

〔一三〕「雹」，《敦煌密教文獻論稿》釋作「雷」，誤。

〔一四〕「疫」，《敦煌密教文獻論稿》釋作「疾」，誤；「疾」，《敦煌密教文獻論稿》釋作「疫」，誤。

〔一五〕「要」，《敦煌密教文獻論稿》釋作「惡□□」，誤。

〔一六〕「具」，《敦煌密教文獻論稿》釋作「是」，誤。

〔一七〕「持」，當作「侍」，《敦煌密教文獻論稿》據文義校改。以下同，不另出校。

〔一八〕「太」，底本原寫作「大」，按「太」「大」因形近在寫本中容易寫作同形，故逕釋作「太」。

〔一九〕「都」，《敦煌密教文獻論稿》釋作「郎」，誤。

〔二〇〕「鬬」，當作「斗」，據文義改，「鬬」爲「斗」之借字。

〔二一〕『官』，《敦煌密教文獻論稿》釋作『眷』，誤。

## 參考文獻

*Descriptive Catalogue of the Chinese Manuscripts from Tunhuang in the British Museum*, The Trustees of the British Museum, London 1957, p. 188（録）；《敦煌寶藏》一九册，臺北：新文豐出版公司，一九八一年，五九一頁（圖）；《英藏敦煌文獻》四卷，成都：四川人民出版社，一九九一年，八三頁（圖）；《敦煌密教文獻論稿》，北京：人民文學出版社，二〇〇三年，二七六至二八〇頁（録）；《敦煌研究》二〇〇六年二期，四四頁。

# 斯一四六四　唐梵翻對字音般若波羅蜜多心經題記

## 釋文

僧全識之。

## 説明

此件《英藏敦煌文獻》未收，現予增收。

## 參考文獻

*Descriptive Catalogue of the Chinese Manuscripts from Tunhuang in the British Museum*, The Trustees of the British Museum, London 1957, p. 33（録）；《敦煌寶藏》一一册，臺北：新文豐出版公司，一九八一年，六九〇頁（圖）；《中國古代寫本識語集録》，東京大學東洋文化研究所，一九九〇年，五一四頁（録）。

# 斯二四六六　華嚴經章尾附四弘誓文

## 釋文

四弘誓文

菩提難入，以願邀期。是以初發心菩薩，將欲逝惡脩善[一]，廣化衆生，遠求佛果，要以弘誓爲本。弘誓既立，則願無不從。如佛所讚，如來大智，遵演説功德，證忍慧福業力，誓願力最勝。菩薩一誓，過於聲聞百千劫行。菩薩行願，乃有無量。略舉此四，總收都盡。何等爲四？

一者：我第（弟）子某甲[二]，誓斷一切煩惱。佛法甚深，願盡其源底。常住二帝（諦）[三]，理相幽玄[四]，稱爲甚深。願窮理源，斷或斯盡[五]。雖不則斷[六]，弘誓力强，生生之處，一切煩惱，自然衰徵（微）[七]。是以經言，脩心二（以）常[八]，雖有煩惱，如無煩惱。是第一願。

二者：誓脩一切功德[九]。生死可畏，願常樂處中。如世人不入巨海[一〇]，則不能得如意寶珠。菩薩若不入生死巨海[一一]，則不能得佛果無假（瑕）寶珠[一二]。是以大士，至崇勝果。願出生入死，廣脩萬行[一三]，不計衆苦。願爲種子，總攝萬行。於所生處，一切善根，自然狀（收）蔬（疏）[一四]，稱願增長[一五]。是第二願。

三者：誓度一切衆生。衆生無邊，願誓令度盡。於怨捨怨，於親捨親。怨親平等，廣行四攝。願與法界衆生，一時成佛。既捨怨親，普行大慈。一切怨毒、惡心自滅。内善勳（薰）脩[一六]，生在佛家，種性尊貴，無可譏慊。是第三願。

四者：誓成一切種智[一七]。佛道長遠，其必獲得，終不以人天勝果[一八]。二乘涅槃，而生足想；三世善根，悉皆迴向[一九]。無上菩提，不計劫數。願以成佛爲期，既志願高遠，不期世報。隨所生處，常處豪尊。雖極世榮，不生深著。但願勝中勝道，更無餘念。是第四願。

## 説明

此件首尾完整，屬於《華嚴經章》之末尾部分，《英藏敦煌文獻》未收，因其具有發願性質，故予增收。

## 校記

［一］『逝』，《古往世上流行之中華佛教男女信士立誓發願文章的抽樣》校改作『逐』；『脩』，《大正新脩大藏經》《古往

世上流行之中華佛教男女信士立誓發願文章的抽樣》均釋作「修」，雖義可通而字誤。

〔二〕「第」，當作「弟」，據文義改，《大正新脩大藏經》《古往世上流行之中華佛教男女信士立誓發願文章的抽樣》逕釋作「弟」，「第」爲「弟」之借字。

〔三〕「帝」，當作「諦」，《古往世上流行之中華佛教男女信士立誓發願文章的抽樣》據文義校改，「帝」爲「諦」之借字。

〔四〕「相」，《古往世上流行之中華佛教男女信士立誓發願文章的抽樣》釋作「由」，誤。

〔五〕「或」，《大正新脩大藏經》《古往世上流行之中華佛教男女信士立誓發願文章的抽樣》釋作「惑」，雖義可通而字誤，按「或」有「惑」義。

〔六〕「則」，《古往世上流行之中華佛教男女信士立誓發願文章的抽樣》校改作「斷」；「斷」，《古往世上流行之中華佛教男女信士立誓發願文章的抽樣》校改作「則」，並斷入下句。

〔七〕「微」，當作「微」，據文義改，《大正新脩大藏經》《古往世上流行之中華佛教男女信士立誓發願文章的抽樣》逕釋作「微」。

〔八〕「脩」，《大正新脩大藏經》《古往世上流行之中華佛教男女信士立誓發願文章的抽樣》均釋作「修」，雖義可通而字誤；「二」，當作「以」，《古往世上流行之中華佛教男女信士立誓發願文章的抽樣》據文義校改。

〔九〕「脩」，《大正新脩大藏經》《古往世上流行之中華佛教男女信士立誓發願文章的抽樣》均釋作「修」，雖義可通而字誤。

〔一〇〕「巨」，《古往世上流行之中華佛教男女信士立誓發願文章的抽樣》釋作「臣」，校改作「藏」，誤。

〔一一〕「巨」，《古往世上流行之中華佛教男女信士立誓發願文章的抽樣》釋作「臣」，校改作「藏」，誤。

〔一二〕「假」，當作「瑕」，《古往世上流行之中華佛教男女信士立誓發願文章的抽樣》據文義校改。

〔一三〕「脩」，《大正新脩大藏經》《古往世上流行之中華佛教男女信士立誓發願文章的抽樣》均釋作「修」，雖義可通而字誤。

〔一四〕「狀」，當作「收」，據文義改，《大正新脩大藏經》《古往世上流行之中華佛教男女信士立誓發願文章的抽樣》逕釋作「收」；「蔬」，當作「疏」，《古往世上流行之中華佛教男女信士立誓發願文章的抽樣》據文義校改，「蔬」爲「疏」之借字。

〔一五〕「增」，《古往世上流行之中華佛教男女信士立誓發願文章的抽樣》釋作「憎」，校改作「增」。

〔一六〕「動」，當作「薰」，《古往世上流行之中華佛教男女信士立誓發願文章的抽樣》據文義校改，「動」爲「薰」之借字；「脩」，《大正新脩大藏經》《古往世上流行之中華佛教男女信士立誓發願文章的抽樣》均釋作「修」，雖義可通而字誤。

〔一七〕「成」，《大正新脩大藏經》《古往世上流行之中華佛教男女信士立誓發願文章的抽樣》均釋作「度」，按底本原作「度」，後於該字右側改作「成」。

〔一八〕「人」，《大正新脩大藏經》漏録，《古往世上流行之中華佛教男女信士立誓發願文章的抽樣》認爲底本原無此字，並校補，按底本「以」和「天」之間實有「人」字。

〔一九〕「迴」，《古往世上流行之中華佛教男女信士立誓發願文章的抽樣》釋作「迴」，誤。

## 參考文獻

《大正新脩大藏經》八五卷，東京：大正一切經刊行會，一九三二年，一二〇七頁（録）；《鳴沙餘韻·解説篇》，京都：臨川書店，一九八〇年，九頁；《敦煌寶藏》一九册，臺北：新文豐出版公司，一九八一年，七〇四至七〇五頁（圖）；《古往世上流行之中華佛教男女信士立誓發願文章的抽樣》，載《中華佛教文化史散策四集》，臺北：新文豐出版公司，一九八六年，三八八至三八九頁（録）。

# 斯一四六九　金光明經卷第四題記

## 釋文

丙戌年五月十四日，弟子杜日新爲合家願平善記〔一〕。

## 説明

此件《英藏敦煌文獻》未收，現予增收。

## 校記

〔一〕「子」，*Descriptive Catalogue of the Chinese Manuscripts from Tunhuang in the British Museum* 漏録。

## 參考文獻

*Descriptive Catalogue of the Chinese Manuscripts from Tunhuang in the British Museum*, The Trustees of the British Museum, London 1957, p. 61（録）；《敦煌寶藏》一〇册，臺北：新文豐出版公司，一九八一年，一六頁（圖）；《敦煌學要籥》，臺

北：新文豐出版公司，一九八二年，一一六頁（録）；《敦煌遺書總目索引》，北京：中華書局，一九八三年，一五八頁（録）；《中國古代寫本識語集録》，東京大學東洋文化研究所，一九九〇年，四二七頁（録）；《敦煌遺書總目索引新編》，北京：中華書局，二〇〇〇年，七五頁（録）。

## 斯二四七二背　一　宅舍并基尺寸

### 釋文

（前缺）

[ ]□二丈一尺五寸[ ]五十四[一]。又得安家舍南北三[ ]

不勿、願通

東房一口，東西并基一丈三尺，南北并基[ ]一百八十二尺[二]。又西（？）子，東西并西基三尺，南北六尺，計一丈八尺[三]。又巷西舍，東西并基一丈八尺[四]，南北并基一丈三尺四寸，更（？）一尺九寸，三人亭分。又安家舍得南北六尺三寸[五]，東西一丈二尺六寸。西巷都頭舍東西二丈一尺二寸，南北并基一丈八尺二寸[六]。城頭廡舍，東西一丈二尺七寸[七]，南北二丈七寸。

## 説明

此件抄寫於《大佛略懺》的背面，首缺尾全，《敦煌契約文書輯校》據卷中之『三人亭分』推斷其爲分書或分房舍契（參看沙知《敦煌契約文書輯校》，四五〇頁），但因其所涉及并非一處或一家舍基，故暫定名爲『宅舍并基尺寸』。

此件後抄有『繼思狀抄』（起首兩行抄於此件最後兩行行間）、『麵油破歷』、『佛誕日請某法師大開講筵疏』、『辛巳年榮指揮葬巷社納贈歷』、『辛巳年十月三日州司倉公廨斛斗交割憑』等内容，字跡不同，當屬不同時期所寫。因此卷背之文書多在十世紀後半葉，推測此件亦當在這一時期。

## 校記

〔一〕『一』，《敦煌契約文書輯校》釋作『二』，誤。
〔二〕『基』，據殘筆劃及文義補。
〔三〕『丈八』，據殘筆劃及文義補。
〔四〕『一』，《敦煌契約文書輯校》未能釋讀。
〔五〕『三』，《敦煌契約文書輯校》疑當作『二』。
〔六〕『并基一丈八尺二寸』，《敦煌契約文書輯校》未能釋讀。
〔七〕『城』，《敦煌契約文書輯校》未能釋讀。

## 參考文獻

《敦煌寶藏》二〇册，臺北：新文豐出版公司，一九八一年，五八頁（圖）；《英藏敦煌文獻》四卷，成都：四川人民出版社，一九九一年，八三頁（圖）；《敦煌契約文書輯校》，南京：江蘇古籍出版社，一九九八年，四四九至四五〇頁（録）。

## 斯二四七二背　二　繼思狀抄

### 釋文

繼思切望　司頭（徒）〔一〕，吕押衙身（？）少（？）□□□□〔二〕，不同別人，況聞城隍役差發盡到鄉司，均騰之間，方便有多少，人間（？）合緣□事困苦甚煩，應料王役，實感不能勝者，料（？）繫（？）報□□再護車牛著□無道遠中，□乞□努力遮攩，□□大□王地年他日，豈負仁兄思念，不具社邑長辦。

繼思（以下原缺文）

### 説明

此件首尾完整，原未抄完，首兩行抄於前件『舍宅并基尺寸』的末兩行間，内容爲繼思因差役事所上之狀。最後兩字係另筆所書，與此件之抄寫者似非同一人。此件後的幾件文書多在十世紀後半葉，推測此件亦當在這一時期。

## 校記

〔一〕『頭』，當作『徒』，據文義改。

〔二〕底本此處有塗抹删改，但難以辨認。

## 參考文獻

《敦煌寶藏》二〇册，臺北：新文豐出版公司，一九八一年，五八頁（圖）；《英藏敦煌文獻》四卷，成都：四川人民出版社，一九九一年，八三頁（圖）。

# 斯二四七二背　三　麵油破歷

## 釋文

客料麵兩石，油壹斗。都頭編次麵一。
（中空兩行）
都頭二十二人
（中空兩行）
保定八人
（中空兩行）
願通七人
（中空兩行）
不勿八人

第四

## 説明

此件以大字書寫。卷中『願通七人』右側紙縫處之『第四』兩個小字，疑與此件無關。『不勿』『願通』見於此卷第一件文書。『願通』或爲伯五〇三二《甲申年二月廿日渠人轉帖》中的『張願通』，該件年代寧可和郝春文已考出在公元九八四年（參看《敦煌社邑文書輯校》，三八三頁）；亦或爲斯六一二三『戊寅年七月十四日宜秋西枝渠人轉帖』中的『石願通』，該件年代寧可和郝春文已考出在公元九七八年（參看《敦煌社邑文書輯校》，三七九頁）。『不勿』，或爲伯五〇三二『戊午年六月六日渠社轉帖』中的『孫不勿』，該件年代寧可和郝春文已考出在公元九五八年（參看《敦煌社邑文書輯校》，三七二至三七三頁）。根據以上情況，此件之年代當在十世紀後半葉。

## 參考文獻

《敦煌寶藏》二〇册，臺北：新文豐出版公司，一九八一年，五八頁（圖）；《英藏敦煌文獻》四卷，成都：四川人民出版社，一九九一年，八三至八四頁（圖）；《敦煌社邑文書輯校》，南京：江蘇古籍出版社，一九九七年，三七二至三七三、三七九、三八三頁。

# 斯二四七二背　四　佛誕日請某法師大開講筵疏

## 釋文

某乙聞

法王裏現，上傳講論之徒；我佛但（誕）生[一]，乃設談經之柄。莫不英賢敬誦，龍象連標，法海經頗，義山峻峻。知所自古千帝，不聽興龍；前代百王，由（猶）能奏（勤）設[二]。故得張師幡傘、燒爇香花，請二部諸僧尼，開釋門之法。俗者則我大王繼崇佛法，歸仰慈尊，應八日逾城之晨，順二月發生之後，古（故）於是日而見講場者也[三]。伏惟我大王聞聲樂質，武宿標奇，將里（理）國之宏驅[四]，蘊安民之意跡。三州父老，爭身快活之城；一郡蒼生，盡帶歡欣之色。夫人事理門門，勸織放以殷勤。太子大師皆修出世之時，不染塵中之事。司徒安邊，户户歐歌，吟而不歇。使君指撝都衙及親事官寮等，公途以竟面而爭平，姓幸以弓弦而競直。某乙更願讚歎，恐滯後途，接語直出應承，又怕合度乖失。昔來法師高喝，猶如大杵，種（中）心戰汗[五]，吾入場中。今朝天寬地窄，左攀右鼓，滿眼虎狼，前看後看，皆似劍擊。希望法將，尊念不得，苦死諕呼，放乃安心，直能正立。某乙聞：韜（滔）韜（滔）法海[六]，獨蔭難減，其元召召，義山蔞者，豈登奇上。仰爲（惟）法師[七]，天然蔥（聰）惠[八]，臣假英賢。律論搜採以窮真，經史刨刮而見底。故得脣開似水，舌裏如錐，決斷疑滯之間，自然令人醒悟。但某乙鵰冰作字[九]，醪（膠）注（柱）調弦[一〇]，空有癡騃，癡心更抱，昏沈之至。准合藏身人後，推（卻）步君前[一一]；昔（惜）命苟且求生[一二]，伏恐衆人笑怪。疑處問訊，雖則眼前黄黑，心亂耳明（鳴）[一三]，强打精神，對立交戰。今若不問，後會難逢，不得暮鹵，應承帶累，百生名幸，謹依所集。

## 説明

此件首尾完整，有墨筆塗改。卷中有『大王繼崇佛法』諸語，敦煌地區始稱『大王』者爲曹議金，時間在公元九三一年，以後又有曹元忠和曹延禄使用過『大王』稱號，所以此件的年代當在公元九三〇年以後（參看寧可、郝春文《敦煌社邑文書輯校》，四四五頁）。

## 校記

〔一〕『但』，當作『誕』，據文義改，『但』爲『誕』之借字。

〔二〕『由』，當作『猶』，據文義改，『由』爲『猶』之借字；『秦』，當作『勤』，據文義改，『秦』爲『勤』之借字。

〔三〕『古』，當作『故』，據文義改，『古』爲『故』之借字。

〔四〕「里」，當作「理」，據文義改，「里」爲「理」之借字。
〔五〕「種」，當作「中」，據文義改，「種」爲「中」之借字。
〔六〕「韜韜」，當作「滔滔」，據文義改，「韜」爲「滔」之借字。
〔七〕「爲」，當作「惟」，據文義改，「爲」爲「惟」之借字。
〔八〕「葸」，當作「聰」，據文義改，「葸」爲「聰」之借字。
〔九〕底本「某乙」和「鵰」字右側後寫有「夫」字，未録。
〔一〇〕「繆」，當作「膠」，據文義改；「注」，當作「柱」，據文義改，「注」爲「柱」之借字。
〔一一〕「推」，當作「卻」，據文義改。
〔一二〕「昔」，當作「惜」，據文義改，「昔」爲「惜」之借字。
〔一三〕「明」，當作「鳴」，據文義改，「明」爲「鳴」之借字。

## 參考文獻


《敦煌寶藏》二〇册，臺北：新文豐出版公司，一九八一年，五九頁（圖）；《英藏敦煌文獻》四卷，成都：四川人民出版社，一九九一年，八四頁（圖）；《敦煌社邑文書輯校》，南京：江蘇古籍出版社，一九九七年，四四五頁。

# 斯二四七二背　五　雜寫

## 釋文

申甲龍羈
筆笁
僧
□
淩（？）復後
姜酒
李留兒粟　勸
弟子等無始以來至
撝　弟子等無始以來至於
羈
女夫□

勸□

高願延、高孝通、杜昌子，甲申年

聊表

面前

## 説明

以上内容係時人隨手所書於『佛誕日請某法師大開講筵疏』『辛巳年榮指揮葬巷社納贈歴』和『辛巳年十月三日州司倉公廨斛斗交過（割）憑』之間或行間空白處，其内容與以上幾件文書無關，故集中釋録於此。

## 參考文獻

《敦煌寶藏》二〇册，臺北：新文豐出版公司，一九八一年，五九至六一頁（圖）；《英藏敦煌文獻》四卷，成都：四川人民出版社，一九九一年，八五至八六頁（圖）。

# 斯二四七二背　　六　辛巳年十月廿八日榮指揮葬巷社納贈歷

**釋文**

龍録事粟并（餅）油柴[一]。
辛巳年十月廿八日榮指揮葬巷社納贈歷
李社官并（餅）。
龍社長粟并（餅）油柴，紫綿綾帛綿綾帛練一丈九尺。
氾宅官
氾願昌粟并（餅）油柴[二]，緋綿綾丈五一接兩段[三]。
氾團頭粟并（餅）油柴，生絹半疋。
氾富通粟并（餅）油柴，孔什德絹招。
孔幸子粟并（餅）油柴，故爛半幅碧絹生絹内三接計丈五。
孔押衙粟并（餅）油柴，天下破碎爛羅底接續無數二丈二尺。
孔保定粟并（餅）油柴，帛綿綾一丈八尺。

孔什德粟并（餅），氾願昌替納〔四〕；油柴，生絹一疋，氾富通二人招。
僧高繼長粟并（餅）油柴，生絹緋綿綾一丈五尺〔五〕，當處分付主人。
高員郎粟并（餅）油柴，半幅舊紫綿綾，又半幅破碎帛練共計二丈七尺。
李保成粟并（餅）油，高虞候絹招。
高留奴生粟并（餅）油柴，半幅黄畫帔子通計二丈四尺。
李殘子粟并（餅）油柴，帛綿綾緋綿綾故爛生絹，又絹帛綿綾二丈三尺。
高虞候粟并（餅）油柴，生絹一疋，李保成二人招。
高團頭粟并（餅）油柴，黄絹淡緋絹二丈四尺。
高段子粟并（餅）油柴，故緋綿綾七尺，又緑絹，又淡緑絹四接二丈〔六〕。
安幸昌粟并（餅）油柴，故破帛綿綾，又破碎羅底接續無數三丈二尺。
安癡憨粟并（餅）油柴，緋綿綾二丈四尺〔七〕。
李團頭粟并（餅）油柴，次弱帛綿綾共計二丈〔八〕。
李留德粟并（餅）油柴，淡紫綾子緋綿綾半幅共計二丈四尺。
李留兒粟并（餅）油柴，淡紅絹衫子身半帛半垢涴共計二丈二尺。
龍押衙粟并（餅）油柴，紫綿綾爛綿紬二丈一尺。
龍員遂粟并（餅）油柴，帛綿綾碧綿綾二丈二尺。

龍定德粟并（餅）油柴，繡裙二丈。
彭不藉奴粟并（餅）油柴，張佛奴絹招。
孔德壽粟并（餅）油柴，生絹一疋。
高住員粟并（餅）油柴。
李馬踏粟并（餅）油柴，黄畫帔子緋綿綾共計一丈三尺。
張佛奴粟并（餅）油柴，碧絹一疋，彭醜奴二人招。
高員祐粟并（餅）油，帛練紫綿綾内兩接一丈六尺[九]。
見付主人油三十一合；餅五百四十枚，又二十；繼長又安幸昌并（餅）留奴送[一〇]，又
孔什德并（餅）付安幸昌[一一]。粟兩石；柴三十一束（押）。
辛巳年十一月一日，因爲送指揮，衆社商量：自後三官則破油一般，虞候破粟壹斗。其贈
粟分付凶家，餅更加十枚，齋麥兩碩，黄麻八斗。每有納贈之時，須得齊納一般[一二]，不得
欠少，自後長定[一三]。

## 説明

此件首尾完整，卷中有墨筆點勘，紀年爲『辛巳』。此件前有『佛誕日請某法師大開講筵疏』一篇，前已考出其時間當在公元九三〇年以後。按通例，此件的時間要晚於其前面的文書，故此件之『辛巳』

應是太平興國六年（公元九八一年）（參看寧可、郝春文《敦煌社邑文書輯校》，四四五頁）。此件前還有『麵油破歷』一篇，時間在公元十世紀後半葉，亦證此件當在公元九八一年。此件後附有給凶家油、餅、柴、粟等物品的記録及經衆社商量後對有關助葬辦法所做的新規定。

此件前後及行間有多處時人隨手所書之雜寫，均另件釋録。

## 校記

〔一〕「并」，當作「餅」，《敦煌社邑文書輯校》據文義校改，「并」爲「餅」之借字。以下同，不另出校。

〔二〕「柴」，《敦煌社會經濟文獻真蹟釋録》未能釋讀。

〔三〕「段」，《敦煌社會經濟文獻真蹟釋録》釋作「故」，誤。

〔四〕「氾願昌替納」，《敦煌社會經濟文獻真蹟釋録》未能釋讀。

〔五〕「綿」，《敦煌社會經濟文獻真蹟釋録》漏録。

〔六〕「丈」，《敦煌社會經濟文獻真蹟釋録》釋作「尺」，誤。

〔七〕「癡」，《敦煌社會經濟文獻真蹟釋録》釋作「慶」，誤。

〔八〕「弱」，《敦煌社會經濟文獻真蹟釋録》《敦煌社邑文書輯校》釋作「絲」，誤。

〔九〕「祐」，《敦煌社會經濟文獻真蹟釋録》釋作「佑」，誤；「油」，《敦煌社會經濟文獻真蹟釋録》釋作「油柴」，按底本實無「柴」字。

〔一〇〕「繼」，《敦煌社會經濟文獻真蹟釋録》釋作「社」，誤；「又」，《敦煌社會經濟文獻真蹟釋録》釋作「父」，誤；「安幸昌」，《敦煌社會經濟文獻真蹟釋録》釋作「□紫曷」，誤。

〔一一〕『昌』，《敦煌社邑文書輯校》據此件第二十一行『安幸昌』校補。此句《敦煌社會經濟文獻真蹟釋録》漏録。

〔一二〕『齊』，《敦煌社會經濟文獻真蹟釋録》釋作『全』，誤。

〔一三〕『自』，《敦煌社邑文書輯校》釋作『目』，校改作『自』，按底本實爲『自』。

## 參考文獻

《敦煌寶藏》二〇册，臺北：新文豐出版公司，一九八一年，六〇頁（圖）；《敦煌學輯刊》一九八三年創刊號，八三頁；《敦煌社會經濟文獻真蹟釋録》一輯，北京：書目文獻出版社，一九八六年，三七三至三七四頁（録）；*Tun-huang and Turfan Documents Concerning Social and Economic History*，東京：東洋文庫，一九八九年，一〇一頁；《英藏敦煌文獻》四卷，成都：四川人民出版社，一九九一年，八五頁（圖）；《敦煌社邑文書輯校》，南京：江蘇古籍出版社，一九九七年，四四二至四四六頁（録）。

## 斯二四七二背　七　辛巳年十月三日州司倉公廨斛斗交割憑

### 釋文

辛巳年十月三日，算會州司倉公廨斛斗，前主持弟（第）五隊押衙陰保昇〔一〕、押衙杜幸德等兩隊，准舊案上碩數升斗，合管交過與新把倉弟（第）一隊頭押衙龍員昌、隊頭裴萬通等，麥壹伯參拾參碩伍斗壹升伍合陸勺，粟肆伯捌拾捌碩肆斗伍升，內除一周年迎候。何（阿）郎娘子及諸處人事〔二〕，酒差物事價〔三〕，弔孝買布拜節貼設肉價并修倉供工匠，計用得麥參拾伍碩肆斗柒升，粟肆拾八石九斗。除破用外，自年合入利麥貳拾玖碩肆斗壹升參合陸勺捌珪（圭）〔四〕，粟壹伯參拾一石八斗六升五合。除破用外，都合管倉內見存本利麥壹伯貳拾柒碩肆斗伍升玖合兩勺捌圭，粟本利伍伯柒拾壹石四斗一升五合。

右謹奉　勘算，一一詣實，分析如前，交過分付者。

迎候及勸孝破除細供壹分，并飣盤諸雜小飯食子[餎]餅等〔五〕，每分用麵參升，油兩合零；胡餅貳拾枚〔六〕，破麵壹斗；羊腸壹副，破麵參升。自後長定者。

都押衙閻
都押衙陳
都押衙慕容

## 説明

此件首尾完整，紀年爲『辛巳』。參照其他同類文書，將此件定名爲『交割憑』。因此件之前的『辛巳』已被確定爲公元九八一年，則可知此件的年代亦當爲太平興國六年（公元九八一年）。卷中第十二行至十四行上方另抄有『聊表』『面前』，應係後人隨手所寫，另件釋録。此件與前件的筆跡相同，應係一人所書。

## 校記

〔一〕『弟』，當作『第』，據文義改，《敦煌社會經濟文獻真蹟釋録》逕釋作『第』，『弟』爲『第』之本字。以下同，不另出校。
〔二〕『何』，當作『阿』，據文義改。
〔三〕『酒差物事價』，《敦煌社會經濟文獻真蹟釋録》漏録。
〔四〕『珪』，當作『圭』，據文義改，『珪』爲『圭』之借字。
〔五〕『絡』，據殘筆劃及文義補。

〔六〕『胡』，底本原作『餬』，但『餬餅』不詞，當係涉下文『餅』字而類化增加『食』旁。

## 參考文獻

《敦煌寶藏》二〇册，臺北：新文豐出版公司，一九八一年，六一頁（圖）；《敦煌社會經濟文獻真蹟釋録》三輯，北京：全國圖書館文獻縮微複製中心，一九九〇年，二八七頁（録）；《英藏敦煌文獻》四卷，成都：四川人民出版社，一九九一年，八六頁（圖）；*Tun-huang and Turfan Documents Concerning Social and Economic History*（*Supplement*），東京：東洋文庫，二〇〇一年，五九頁。

# 斯二四七三　大乘無量壽經題記

## 釋文

唐文英寫。

## 説明

此件《英藏敦煌文獻》未收，現予增收。

## 參考文獻

*Descriptive Catalogue of the Chinese Manuscripts from Tunhuang in the British Museum*, The Trustees of the British Museum, London 1957, p. 146（録）；《敦煌寶藏》二〇册，臺北：新文豐出版公司，一九八一年，六四頁（圖）；《敦煌遺書總目索引新編》，北京：中華書局，二〇〇〇年，七五頁（録）。

## 斯二四七四　一　庚辰年（公元九八〇年）駝官張憨兒請處分死駝皮判憑狀及判（三通）

### 釋文

伏以今月廿八日，群上大騍駝壹頭，見在[一]。廿九日，群上大駮駝壹頭[二]，病死，皮付張弘定。趁卻大騍駝壹頭東窟上至死[三]，皮付張弘定。未蒙　判憑，伏请　處分。

　　　　庚辰年八月　日駝官張憨兒[四]。

爲憑卅日（鳥形押）。

（中空約兩行）

伏以今月七日，群上大騍駝壹頭，病死，皮付張弘定。未蒙判憑，伏請　處分。

　　　　庚辰年九月　日駝官張憨兒。

爲憑九日（鳥形押）。

（中空約兩行）

伏以今月十六日，群上大騾駝壹頭，病死，皮付張弘定。未蒙

判憑，伏請　　處分。

庚辰年九月　　日駝官張憨兒。

爲憑十八日（鳥形押）。

## 説明

此件首尾完整，内容爲庚辰年八月、九月駝官張憨兒因請求處分死駝皮所上之狀並判，共三通。其中判文以大字書寫，並有鳥形押，筆跡亦與狀文不同。此件後之『庚辰至壬午年歸義軍衙内麵油破歷』第十八行和十九行間有雜寫『於時太平興國七年（公元九八二年）壬午歲二月五日立契』。此件中之『張憨兒』見於斯五六三二『丁卯年二月八日張憨兒母亡轉帖』，該件之『丁卯』已被確定爲公元九六七年（參看寧可、郝春文《敦煌社邑文書輯校》，一〇四頁），則此件之『庚辰』應爲距公元九八二、九六七年較近的公元九八〇年。

此件後還抄有『己卯年（公元九七九年）駝官鄧富通狀及判』和『庚辰至壬午年間（公元九八〇至九八二年）麵油破歷』。

此卷背面抄有惠辯禪師所撰《佛爲心王菩薩説投陀經注》。

## 校記

〔一〕『見在』，底本書於『廿九』之右側，係後來所添加。
〔二〕『駁』，《敦煌社會經濟文獻真蹟釋録》釋作『父』，雖義可通而字誤。
〔三〕『至』，《敦煌社會經濟文獻真蹟釋録》釋作『走』，誤。
〔四〕底本『張憨兒』右側有另筆所書『劝歸義軍』四字，疑與此件無關，未録。

## 參考文獻

《敦煌寶藏》二〇册，臺北：新文豐出版公司，一九八一年，六五頁（圖）；《敦煌學輯刊》一九八四年一期，八頁；《敦煌譯叢》一輯，蘭州：甘肅人民出版社，一九八五年，一九一頁；《敦煌社會經濟文獻真蹟釋録》三輯，北京：全國圖書館文獻縮微複製中心，一九九〇年，六〇一頁（録）；《英藏敦煌文獻》四卷，成都：四川人民出版社，一九九一年，八六頁（圖）；《敦煌學輯刊》一九九六年一期，四四頁；《敦煌學輯刊》一九九八年一期，五七頁。

## 斯二四七四　二　己卯年（公元九七九年）駝官鄧富通狀及判

### 釋文

己卯年十一月二日，駝官鄧富通群入算後駱駝破籍。

伏以今月二日，支與于闐使頭南山大駁駝壹頭[一]。未蒙　　判憑。

伏請　　處分。

己卯年十一月　　日駝官鄧富通[二]。

爲憑三日（鳥形押）。

### 説明

此件首尾完整，内容係己卯年駝官鄧富通因支與于闐使頭駱駝所上之狀並判。其中判文部分以大字書寫，並有鳥形押。因此件之前的『庚辰』已被確定爲公元九八〇年，則此件之『己卯』應爲公元九七九年。

此件之筆跡與其前的『庚辰年（公元九八〇年）駝官張憨兒請處分死駝皮判憑狀及判』相似，從此件與該件之間的粘接縫隙來看，兩件是作爲案卷被粘接在一起的，因爲粘接者未按年代順序粘接，所以出現了公元九八〇年的文書在前，九七九年的文書在後的現象。

此件後另有『大般若波羅蜜多經卷』等文字，因不屬社會歷史文獻，不録。

## 校記

〔一〕『駁』，《敦煌社會經濟文獻真蹟釋録》釋作『父』，雖義可通而字誤。

〔二〕『日』，《敦煌社會經濟文獻真蹟釋録》校補作『二日』，按底本『日』前依文例當留有一字空白，不煩校補。

## 參考文獻

《敦煌寶藏》二〇册，臺北：新文豐出版公司，一九八一年，六五頁（圖）；《敦煌社會經濟文獻真蹟釋録》三輯，北京：全國圖書館文獻縮微複製中心，一九九〇年，六〇〇頁（録）；《英藏敦煌文獻》四卷，成都：四川人民出版社，一九九一年，八六頁（圖）。

## 斯二四七四　三　庚辰至壬午年（公元九八〇至九八二年）歸義軍衙内麵油破歷

### 釋文

（前缺）

太子料油五升。鼓角樓佛料麵三斗，油一升，燈油二升，三級燈油三升。城東樓燈油六升。僧相麵九斗[一]，油二升。于闐僧麵七斗，油二升。僧執鉢悉多麵九斗[二]，油二升。城東祆燈油二升。董俄都督麵七斗。甘州僧四人，各月麵七斗[三]，各油二升，共麵两石八斗，共油八升。肅州僧三人，各麵七斗，各油一升，共麵两石一斗，共油三升。瓜州僧瓜朱麵五斗[四]，油一升。去三月廿四日，使出城南園及城東園住，沿佐衙前子弟等逐日早夜麵二斗[五]，胡併（餅）三十六枚[六]，至閏三月五日早上喫料斷，除月小盡，中間十一日，内兩日午食不供[七]，計給麵三石五斗四升。今月四日支榆林鮀灰人麵三斗，支胡麥錫隨拙麵五斗。五日使出東窟上住，供沿佐祇門牽巃官等三十八人逐日早夜共麵二斗，午時共胡併（餅）五十七枚，至九日早上喫料斷[八]，中間五日計給麵两石四升。窟上支大師麵五斗，油一升。支畫匠麵三斗，肅州使麵二斗，于闐使麵一斗。看侍肅州家胡併（餅）十五枚，用麵七升五合。窟上看于闐使細供十分〔九〕，小食子十枚，用麵二斗一升，油一升。六日供城東園造作畫匠五人，塑匠三人，逐日早上各麵一升，午時各胡併（餅）兩枚，至八日午時喫料斷，中間三日，內一日塑匠三人全斷，計給麵四斗二升。畫匠調白麵一斗，油半升。塑匠調灰麵一斗五升，油五升。供衙內造作箭匠十人，早上各麵一升，午時各胡併（餅）兩枚，供四日，食斷，計用麵八斗。八日支索都衙家住達怛身故助葬〔一〇〕，細供十分，胡併（餅）三十枚，用麵三斗四升，油八合，准舊。人户李佛奴男身故助葬，麵五斗，油一升，准舊。結蒲□三斗四升五合（中缺）

逐日早上各麵一升，午時各胡併（餅）兩枚，至閏三月十三日午時喫料斷，除月小盡，中間二十四日，計給麵一石四斗四升。十二日支畫匠油油丹油二升。同日使出禄加泉賽神用細供四十分，胡併（餅）一百一十五枚，用麵一石三斗三升五合，油三升兩合，准舊。駝兒入草〔澤〕賽神〔一一〕，細供七分，胡併（餅）二十枚〔一二〕，用麵二斗三升三合，油五合六勺，准舊。寫匠紽甘燈油五升。太子宅于闐使一人，月麵七斗。十五日，支鳩阿朵妻身故助葬，麵三石，油一斗，准舊。石匠工場賽神燒併（餅）麵三斗，油一升，燈油二升。斫椽木匠麵四斗。又偏次麵四斗。賽神燒併（餅）麵三斗〔一三〕，油兩合，准舊。都頭張清子壘舍頓細供三十分，中次料二十分，胡併（餅）一百枚，用麵

（後缺）

## 説明

此件首尾均缺，内容爲庚辰至壬午年間（公元九八〇至九八二年）歸義軍衙内支出麵、油的記録，原件中『麵』『油』多爲朱筆書寫。敦煌文獻中與此件相類似的還有斯一三六六《庚辰至壬午年（公元九八〇至九八二年）歸義軍衙内麵油破歷》，兩件文書内容與筆跡均相似。唐耕耦與陸宏基推斷二者可能是同一件文書，後分裂爲二，斯一三六六應在斯二四七四之後，但不能直接綴合（參看《敦煌社會經濟文獻真蹟釋録》三輯，二八六頁）。

此件中有多處墨筆朱筆塗改。第二十七行和二十八行之間爲兩紙粘合處，上一紙和下一紙的内容不能銜接，中間有缺失。

此件第十八行和十九行間另抄有『於時太平興國七年壬午歲二月五日立契，莫高鄉百姓張再富記』，因與此件無關，另出釋文。

## 校記

〔一〕『相』，《敦煌社會經濟文獻真蹟釋録》釋作『料』，誤。
〔二〕『多』，《敦煌社會經濟文獻真蹟釋録》釋作『歹』，誤。
〔三〕『各』，《敦煌社會經濟文獻真蹟釋録》釋作『各人』，誤。

〔四〕「瓜」，底本原寫作「爪」形，但寫本有時「瓜」「爪」不分，故逕釋作「瓜」。
〔五〕底本「前」字右側行間另有兩小字「大大」，應係雜寫，未録。
〔六〕「併」，當作「餅」，據文義改，「併」爲「餅」之借字。以下同，不另出校。
〔七〕「兩」，《敦煌社會經濟文獻真蹟釋録》釋作「二」，雖義可通而字誤。
〔八〕「喫」，《敦煌社會經濟文獻真蹟釋録》釋作「吃」，雖義可通而字誤。
〔九〕「使」，《敦煌社會經濟文獻真蹟釋録》釋作「僧」，誤。
〔一〇〕「怛」，《敦煌社會經濟文獻真蹟釋録》釋作「坦」。
〔一一〕「澤」，《敦煌社會經濟文獻真蹟釋録》據文義校補。
〔一二〕底本「胡併（餅）二」右側行間另有「大大方等大」，應係雜寫，未録。
〔一三〕底本「三斗」右側行間另有「壬午年」，應係雜寫，未録。

## 參考文獻

《敦煌寶藏》二〇册，臺北：新文豐出版公司，一九八一年，六五至六七頁（圖）；《關於敦煌出土于闐文獻的年代及其相關問題》，載《紀念陳寅恪先生誕辰百年學術論文集》，北京大學出版社，一九八九年，二九二頁；《敦煌社會經濟文獻真蹟釋録》三輯，北京：全國圖書館文獻縮微複製中心，一九九〇年，二七八頁（録）；《英藏敦煌文獻》四卷，成都：四川人民出版社，一九九一年，八七至八八頁（圖）；《首都師範大學學報》一九九三年四期，三七頁；《敦煌研究》一九九四年二期，一一三頁；《敦煌學輯刊》一九九六年二期，一〇二頁；《慶祝潘石禪先生九秩華誕敦煌學特刊》，臺北：文津出版社，一九九六年，三〇五、三二一頁；《歸義軍史研究——唐宋時代敦煌歷史考索》，上海古籍出版社，一九九六年，三一、三七一頁；《敦煌莫高窟史研究》，蘭州：甘肅教育出版社，一九九六年，一七〇、一七二、一八

四、二〇〇頁；《敦煌學輯刊》一九九七年一期，二五頁；《敦煌歸義軍史專題研究》，蘭州大學出版社，一九九七年，五四、八三、一一五、一三三、二五〇、二六七、三一〇至三一一、四〇二頁；《敦煌工匠史料》，蘭州：甘肅人民出版社，一九九七年，四八、六一頁；《敦煌研究》一九九八年二期，八三、八八頁；《敦煌研究》一九九八年三期，七〇頁；《敦煌研究》一九九八年四期，七八頁；《敦煌契約文書輯校》，南京：江蘇古籍出版社，一九九八年，五五三頁；《敦煌歸義軍史專題研究續編》，蘭州大學出版社，二〇〇三年，一〇六至一〇七、三一七至三二〇頁；《唐五代敦煌飲食文化研究》，北京：民族出版社，二〇〇四年，八九、一八三頁。

## 斯二四七四　四　太平興國七年（公元九八二年）壬午歲二月五日契抄

### 釋文

於時太平興國七年壬午歲二月五日立契，莫高鄉百姓張再富記。

### 説明

以上内容抄寫於『庚辰至壬午年歸義軍衙内麵油破歷』第十八行和十九行間，應爲時人隨手所書。但可據其年號確定該件之『庚辰』『壬午』之絶對年代。

### 參考文獻

《敦煌寶藏》二〇册，臺北：新文豐出版公司，一九八一年，六六頁（圖）；《英藏敦煌文獻》四卷，成都：四川人民出版社，一九九一年，八七頁（圖）。

斯二四八九　　佛說閻羅王授記四衆逆修生七往生淨土經題記

## 釋文

安國寺患尼弟子妙福，發心敬寫此經一七卷，盡心供養[一]。

## 校記

〔一〕「盡」，《敦煌學要籥》《敦煌遺書總目索引》均釋作「敬」，誤。

## 説明

此件《英藏敦煌文獻》未收，現予增收。

## 參考文獻

*Descriptive Catalogue of the Chinese Manuscripts from Tunhuang in the British Museum*, The Trustees of the British Museum, London 1957, p. 163（録）；《敦煌寶藏》二〇册，臺北：新文豐出版公司，一九八一年，一七六頁（圖）；《敦煌學要籥》，

臺北：新文豐出版公司，一九八二年，一一六頁（録）；《敦煌遺書總目索引》，北京：中華書局，一九八三年，一五九頁（録）；《中國古代寫本識語集録》，東京大學東洋文化研究所，一九九〇年，五二〇頁（録）；《敦煌遺書總目索引新編》，北京：中華書局，二〇〇〇年，七六頁（録）。

## 斯一四九六　釋肇序鈔義題記

### 釋文

余以大曆二年春正月，於資聖寺傳經之次，紀其所聞[一]，以補多忘。庶來悟義伯，無誚斐然矣[二]。崇福寺沙門體清記。

### 説明

此件《英藏敦煌文獻》未收，現予增收。大曆二年即公元七六七年。

### 校記

〔一〕『紀』，《大正新脩大藏經》《敦煌學要籥》《敦煌遺書總目索引》《敦煌遺書總目索引新編》均釋作『記』。

〔二〕『誚』，*Descriptive Catalogue of the Chinese Manuscripts from Tunhuang in the British Museum* 釋作『消』。

### 參考文獻

《大正新脩大藏經》八五卷，東京：大藏出版社，一九三二年，四三九頁（録）；*Descriptive Catalogue of the Chinese*

*Manuscripts from Tunhuang in the British Museum*, The Trustees of the British Museum, London 1957, p. 167（録）；《敦煌寶藏》二〇册，臺北：新文豐出版公司，一九八一年，二三二頁（圖）；《敦煌學要籥》，臺北：新文豐出版公司，一九八二年，一一六頁（録）；《敦煌遺書總目索引》，北京：中華書局，一九八三年，一五九頁（録）；《敦煌遺書總目索引新編》，北京：中華書局，二〇〇〇年，七六頁（録）。

# 斯二四九八　一　觀世音菩薩符印

## 釋文

觀世音菩薩符印一卷

謹請東方刀（忉）利天王急來爲作擁護[一]，南西北方上中准前。已上各三請。

謹請東方世界天大將軍神急來爲〔作〕擁〔護〕[二]，南西北方上中亦准前。各三請。

謹請東拂婆提恆沙善神，扭東拂婆提大魔，莫令入我界。

謹請南方閻浮提世界恆沙善神，〔扭〕〔南〕〔方〕〔閻〕〔浮〕〔提〕〔大〕〔魔〕[三]，莫令入我世界中，亦莫惱亂我。

謹請西方西居耶尼。准前。北方北越單。准前。已上各三請。

謹請東方蜜跡金剛爲作擁護，南西北上中亦如前。已上各三請。

謹請夜叉童子爲作擁護。

謹請金剛童子爲作擁護。

謹請馬頭羅刹爲作擁護。

謹請火頭金剛爲作擁護。
謹請小火頭金剛爲作擁護。
謹請大輪金剛爲作擁護。
謹請大摧碎金剛爲作擁護。
謹請烏芻魔爲作擁護。
謹請〔師〕子王爲作擁護〔四〕。
謹請金色孔雀王廿八部大仙衆爲作擁護。
謹請夜叉王爲作擁護。
謹請魔訶迦羅爲作擁護。
謹請羅刹爲作擁護。
謹請阿荼婆俱鬼神大將爲作擁護。
謹請神母女藥叉童女等爲作擁護。
謹請乾闥婆、阿脩羅、迦樓羅、緊那羅、摩睺羅伽等爲作擁護。
謹請江河神、山海八部龍王等神爲作擁護。
謹請虚空神、地神、山林神、泉神皆悉爲作擁護。
謹請天曹地府、善惡部官、冥官業道、閻羅大王、太山府君爲作擁護。

謹請不空罷（羂）索觀世音菩薩[五]、大慈大悲不空本佛不憚劬勞遠來擁護。

或有精魅魍魎鬼神浮遊朗（浪）鬼[六]，或有天魔外道，不得來入我界。入我界者，頭破作〔七〕分[七]，如阿黎樹枝。南斗主生，北斗主死，急〔急〕如律令[八]。欲當謹請時，先用前身印不空罷（羂）索菩薩[九]，謹請十二部鬼神。

謹請東方提頭賴吒天王各領九部鬼神持於東方。

謹請南方毗婁勒叉天王各〔領〕九部鬼〔神〕持於南方[一〇]。

謹請西方毗婁博叉天王各領九部鬼〔神〕〔持〕於西方[一一]。

謹請北方毗沙門天王各〔領〕九部鬼神持於北方[一二]。

謹請上方刀（忉）利天王各領九部鬼神持於上方[一三]。

謹請下方轉輪聖王各領三部鬼神持於下方。

謹請東方青帝青帝神入吾界中[一四]。

謹請南方赤帝赤神入吾界中。

謹請西方白帝白神入吾界中。

謹請北方黑帝黑神入吾界中。

謹請中方黃帝黃神入吾界〔中〕[一五]。已上各三請。

然後呪水。

謹請東方青帝青神入吾水中。

謹請南方赤帝〔赤〕神〔一六〕。

謹請西方白帝白神。

謹請北方黑帝黑神。

謹請中方黃帝黃神。已上皆言入吾水中。吾水非息一喺，嚴如霜雪，載喺已訖，道路斷。

呪水以（已）訖〔一七〕，用結界。

謹請東方火頭金剛爲結界。餘四方准此。

謹請下方火頭金，鄰鄰相億，部部安兵，寸寸安箭，不捨本願，不辭劬勞，遠來被救攝。三謹（請）〔一八〕。

謹請東方大神龍王七界（里）王結界金剛宅〔一九〕。餘四方准此七里結界〔二〇〕。南西北中下亦如是。三請。

謹請善神擁護。

謹請上方大梵天王。

謹請刀（忉）利天王〔二一〕。

謹請天大將軍。

謹請香精（積）世界諸善神王〔二二〕。

謹請中方諸善神王，東西南並（北）亦如是〔二三〕。

謹請東方天帝釋，南西北中下方亦如是。已上爲三請。

謹請東方大梵天王，南西北中亦如是。已〔上〕爲三請〔二四〕。

謹請東方梵釋，南西北方亦如是。各三請。

千手千眼大悲心陀羅尼呪

南無遏囉怛那哆囉夜耶，南無阿唎耶婆嚧羯帝爍鉢囉耶，菩提薩跢婆耶，摩訶薩跢婆耶，摩訶迦嚧尼迦耶，但（怛）姪他〔二五〕，菴薩婆滿陀那，制那娜迦囉耶，薩婆摩婆蘇忙捺囉，秣沙那迦囉耶，薩婆尾耶泥，鉢囉闍麼那迦囉耶，薩喔蘇麼怛囉，微沙那迦囉耶，薩婆麼曳輸怛囉跢也，但（怛）寫〔二六〕，南無嘶吉埵，伊難阿唎耶婆嚧吉帝，濕拂囒，南無尼囉揵陀，那謨紇那延，摩勿移舍銘，薩勿跢，娑那難，輸麼啘摩楮耶他，薩婆慕那難，摩婆怵迦，微秣陀難伽那，但（怛）姪他〔二七〕，阿婆盧幾，盧迦罰羝，盧迦尼，伊醯訶唎，摩訶菩提薩埵，醯菩提薩埵，醯摩訶菩提薩埵，醯鉢唎耶，菩提薩埵，醯羯盧尼伽，三麼囉羝跢演那，唏嘻髭唎，遏唎耶婆盧羯帝，濕婆囉，波囉麼蜜特怛囉，迦盧尼伽，俱盧俱盧，羯麼娑馱耶，娑馱耶，微撚愰，憘隄憘，銘摩阿楞伽，懞伽麼，悉跢羊宜，濕弗囉，拏盧拏盧，糜耶那羝，摩訶糜耶羝，捺囉捺囉，捺唎捺尼濕弗囉，楮羅楮羅，微麼羅，摩羅慕怛唎，阿唎耶婆盧羯帝，爍婆囉，尼那吉瑟那，尼那麼俱哆，嚂摩波囉嚂摩，尾嚂摩，摩訶辛訶輸羝耶，捺囉，摩羅摩羅，摩訶摩羅，摩羅摩羅，摩訶摩羅，楮羅楮羅，摩訶楮羅，吉瑟

那博叉，吉瑟那罰那，吉瑟那博叉，尼囉囉伽那，醯鉢多麼，呵嘶哆，哲羯囉尼濕弗唎，濕
弗囉，吉瑟那，薩婆吉哆，曳娘波尾哆，捺囉意悕醯，罰囉含目伽，枵唎補囉，那寧濕弗
囉，那延娜，摩羅嚕波，吠舍捺唎，醯尼囉干他，醯摩訶，訶囉訶囉，微沙泥囉，阿尼於其反
波盧迦瀉，囉迦微沙那奢南，尾沙微灑那奢南，忙訶尾沙那奢南，寧枳於嘌反博叉寧，呼嚧呼
嚧，捫遮捫遮，忙呼嚧，忙呼嚧，訶羅訶唎，摩訶嘛高引聲摩那麼，娑囉娑囉，悉離悉離，蘇
嚧蘇嚧，慕陀慕陀，慕陀耶，慕陀耶，慕馱耶蜜帝，寧囉干他，醫唏嘻，摩麼悉帝他，辛何
慕佉，何娑何娑，捫遮捫遮，摩訶怛他，何娑醫唏嘻，慕滿怛囉，悉跢養宜濕弗囉，摩闥摩
闥，跋嘍摩，娑多耶，娑多耶，微地觟難，娑末囉，娑末囉，單薄伽伐於末反單，嚕迦微嚕幾
單，跢馱伽單，怛囉唏銘，怛囉囉奢南，鉢囉那耶摩難娑婆訶，悉跢耶娑婆訶，摩訶悉跢耶
娑婆訶，悉跢羊宜濕弗囉耶娑婆訶，寧囉健他耶娑婆訶，福囉啥於含反，門口道目佉耶娑婆訶，摩訶那
囉辛何目迦耶娑婆訶，悉地耶慕地耶，那囉耶娑婆訶，鉢摩何嘶哆耶娑婆訶，吉瑟娜薩婆吉
哆曳娘跋微哆耶娑婆訶，摩訶加羅摩俱多那囉耶娑婆訶，斫迦囉榆娜娜囉耶娑婆訶，賞迦涉
嘍地寧慕陀娜迦囉耶娑婆訶，麼麼嘶健陀尼舍悉氏他吉瑟娜尼跢耶娑婆訶，麼麼呵嘶哆微耶
迦囉勿麼盈麼娑跢耶娑婆訶，嚕鷄濕弗囉耶娑婆訶，薩婆悉地濕弗囉耶娑婆訶，路叉路叉麼
娜娑婆訶，俱嚕路叉慕枵唎麼娜娑婆訶，南無薄伽嘍啼，阿唎耶摩盧幾啼，濕弗囉耶，菩提

娑埵耶，摩訶娑埵耶，摩訶羯盧尼迦耶，悉撚都名，楞多囉，跛哆寧，娑婆訶。

日光菩薩呪

南無勃陀耶，瞿囉迷，南無達摩耶，莫訶低，南無僧伽耶，多耶泥，悉唎唎㖆彌，悉旦但那磨，娑婆訶。

月光菩薩呪

信氏帝，怒蘇多，阿耶米氏，瑦奴瑟多，信去多，鉢利的瑟多，耶明耶娜，瑦奴瑟多，但（怛）羅的瑟多〔二八〕，去磨瑟多，娑婆訶。

千手眼身呪

南無薩婆哆他褐多耶，南無曷囉怛那多羅夜也，南謨阿弭陀婆耶，怛他楬多耶，阿羅訶羝，三藐三菩陀耶，南謨阿唎耶跋路枳帝濕嚩囉耶，菩提薩埵婆耶，摩訶薩埵婆耶，摩訶迦嚕尼迦耶，南謨摩訶訶薩多，鉢囉摩鉢多移，菩提薩埵婆耶，摩訶薩埵婆耶，摩訶迦嚕尼加耶，南謨毗補羅毗摩那，素鉢囉底，瑟多耶，僧伽耶，素唎耶，舍多，娑訶薩囉，阿羝唎哩迦，鉢囉摩，阿縛摩婆多悉多，慕怛嘌，摩訶末泥，摩具吒，軍荼羅，弛囉泥，薄伽伐底，鉢奴摩波多曳，薩婆路迦，阿波耶奢麼那耶，微毗弛毒佉三摩韗，舍尾瑟吒，薩婆薩埵婆，跛哩慕者那耶，怛姪他，唵，部囉皤，摩訶路迦羯囉那，跢那麼，悉底弭囉鉢吒囉，毗那舍娜迦囉耶，囉伽地微沙慕訶，摩訶闍奢摩娑迦，奢波娑迦，囉迦叉，薩婆摩耶，突揭底，鉢囉舍摩那，羯囉耶，薩婆怛地揭多，三菩馱，多伽羯囉，醯醞，摩訶菩提薩埵婆，縛囉那，鉢頭摩路迦三步弛，摩訶迦嚧泥迦，戰那滿那楞訖嘌多，舍唎囉麼泥羯那迦，跋折囉，吠奴嘀耶，穆底伽楞訖嘌多，舍唎囉，阿弭多婆視那，伽摩羅楞訖嘌多，鉢囉摩羅，那囉哩者那，摩訶杜難娜囉，那唎舍多娑訶薩囉，阿彌羅尼多迦耶，摩訶菩提薩埵婆，毗馱摩，毗馱摩，毗那舍耶，毗那舍耶，摩訶演奴訖隸奢迦，多那皤婆那，僧婆薩羅遮迦囉，波囉羯摩他難，布嚧娑鉢頭摩，布嚧沙那迦，布嚕沙娑迦囉，毗囉毗囉闍耶，素誕那，素誕那，鉢囉麼囉多，南謨南謨，三摩三摩，睹嚧睹嚧，鉢囉奢薩多耶，鉢囉奢薩多耶，宜囄宜囄，毗囄毗哩，只哩只哩，姹嚧姹嚧，姹耶姹耶，悶遮悶遮，睹那睹那，毗睹那，毗睹那，睹嚕睹嚕，伽耶伽耶，伽馱耶，伽馱耶，喝（訶）娑訶娑〔二九〕，鉢囉訶娑，鉢囉訶娑，毗毗那，羯隸奢，縛薩那，麼摩寫，荷囉荷囉，僧荷羅，僧荷囉睹，烏嚕底睹，摩訶曼荼囉睹，嚕底迦羅那，舍哆鉢囉思伽，皤婆毗娑那，摩舍迦，摩訶菩提薩埵，皤囉那，娑摩訶。

觀世音菩薩如意輪陀羅尼章句呪曰　馬鳴菩薩譯

南謨喝囉怛囉哆邏耶，南謨阿利耶婆嚧咭啼上音引反，攝囉耶吉年引，摩訶薩埵已上引，摩訶迦嚕尼加耶引反，怛姪他此受光入正求，稽首反，唵斫伽囉伐底旃檀摩音反（矩）引矩（反）〔三〇〕，摩訶鉢頭迷不可田儀，嚧嚧底夜捨羅什伐羅阿伽舍二合，焉吽沛沛娑婆訶。

心呪

唵鉢頭迷旃檀摩尼(音矩，引反)，摩訶遮鞞吽(引)。

心中心呪

唵鞞囉哆鉢頭迷吽(已前引聲)。

如意輪王摩尼拔陀別行法印，通一切用，功力無仁（人）得見法〔三一〕，總有卅六人可見，唯有馬鳴菩菩（薩）始得行用〔三二〕。若有見此法者，即超十地。

唵阿彌嘌鞞(音引)鞞鞞羅(除鞞引羅)，鉢鞞邏嗻底吽吽泮泮娑訶。

佛頂尊勝陀羅尼神呪

那謨囉那怛囉夜耶，那謨薄伽跛底，南謨嘫帝囇路迦，鉢囉底，毗瑟咤耶，某馱耶，薄伽跛底，怛姪他，唵，毗秫馱耶，三摩三漫多，阿婆跛婆，婆撥囉拏揭底，伽伽那，婆跛婆毗秫提，阿鼻神贊睹漫蘇揭多，跛囉跛佐那，阿蜜嘌多，阿鼻世迦囉，摩訶漫漫怛，羅跛弟，阿呵囉，阿呵囉，阿喻散陀囉尼輸馱耶，輸馱耶，伽伽娜毗秫提，烏瑟你沙，毗佐耶，波唎秫提，婆訶婆囉，囉濕弭，珊栅地帝，薩婆怛他揭他迄唎馱耶，阿地瑟咤娜，阿地瑟哆，某帝隸跛唧唎，跛唧唎伽耶，僧訶怛娜秫提，薩婆訶鉢囉拏毗秫提，波囉帝你跛馱耶，阿喻那毗秫提，婆磨耶，阿地瑟帝，末你末你，摩訶末你，怛姪多布咤俱胝波秫唎提，毗普咤鉢唎秫提，醯醯，左耶左耶，毗左耶毗左耶，薩婆囉，薩婆羅，薩婆某馱，阿地瑟娜，阿地瑟多秫提，跛唧唎，跛唧唎，摩訶跛唧唎，跛折囉揭鞞，跛唧啾藍婆婆睹。某甲受持，薩婆舍利藍，薩婆薩埵難佐伽耶，波唎秝提，婆婆睹名嚈馱薩婆揭底，鉢利秝提，薩婆怛他薩多，失者漫三摩稅，薩演奴，某弟某第，某馱耶，某馱耶，毗布馱耶，毗布馱耶，三漫多，波唎秝提，薩婆怛他揭他迄唎馱耶，阿地瑟咤娜，阿地瑟底，摩訶某帝唎莎呵。

釋迦牟尼化身元率（帥）大將阿吒薄俱嚴峻極惡泔露降伏一切毒惡夜叉羅刹鬼神大猛烈根本呪曰〔三三〕

娜謨阿吒薄俱曳一，摩訶薄俱吒曳二，摩訶藥訖二合沙嘍娜跛跢曳泮三，摩醯首羅曳泮四，鼻摩質哆囉曳泮五，那吒喲鉢囉曳泮六，唅唅唅唅唅唅唅七，醯醯醯醯醯醯八，訶訶訶訶訶訶訶訶九，含含含含含含含十，哦引吒吒吒吒吒吒吒十一，尼藍婆曳泮十二，乾闥婆曳泮十三，毗舍遮曳泮十四，薄伽梵十五，阿蜜哩跢軍拏唎曳泮十六，筏析囉蘇悉地曳泮十七，娜阿吒薄拘曳泮十八，毗沙門娜曳泮十九，波蘇波蘇曳泮廿，卬二合達囉藥叉嚩吒曳廿一，唲嚕釋迦曳泮廿二，尾嚕吒迦曳泮，尾嚕博叉曳泮廿三，婆羅訶摩娜曳泮廿四，速去速去娑皤訶廿五，摩訶藥訖二合沙娑皤訶廿六，咖迦囉泮廿七，哵跛馱耶泮廿八，嗚波難陀泮廿九，嘯那囉泮三十，咘單那泮卅一，黑咘單那泮卅二，焰摩囉遮泮卅三，目真鱗馱卅四，嗉嚕鳩鼻詵卅五，吽善女功德泮卅六，降怨泮泮泮泮唅唅唅唅泮泮泮泮泮泮泮卅七，摩訶藥訖叉速速速泮卅八，摩訶藥訖沙速速沙訶卅九，馱馱馱馱馱馱引馱訶訶卌，跛遮跛遮引勑勑勑勑勑勑勑卌一，跛羅跛羅卌二，筏折囉引嚽吒吒吒吒吒吒吒吒卌三，哦唔咍咈娑皤訶卌四，阿吒阿吒吽泮卌五，斫嘱囉護帝引跛囉力力力力力引跛跛跋跋跋跋跋枳枳枳枳枳枳枳枳卌六，焰婆焰婆攝時師子吼引吼吼吼吼吼吼吼訶訶訶訶訶羅侯羅侯羅侯羅侯吽泮卌七，阿吒薄啢曳卌八，娑皤訶。

阿吒薄俱嚴峻結界呪曰

唵一，阿叻叉阿叻叉引，二，速速速速泮。

此陀羅尼，欲誦持者，燒安悉香，大將即來。若坐禪誦經，經爲魔鬼神惱亂心不安定者，誦七遍，惡魔鬼神，當時消滅。

大青面金剛呪

亦是大火頭，吞滅毗那夜迦，降伏毒龍，大盆（忿）怒勇猛〔三四〕，威喜摧破碎魔軍，辟除一切毒惡，泔露破業障陀羅尼。

娜謨喝囉一，怛那跢囉夜耶二，娜謨室旃荼跋折囉波娜曳三，娜牟尼嚂婆羅跋折羅跋娜曳四，摩訶藥叉棲娜鉢哆曳五，怛地咃六，殑伽呢提婆嚕拘吡妹七，勃特嗔致那聿哆八，嗜哆娑訶〔九〕〔三五〕，娑哆羅阿耨亘嚷帝十，毗吉帶十一，鄧瑟吒二合囉十二，迦羅羅嚕啉十三，應伽上囉施毗嗜社十四，娑娜咖羅耶十五，嚁囉娜咖耶十六，婆嗦徯毗鋪瑟多伽囉娜伽耶十七，吉瑟哆曳嚓二合與十八，毗娓娓反跢耶十九，睡唎哆上婆蠅廿，具摩懼吒廿一，僧俱質哆啅啅啅啅啅啅〔廿二〕〔三六〕，啊囉囉囉囉囉囉囉引吒吒吒吒吒吒吒吒曳廿三，特設娜娑帶廿四，特阿嚕瑟吒囉廿五，吉利丹哆嚕波耶廿六，毗殊什婆耶廿七，牟呼陀囉耶廿八，般若迦薄叉那耶廿九，底哩嚧迦耶三十，婆蠅迦羅耶卌一，娑婆娜迦囉耶卌二，乙孕磽迦尼卌三，提婆俱盧北妹卌四，鼻地引婆伽鼻地卌五，薄虱哆佛地卌六，阿跛跢耶操彌卌七，怛地他卌八，虎虎合二吽吽虎虎合二吽吽泮泮泮泮泮泮卌九，那伽毗陀囉娜耶泮四十，那俱烏瑳陀那耶泮卌一，呢藍婆薩囉那耶泮卌二，胡盧摩訶尼那耶泮卌三，宫盤嗏嗚瑳陀那耶泮卌，哦禮哆引毗舍遮那奢娜耶泮卌，藥又（叉）毗舍遮娜奢娜耶泮〔三七〕卌二，唬唬啉啉虎虎吽吽泮泮泮泮泮泮卌三，阿鉢羅底訶哆婆囉卌四，帝哩嚧迦卌五，婆蠅迦囉卌六，室旃荼跛折囉跛娜曳卌七，阿囉質囇跛耶底卌八，悉殿睹漫馱囉卌九，娑皤訶。

東方阿閦佛滅羅根本心陀羅尼

娜謨婆咖嚩睹一，阿揭合二嗷合二婆耶嘍二，怛吔喝跢棲三，咱地他四，唵五，喝喝呢六，滂睹尼七，嚫嚧吒寧睹嚧嚀吒八，跢囉珊嚀跢囉珊寧九，跛囉底訶哆哧十，跛囉底訶跢哧十一，娑囉嚩羯摩引跛淋鉢囉十二，尼彌引娑皤訶。

㖿吒唎金剛大忿怒火頭猛烈辟魔縛武入金剛定神呪曰

唵一，呼嚧呼嚧二，室瑟吒室瑟吒三，㩳哩訶娜㩳哩訶娜四，唑馱唑馱五，訶那訶那六，阿蜜哩底上嗚吽七，泮吒八，娑皤訶。

觀世音菩薩秘蜜（密）藏無障礙如意心輪陀羅尼〔三八〕，已前寫竟，此是根本身呪。

唵一，鉢頭迷二，振跢麼哧三，摩訶什羅引吽。

心中心呪

唵一，嚩囉哆二，鉢頭迷三，吽。
嗚芻瑟摩大火頭忿怒猛烈捉惡鬼縛武呪曰
娜謨喝囉怛那一，跢囉夜耶二，娜謨啌旃拏三，啜折囉跛㖿摩訶藥訖合二沙四，棲娜啉哆曳五，嗚芻瑟摩俱嚕馱六，摩訶婆羅引訶娜馱訶七，跛遮晛帜囉八，晛馱嘍嘍耶嗚芻瑟摩九，唄嚧馱吽泮十，娑皤訶。
《大般涅槃經》第一卷天魔波旬開地獄門施清冷水説呪曰
㗚枳矩呼吒㰐枳一，咤嚕晛二，摩訶咤嚕晛三，阿羅遮羅跢囉引，四，麼羅引，五，娑皤訶。若比丘、比丘尼、憂（優）婆塞〔三九〕、憂（優）婆夷等〔四〇〕，若真若魏（僞）〔四一〕，誦持是呪，我悉雍（擁）護〔四二〕。
佛説大佛頂如來放光大威德金輪三昧神呪經摩訶最勝王金輪帝殊羅施都攝一切呪根本心呪第二
娜謨娑囉嚩一，嗔喏㖃二，唵三，怛吔伽睹四，瑟膩沙引帝殊羅施五，阿那皤嚧枳底六，没囉馱難七，勃合二羅訶囉娜悉帝施八，夜引嗚合二絣嚷縛羅嚷縛羅九，馱迦尾馱迦馱迦尾馱迦十，馱羅尾馱羅馱羅尾馱羅十一，嗔馱嗔馱十二，頻馱頻馱嗚合二絣嗚合二絣泮吒泮吒十三，娑皤訶。
五天獻劍真言右手頭指中指展，大母指恰中指，最下文即是印。
南無尾失羅，摩利些，摩斯些，南無那吒俱摩利些，伽鬪利些，唵，鉢利體，怛吒劍，鉢利劍醯劍，摩醯劍，鉢利摩醯劍，罰利罰利，句嚕句嚕，布嚕布嚕，毗布嚕，毗布嚕，唵，那吒俱摩利，吽，娑婆訶。

鐵身金剛童子真言

南無曷囉怛那哆囉，夜野失戰茶（茶）跛折囉〔四三〕，跛折囉，俱伐囉，俱伐囉，摩訶伽你度你，唵，鐵索嚩嚩嚩嚩嚩，捉捉捉捉捉，攝攝攝攝攝，莎訶，唵，吽吽吽吽吽，物折曳，唵，吽吽吽吽吽，急吒曳，唵，煞煞煞煞煞，曳曳曳曳曳，漸煞曳煞煞煞煞煞，娑訶，娑羅，孽禁拽野，娑婆訶。

金剛童子心真言

南無佛陀野，南無達磨野，南無僧伽野，南無悉利悉利，蘇嚧蘇嚧，生擒吒，到太也，摩提，唵，交審碎，呼盧呼嚧，急捉捉捉捉捉，嚩嚩嚩嚩嚩，娑婆訶。

南無南方寶定光如來化身屈吒大將，梵語真身聖者，若有貓鬼野道伏尸，急急如律令攝。

唵吽，唵吽，跛折囉吽，急吒，急吒，急急吒野吽，急曳，急曳野，急急曳吽，碎曷囉耶吽，急縛，急縛曳耶，娑囉脕吒悉禁曳耶，嚩睹嚩嚩嚩嚩，急勒曳勒勒勒勒，急嚩曳嚩嚩嚩嚩嚩，莎訶。

大輪真言恰拾指即是印，若邪即左，若時疾，即右轉三匝。

南無悉空利耶，地尾伽喃，娑嚩怛他，孽哆喃，唵，尾囉爾，尾囉爾，摩訶斫羯囉，縛日囉，娑哆娑哆，娑囉底，娑囉底，怛囉曳，怛囉曳，尾馱摩你，三滿左哩，悉馱，阿訖哩，室哩焰，娑婆訶。

北方大聖毗沙門天王真言

曩謨囉怛那哆囉夜野，南無吠室囉摩拏耶，麼賀囉惹野，薩縛，薩怛嚩，曩麼，舍跛哩，布囉拏，野悉地，迦羅野，蘇謇娜娜耶，怛娑每，曩謨塞訖哩二合，怛嚩二合，伊軡吠室囉二合，麼拏紇哩二合，乃野麼攞多以灑弭薩嚩，薩怛嚩二合，蘇佉嚩憾，怛你也他，唵，悉地，悉地，蘇母，蘇母佐佐佐佐佐佐，佐囉，佐囉，娑囉，娑囉，羯囉，枳哩，枳哩，矩嚕，矩嚕，母嚕，母嚕，主嚕，主嚕，娑馱野，遏貪，麼麼，弟子嚴君會至心受持。𩑛縛囉二合，底也寫，末他拏婆縛，娑婆訶。吠室囉，摩拏野，娑婆訶，怛曩那野，娑婆訶，摩拏囉他，跛哩布拏迦野，娑婆訶。

金剛童子隨心呪法

南無曷囉哆那哆囉夜耶，那無拔折囉，俱摩羅，唵吽伽尼，度尼吽泮吒吽泮吒，莎訶。

此呪能治一切疹病，及以種種妖邪魍魎，鬼魅精厭，天行時氣。亦呪神符，及淨道場，結壇護界。亦呪毒蟲毒藥等疾。亦能呪諸大小男女，使看天上、四天下，乃至西方無量壽國、龍宮地獄。如是等處種種情事，及以家親七代眷屬，苦樂吉凶並得知見。若至心燒香請佛菩薩及諸善神王，欲知來不者，如上呪，人看之即知。亦能呪諸天龍夜叉，乃至緊那羅人非人等悉爲擁護，皆使降伏。亦能行逯阿迦奢伽摩等空行，一切諸鬼神衆皆生怖懼，能除不祥，令心清淨。（已上是摩尼跋陀等譯。）擁護身命降伏惡摩（魔）[四四]，利官免難。分持之者，若誦一遍，有一化佛從其口出，命終之後，得生西方見阿彌陀佛。（此一行半是曇無讖譯。）

復次弟（第）[四五]，若持此呪者，當先造立金剛形像，然後作壇供養受法。若造金剛形像之者，像應以好絹而圖畫之。其諸采色用薰陸香汁而調之，不得以膠和之。

復次，若以使鬼者，當取死人髑髏在壇外作一小揄子，百味飲食而供養之，滿七日必當出現。問呪師不欲須何行者，應語之：我今共汝作善知識，汝須從我所有去處常擁護我，若問汝事，即須取實報。次後應問取名字，急疾喚之。其髑髏香湯沐之，衣以五色繒綵而安置之。至於後夜設食飲供養，即來現身。共行者相見，任下吉凶。其髑髏將隨逐置於卜問之處，以好器盛之，安壁中著。若有卜來向壁看之，鬼即來下，任意使令而問之。（已上羅什法師譯。）

復次，若欲令四方諸國主延長，大臣百姓皆無恐怖者，當呪白芥子一掬一千八遍，以杅一切惡賊逆人，即自寧息。（已上摩尼跋陀等譯之。）

復次，若令惡舌不來向人，自消滅者，當燒求求羅香滿二千遍，彼惡舌人即休息。

復次，若欲令五穀苗稼免蟲食者，當取沙，當呪一千八遍，散田不食。（已上曇無讖譯。）

復次，若讓而羊反宅，不使惡鬼及人輒來入者，當取土塊若石，若掘作坑，呪七遍，擲於四方，即得免諸横難。若人不信此呪者，當即爲諸惡魔鬼神而與作病，或令彼身生惡臃腫。已上羅什法師譯。

復次，若欲斷諸鬼呪術者，當取五色縷線，呪一百八遍，於夜見樹生花果之相，即是得驗。若誦廿萬遍者，能歷十方，飛騰自在，毗那夜迦皆自歸伏。已上曇無懺（讖）譯之〔四六〕。

復次，受法不問良時日月白黑，但取八日對金剛前誦呪滿廿萬遍，即法成就。已上羅什法師譯之。

復次，若欲求見佛者，當作壇場，請佛金剛置於壇上，設諸供養。次於像前一心誦呪，滿千遍已，即安淨卧，當於夢中則得見佛而爲説法。若欲求見金剛乞諸願者，准前呪蘇末那花一掬一擲金剛上。如是訖已，即淨心睡，當於夢中見金剛，問汝何須，隨意答之，即得如願。若欲求見善神者，當取摩利者短羅，和蘇呪一千八遍，一呪一擲火中，如是作法，滿七日已，神當見降，問行者云何所須，隨意答之，所求皆得。當見神時，莫生恐怖，應專誦呪駁駁見禮拜，神大歡喜。

復次，若欲得無怖畏者，當取白線令童子女索之得繩，呪一千八遍，作一百結，繫臂向上，一切怖畏之處皆無畏。已上摩尼跋陀等譯。

復次，若欲作如意杖者，當取摩迦羯羅木杖此云榯行也。，長六尺，安著壇上而供養之，杖滿二萬遍已，潔淨將行，隨意所須，從杖索之，任情即得。已上羅什法師譯。

畫像用諸彩色，其像身長壹尺五寸，而作立勢，以脚踏青蓮花上，頭上髮及眼皆作赤色，毛髮直上逆緊尞（繚）亂[四七]，其身當作黄雲色，左手向上把拔折羅，右手向下作施無畏手，安種種之瓔珞環釧，及以項下亦著瓔珞，其面當作極迅形勢。造此像已，次復結壇置中供養。

復次，作壇之法，當於閑淨之處掃灑訖，然後以钁斸深五寸，去惡土取四肘淨土，使填實，香水和牛糞泥泥，取一淨繩圍繫竿，緣諸幡蓋及金剛形像，四門爲八隻箭，四方各埋一竿，竿下各然一盞燈，作十二盤及種種香花而供養。

復次，令惡人病者，取牛尿向日下呪一百八遍，灑於火中燒之，惡人即病。

復次，欲彼愛者，取蘇末那花以鉢盛之，對於像前，呪一千八遍，一稱彼人名字，其花散於像上及以壇上，則令彼人非常相愛。

復次，欲令可者，取薰陸沈水香向日下燒，及稱彼人名字，即差。

復次，若療肱癖病法者，於淨鐺中煮油使熱，次以右手内冷如冰而不覺熱，須臾即與摩肱癖上而得長差。

復次，欲治家者，取彼人頭髮七枚，呪一百遍，如是三日二日之時，彼家失本性，便即自知。

金剛童子隨心煞鬼呪

南無曷囉哆灘夜耶，南無失氈吒，拔折囉伽泥，渡泥，渡泥，唵，撥吒，撥吒，蘇婆呵。

童子言：我於爾時共火頭金剛大力士，俱依於世尊前頭募，欲得大王尊自往調伏。此大王煞害於我衆生，我共火頭取得將來，詣世尊所，即發道心，受持即於世尊前所誦此神呪，於口中出五色光，於光明中化佛相現。童子慈悲隨心願力救衆生。若欲見我者，依願故誦我心呪八遍者，即應身隨汝攝護衆生。供養誦滿者，我助汝心皆得差命，使衆生見者歡喜，先誦八萬遍訖，然後作壇七日，我即現身，命汝即見。第一，畫我形相。第二，於（依）我壇法[四八]。第三，清淨齋戒。第四，香乳安悉供養。第五，捻即誦。

一心救衆生，取一淨席置於壇後，形使壇病者中療治之。其呪縛鬼使鬼，合竹，轉鉢，動物，捉賊，伏惡，辟著，呪鉢中。安鬼魔，及虎狼師子，一切蛇毒螫，毒藥損傷，并治一切病，并差。呪鉢安著壇中，滿鉢盛淨灰，令實，淨席蓋鉢上，令人坐上託地，如法呪之，以水㖡鉢上，口唱陀羅尼。陀羅尼，轉轉轉轉轉，即轉，欲得左右即左右，若欲飛，唱飛即飛。

軍荼利金剛呪印　　急縛一切鬼

右手小指向左手虎口出。左手小指向右手虎口出。無名指直竪相柱，相離一分許。中指直豎，如慱無指側。頭指慱中指側。大指并頭直豎。

呪：南無帝吒呵那盤那那那，帝吒呵那盤那那，一蜜哆，唵，咩吒，咩吒娑呵。急用急喚急使。吒吒吒訶呵力力訶呵力力，縛縛縛縛，敇敇敇敇，束束束束束，急急急急，勒勒勒勒勒勒。

奉請所持神呪金剛童子急急。

解放印

左右頭指已下三指相叉，尼在掌中，二大指並頭直豎，頭指直豎各稍屈。誦尊勝呪三五遍。

禁語法

開口爲天門，下脚爲地户。若神不伏，即捉左眼爲日，右眼爲月，開天門開地户，即須喚捧耶。

亦禁曰

東方青帝目中精，南方赤帝朱雀形，西方自（白）帝白虎身〔四九〕，北方黑帝乘蛇行。誦禁之時，不得人聞語聲。

禁開心令語

廿六部金剛總出亂文脈，捉諸鬼神問不語，即動大指。童子此邪名爲大鴨，勿令人見，極有神驗。

酒肉五辛藝薹葫荾等不得食，食即使喚不得。復次，欲求仙隱者，當取摩那尸羅雄黄是也。一兩，呪一千八遍，得煙、煖、光等三種相已即上。若未得者，當馺馺誦呪，令於相隨得一相，即中塗於向上稱情遂意。

金剛童子心呪

南無拔俱摩闍羅，唵，渡泥渡泥，羽吽羽吽吽。是法呪，至心持此呪，誦一遍有一化佛從口出。若有盜賊物者，取小兒七歲，令呪之七遍，小兒即道賊住處。若賊在北方向北呪，向南東西處所每向呪之，其賊皆自縛來。不得食一切禁物及穢汙不得往，但以好精心呪人大驗，勿妄傳世，世人多不信。藝薹葫荾亦入五辛禁。

六臂童子呪

納謨薩闍迦摩羅，嗚吽，伽你杜你，虎訃，泮吒，泮吒，趿婆訶。若持此法，禁如常法。用此呪煞鬼，不可誦，恐人傷人，慎之急急。

解呪文

噭囉呵，煞囉呵。誦七遍。

又一切解呪文

薩羅去，薩羅去，摩訶薩羅去。誦七遍。

正月一日人未起時，罷爐香燒禮東方佛，各當作三拜。然後遍禮十方諸佛各三拜，所誦神呪各三遍，作此法即得神驗。

若誦呪時，面向東方誦。一切諸呪，皆如是持。

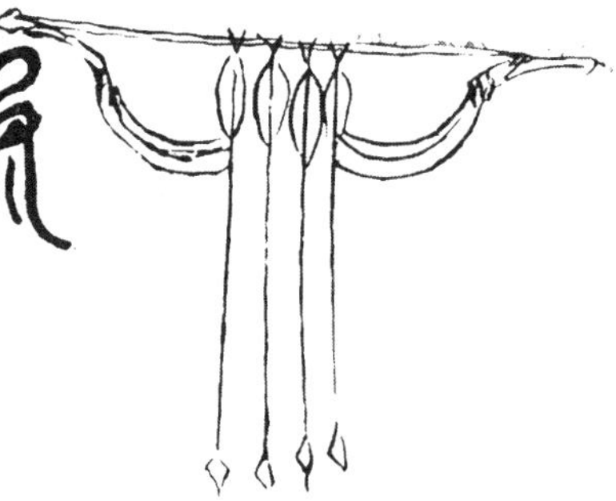

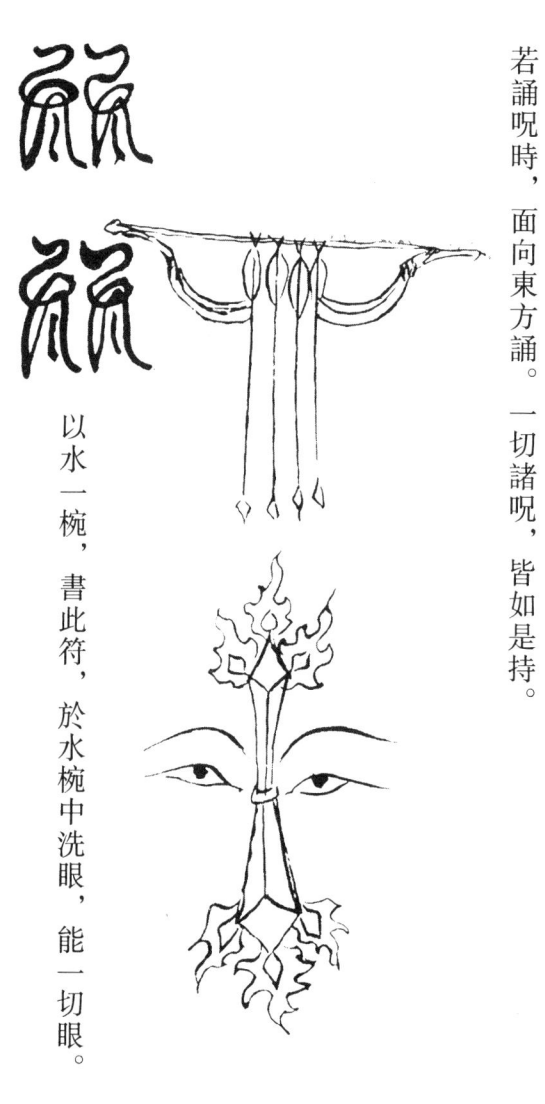

以水一椀，書此符，於水椀中洗眼，能一切眼。

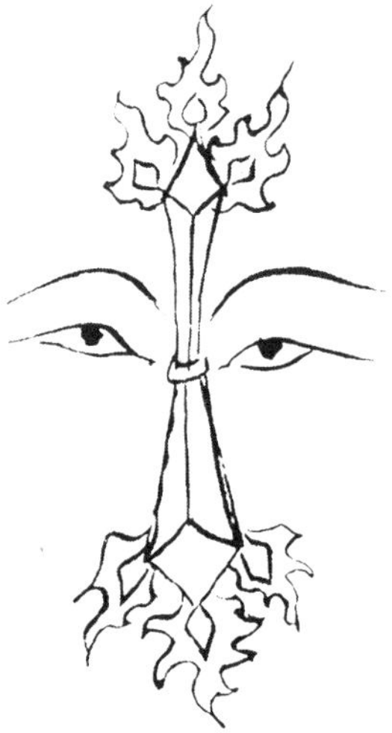

此符難產，隨年幾與吞桃湯，下

⿸尸⿱孖馬　⿸尸⿱孖馬

七立（粒）桃仁去尖[五〇]。此法極秘勿傳。

以醋點湯。

凡欲書符及印身行用法，皆與朱砂驗酢研之，書畫并吞，取井華水。如急，待用軍茶

（茶）利小心呪[五一]，即廿一遍，呪水下符。

金剛童子隨心印

以白檀香木方，刻

一寸三分作印，印病。

五色線索繫箭

上，水壇上作。

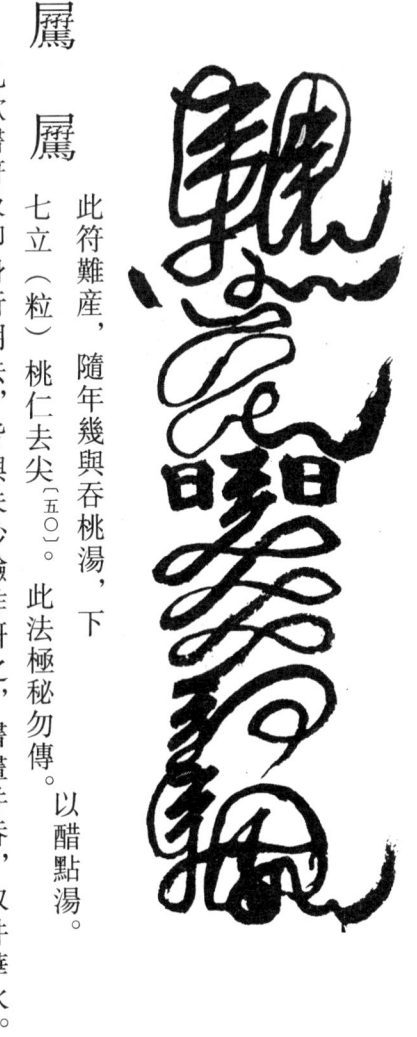

二符與鬼病吞之，遣合掌，十指頭鬼毛出。

帶之利官，去官事，口舌得歡心解散。

去一切鬼邪，大大神效，吞帶並吉。

難產者吞之，兒出手把符出，見驗大吉。

都護身命益算符。

神人憎者帶之吉，即解散。

吞之七萬枚，萬病消散，大吉。

須冷吞

須熱吞之

須吐吞

須痢呑之

須汗呑

右件符等并用金剛童子隨心呪度之，誦廿一遍，董（薰）陸香燒[五二]，二印亦同前，呪七遍度之。

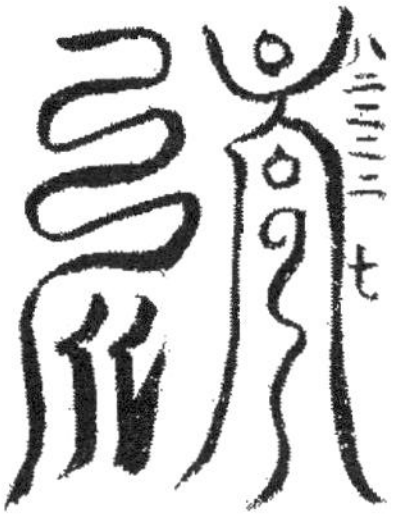

觀音菩薩印印身，身上萬病隨印消散。若是鬼氣精魅小虐，印著即差。若有疰病，以印照之即著。若眼疼，印之並得立差。呑之帶之，印身印照，隨心用。

此名玉女奉佛印，亦名如意印。其功能同前，隨心所用。

一切欲作法皆須護淨，即誦解穢呪：南無佛陀耶，南無達麼耶，南無僧伽耶，南無婆帝吒，耶羅帝，娑婆訶。誦三七遍。并先取一椀水，誦解穢呪訖，口含水噀四角及自身兼病兒，然後手執香燒，爐面向病兒，即誦啓請文。

仰啓觀世音菩薩，今有善男子善女人爲鬼病所惱，今欲禁呪療治，必須大驗。惟願觀世音菩薩化作大頭金剛，守捉奸邪，摧滅癡魅。心裏腹中，急爲搜捉；從頂至足，急須除攝。語本行病鬼，急須自縛，更莫勞吾心力，終與汝刀劍輪鉤，傷害汝急縛。

即作印訖，口云曳，即於高下撲。如不倒，即作嗔色。誦觀世音呪：南無佛陀耶，南無達摩耶，南無僧伽耶，喝囉怛那，怛那耶也，南無阿利耶，拔嚕揭帝攝，婆囉耶，菩提薩埵，摩訶菩提薩埵耶，摩訶迦嚕，尼迦曳，怛姪他，唵長引，哆唎哆利，咄哆唎，咄咄哆唎，咄利，莎婆訶。

至縛即休，然後勘當，即用火頭金剛呪打。南無悉陀耶，室氈吒，俱嚕勒乎反。陀，摩訶鉢囉，喝囉陀拔折毗咭囉，毗鄧朋寫耶蛇致囉，阿芻沙摩，喝囉陀吽吽煞以煞損鬼神，不須道煞一日，口云吽吽泮。誦以意多少即喚，病人勘當鬼姓名知已，即用觀世音隨心符。於病人心上及背上書訖，後誦解呪：南無那娑囉哆，那婆囉哆攝。其人未性。

即與誦尊勝呪，一切鬼神，悉皆歡喜，如法燒香，含水噀四角，發遣諸鬼神。若欲衆人樂見神力，即請四天王訖，即誦觀世音呪，一切皆得。

如衆人若欲樂向淨土，即行坐著，以水潠之，教前合掌合眼，至成然説呪，呪前人即到，自見種種諸佛及菩薩，即問其所見，悉皆總道。如人今欲得入定上坐著，一切禪法令總安心，然後與水噀訖，即呪不過七遍，悉皆總入定。欲得三日，兩日即莫縛至，三兩日後，杅小鍾三四下後即起定。作牛聲者，即是大乘定；作餘小聲者，即是小乘定。後底欲出入長得自由，同意者請傳，非同意者勿傳之。

其欲呪水，須受五帝龍入腹中法。於十五日平旦，從東方面向東想赤龍大開口，吸取龍相咽入腹，一咽三度叩齒，三牀吸氣即休。即向西南吸赤帝龍，一依前法。即面向西吸白帝龍，亦如前。即吸北方黑帝龍，亦如前。面向天吸黃帝龍，亦如前。於後忽爾用呪者，即把水梡（椀）〔五三〕，口云：東請東方青帝龍王入吾水，三度請，餘四帝一如前。

欲治人坐病人，著口含水，心作五色龍相，噀病人，自眼見五色龍覆此人。其人即自昏沈呪倒，即刀一口朾入地，即香爐度刀刃，後取前所禁水，右手把水，左手把刀，呪：其水在井名爲井水，其水在心名爲神水。噀不剛剛折，百鬼滅亡，人不復當，當吾者死，值吾者傷，急急如律令。口含水噀刀七度，然後手結印，朾刀刃，即誦禁刀呪：南無拔折伽，拔嚕吽吽，伽你伽你，純寧純寧，涕吒，娑婆訶。

誦七遍與香更度上下，即以手把刀刃向地卓土，然後誦孔雀王摧碎呪，左手把刀，右手把楊枝，以大母指恰無名指弟（第）一文〔五四〕，即使孔雀王呪。

吽吽吒吽吽吒吒卻吽吽達帝，達摩帝卻利吽吽卻吒，卻力力力力力力力力力，頭頭頭頭頭頭頭頭頭，留留留留留留留留留，吒卻力力力力力力力力力，金剛神杵朾，娑婆訶。

此呪生平日不須誦，損鬼神朾鬼，只誦三五遍。

此觀世音壇法，於淨室中取淨土深二尺已來，取戒斗和作泥，泥壇方圓隨意，不少作三層，一層開四門，門著踏道，以牛屎塗壇上。繞壇廿四口幡，六口須四天王幡，北面著觀世音像，中央及四門各著本方坐。四方門各著一口刀、兩隻箭，中央及四門各著一盤食，以蘇蜜和及五果子，著五盞燈，遶四邊畫五色龍及拔折羅羂杵，其杵形如是：。

然後常燒安悉香及熏陸香。入時常護淨，著內衣一對，觸一壹對，出入洗淨，所用飯食及油火等，皆解穢及觀世音呪，呪其像，誦滿七日已上，即行，及動放光，四角水瓶即轉。如有一切惡形狀，並不須畏，見觀世音菩薩即發願云：某乙今日受持此呪救衆生，願常爲加備，所印及禁刀法，并在壇中。用其於後，常須心中憶念觀世〔音〕菩薩〔五五〕，即無令暫忘。口不須多誦呪，有病人即誦，無病莫誦。如須誦即燒安悉香，取一椀水，以少許灰著水中，即以右手彈指三度，其呪即來，自身即微嗔。所有一切食等，皆供養呪神，然後自受用，自身亦不用共。女人多語笑，同行若有女人强問行者，莫應。

觀世音應現身與願陀羅尼

南無觀世音菩薩，怛姪他，吐囉伐哆，吐囉伐哆，伽呵哦哆，伽哦多，伽哦多，娑呵。

誦滿十二萬遍，即現其身，隨求必獲，作法須斷三日，燒衆香薰陸爲上。

呪水呪

婆帝天神，那羅帝吒娑訶。

若見死屍産生之處，皆不應往。若要去之時，當去即早還家。已用前呪，呪水七七遍用洗眼。若不如此，損呪師眼。

復次，若療諸邪病之者，以攝取邪病鬼神，神問取根原，然後療治。若杅鬼時，當稱云：　婁攝泮婁攝泮。

若急喚金剛，當稱：　羅睺羅睺。

若杅鬼時，即唱：　呵那呵那。

若燒鬼時，當稱：　陀陀呵。

若燒鬼使熱，當稱：　般般遮。

若拋鬼住，即唱：　般闍。

若放鬼時，當稱：　闍婆闍婆。

若切鬼時，即唱：　嗔陀嗔陀。

若切斷鬼時，即唱： 頻陀頻陀。

若棒鬼作塵者，即唱： 般羅摩他。

若縛鬼者，當唱： 摩他摩他。

若捉鬼時，即唱： 迄票嘘拏。

復次，若一切貓鬼野道，温瘦（疫）時氣[五六]，惡疰邪病，及以毒蟲蛇所螫病者，當與淨水呪之七遍，以桃杖攪水，以桃杖更杖，呪之即差。

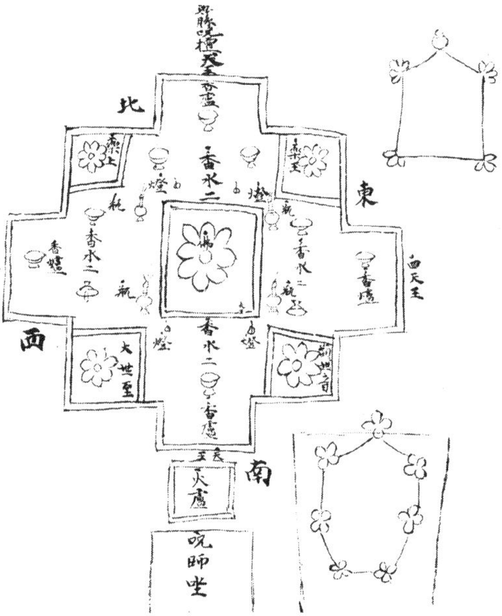

## 説明

此件首尾完整，首題『觀世音菩薩符印一卷』，卷中有朱筆句讀和章節符號，『世』字缺筆。其内容包括啓請文及『千手千眼大悲心陀羅尼咒』『日光菩薩呪』『月光菩薩呪』『千手千眼身呪』『觀世音菩薩如意輪陀羅尼章句呪』『佛頂尊勝陀羅尼神呪』『金剛童子心呪』『六臂童子呪』等二十餘種經呪。符印有洗眼符、難産符、金剛童子隨心印、都護身命益算符、觀音菩薩印、玉女奉佛印等二十餘道。符印之後有觀世音治病法，還有觀世音菩薩隨心符、禁刀呪、觀世音菩薩壇法、觀世音應現身與願陀羅尼等。後兩種壇法還畫出草圖。綜觀全文，此件爲觀音符印呪集，以種種經呪和符印壇法，請觀世音菩薩鎮魔驅病，延命佑福（參看張總《説不盡的觀世音：引經、據典、圖説》，一七九頁）。卷中的諸種符印，雖冠以佛教之名，而其印文卻係道符形式，或直接取自道教法印，或模仿道教法印繪製而成（參看王育成《道教法印令牌探奥》，四二頁）。

除此件之外，敦煌文獻中所存《觀世音菩薩符印》還有伯二六〇二背。二者題名相同，然内容上除了開頭啓請文基本相同之外，其後所抄經呪和符印内容則差異甚大。

此件後另紙抄有『大悲壇法别行本』和『小睡陀羅尼』，筆跡與此件不同。

此件《英藏敦煌文獻》未收，因其具有佛教行事文性質，故予增收。

## 校記

〔一〕『刀』，當作『忉』，據文義改，『刀』爲『忉』之借字。

〔二〕「作」，據文義補；「護」，據伯二六〇二背《觀世音菩薩符印》及文義補。
〔三〕「扭南方閻浮提大魔」，據文義補。
〔四〕「師」，據文義補，按底本「請」與「子」間留有一字空白。
〔五〕「罷」，當作「羂」，據伯二六〇二背《觀世音菩薩符印》及文義改。
〔六〕「朗」，當作「浪」，據文義改，「朗」爲「浪」之借字。
〔七〕「七」，據伯二六〇二背《觀世音菩薩符印》及文義補。
〔八〕「急」，據伯二六〇二背《觀世音菩薩符印》及文義補。
〔九〕「罷」，當作「羂」，據伯二六〇二背《觀世音菩薩符印》及文義改。
〔一〇〕「領」，據伯二六〇二背《觀世音菩薩符印》及文義補；「神」，據文義補。
〔一一〕「神」，據文義補；「持」，據伯二六〇二背《觀世音菩薩符印》及文義補。
〔一二〕「領」，據伯二六〇二背《觀世音菩薩符印》及文義補。
〔一三〕「刀」，當作「忉」，據文義改，「刀」爲「忉」之借字。
〔一四〕第二個「帝」，據伯二六〇二背《觀世音菩薩符印》及文義，應係衍文，當删。
〔一五〕「中」，據伯二六〇二背《觀世音菩薩符印》及文例補。
〔一六〕「赤」，據文義補。
〔一七〕「以」，當作「已」，據伯二六〇二背《觀世音菩薩符印》及文義改，「以」爲「已」之借字。
〔一八〕「謹」，當作「請」，據伯二六〇二背《觀世音菩薩符印》及文義改。
〔一九〕「界」，當作「里」，據伯二六〇二背《觀世音菩薩符印》及文義改；「王」，據伯二六〇二背《觀世音菩薩符印》及文義係衍文，當删。

〔二〇〕底本原有兩個「此」字，一在行末，一在次行行首，此爲當時的一種抄寫習慣，可以稱爲「提行添字例」，第二個「此」字應不讀，故未録。

〔二一〕「刀」，當作「忉」，據文義改，「刀」爲「忉」之借字。

〔二二〕「精」，當作「積」，據文義改，「精」爲「積」之借字。

〔二三〕「並」，當作「北」，據伯二六〇二背《觀世音菩薩符印》及文義改。

〔二四〕「上」，據伯二六〇二背《觀世音菩薩符印》及文義補。

〔二五〕「但」，當作「怛」，據文義改。

〔二六〕「但」，當作「怛」，據文義改。

〔二七〕「但」，當作「怛」，據文義改。

〔二八〕「但」，當作「怛」，據文義改。

〔二九〕「喝」，當作「訶」，據文義改，「喝」爲「訶」之借字。

〔三〇〕「反」，當作「矩」，據文義改；「矩」，當作「反」，據文義改。

〔三一〕「仁」，當作「人」，據文義改，「仁」爲「人」之借字。

〔三二〕「菩」，當作「薩」，據文義改。

〔三三〕「率」，當作「帥」，據文義改，「率」爲「帥」之借字。

〔三四〕「益」，當作「忿」，據文義改。

〔三五〕「九」，據文義補。

〔三六〕「廿二」，據文義補。

〔三七〕「又」，當作「叉」，據文義改。

〔三八〕「蜜」，當作「密」，據文義改，「蜜」爲「密」之借字。
〔三九〕「憂」，當作「優」，據文義改，「憂」爲「優」之借字。
〔四〇〕「憂」，當作「優」，據文義改，「憂」爲「優」之借字。
〔四一〕「魏」，當作「僞」，據文義改，「魏」爲「僞」之借字。
〔四二〕「雍」，當作「擁」，據文義改，「雍」爲「擁」之借字。
〔四三〕「茶」，當作「荼」，據文義改。
〔四四〕「摩」，當作「魔」，據文義改，「摩」爲「魔」之借字。
〔四五〕「弟」，當作「第」，據文義改，「弟」爲「第」之本字。
〔四六〕「懺」，當作「讖」，據文義改。
〔四七〕「尞」，當作「繚」，據文義改，「尞」爲「繚」之借字。
〔四八〕「於」，當作「依」，據文義改，「於」爲「依」之借字。
〔四九〕「自」，當作「白」，據文義改。
〔五〇〕「立」，當作「粒」，據文義改，「立」爲「粒」之借字。
〔五一〕「茶」，當作「荼」，據文義改。
〔五二〕「董」，當作「薰」，據文義改。
〔五三〕「棕」，當作「椀」，據文義改。
〔五四〕「弟」，當作「第」，據文義改，「弟」爲「第」之本字。
〔五五〕「音」，據文義補。
〔五六〕「瘦」，當作「疫」，據文義改。

## 參考文獻

*Descriptive Catalogue of the Chinese Manuscripts from Tunhuang in the British Museum*, The Trustees of the British Museum, London 1957, p. 206（録）；《敦煌寶藏》二〇册，臺北：新文豐出版公司，一九八一年，二二六至二四四頁（圖）；《講座敦煌》7《敦煌と中國佛教》，東京：大東出版社，一九八四年，一四八至一五〇頁；《敦煌古俗與民俗流變》，南京：河海大學出版社，一九八九年，一八四至一九三頁；《道教星斗符印與佛教密宗》，臺北：新文豐出版公司，一九九三年，一九五頁；《道教與密宗》，臺北：新文豐出版公司，一九九三年，一八七頁；《道教術儀與密教典籍》，臺北：新文豐出版公司，一九九四年，四五九至四六四頁；《中國密教史》，北京：中國社會科學出版社，一九九五年，三七一頁；《道教法印令牌探奥》，北京：宗教文化出版社，二〇〇〇年，四二頁；《中國社會科學院歷史研究所集刊》一集，北京：社會科學文獻出版社，二〇〇一年，四五九頁；《魏晉南北朝史論集續編》，北京大學出版社，二〇〇一年，三一一頁；《説不盡的觀世音：引經、據典、圖説》，上海辭書出版社，二〇〇二年，一七九頁；《文史》六三輯，北京：中華書局，二〇〇三年，一六〇頁；《敦煌道教文獻研究：綜述·目録·索引》，北京：中國社會科學出版社，二〇〇四年，六一頁。

# 斯二四九八　二　大悲壇法別行本

## 釋文

大悲壇法別行本

謹案漢蕃《大悲千眼千臂經》云〔一〕：凡作曼荼羅法者〔二〕，依其寺中，或於山中，或於流泉，或於林間，如是等淨處，深一肘已來，縱廣八肘地。并須生起，揀擇株杌，惡穢土、草、塼石〔三〕、瓦礫、骨、石等，并須除去。然後取好淨土，填治平政（整）〔四〕，以淨瞿摩夷、淨黄土、香水和泥塗地，八肘内，當分作五分曼荼羅。若於如意法，高一尺二寸，最初中心一分，縱廣三肘已來，成其一分，又更中心縱廣二肘方作，當中畫一寶輪，具足一百八輻，依輪中心畫寶蓮花開敷，具三十二葉，大小一肘。

依輪四面畫光艷（焰）〔五〕，每花葉上畫一如意寶珠，畫光炎〔六〕，依壇中心置一白檀，造成大悲觀世音菩薩像。

從心第二院廣一肘，四角内先畫開敷蓮花各一，花上各畫須彌坐三層〔七〕，東北角坐上（畫）大自在天神〔八〕，東南〔角〕坐畫大威德天神〔九〕，西南角坐畫大梵天王，西北角坐畫天帝釋。四面各畫大寶蓮花，花鬘具十六。

又從内弟（第）三院廣二肘[一〇]，繞作之地，純作青色，金繩解（界）道[一一]。

又從内弟（第）四院廣一肘，繞作之四面，分二十八分，每分内各畫開敷蓮花一朵，花上次弟（第）各畫金剛杵印、三鈷戟印、鉞斧印[一二]、刀印、劍印、蠡印、如意珠印、寶棒印、毗那耶迦印、軍器印、輪印、手印、腳印，而（如）上諸印[一三]，各畫光焰。即此第四院，南門分内畫須炎摩天王，四（西）門分内畫水神[一四]，北門分内畫俱毗羅神，東門分内畫天童子。四角四天大王，依位次弟（第），并諸侍從、鬼神、醜客[一五]。

又最外第五院廣繞一肘，内四面畫花樹、果樹、寶樹等，種種具足。又四角各畫寶須彌山，四面畫四大海水，壇地内外並作青色。仍於内外院西南隅各開呪師出入一門。壇中心千眼像，面東安置，像前置案，案上《千眼大悲經》一部。用杭（梼）檀香水器一十六枚[一六]，種種飲食，蘇（酥）[一七]、麨、飯三種白食，及諸雜果子等，滿置二十五器[一八]，香水一斗[一九]，水椀二十五枚[二〇]，及諸綵色花，果樹鮮淨，嚴飾燈廿八盞，菩薩幡及鵲綵幡等圍繞，懸二十五行。所要瓶盞器物，并用金銀銅作之，若無真者，假作亦得。如是内外四面，依法排合。

又更將施幢傘、寶蓋、幡花、稻花、白芥子，及諸雜花，散於壇内。如上飲食[二一]、香花，日别香鮮，新造飲食供養。呪師出入時，日别三時洗淨，以香塗身，著新淨衣，食三種白食，焚沈水栴檀等香〔二二〕，日别三入壇。第三院内，千眼千臂大悲像前，自發大悲菩薩三種大誓願，晝夜在壇外西門面東蹋跪坐，日别誦《姥陀羅尼》一千八遍，勿令斷絶。經廿一日，莫生勞惓散亂之意〔二三〕。又更日别六時，從壇西南入第三院西門立，前所授第一印、第二乃〔二四〕、第廿啓請佛禪定印等，誦《大身真言》各七遍，餘者本中廣説。新造飯廿一分、刀四口、箭鏡四面。

壇法一卷〔二五〕

## 説明

此件《英藏敦煌文獻》未收，因其具有佛教行事文性質，故予增收。

## 校記

〔一〕『案』，《敦煌密教文獻論稿》釋作『按』，誤。
〔二〕『凡』，《敦煌密教文獻論稿》釋作『九』，誤。
〔三〕『塼石』，《敦煌密教文獻論稿》漏録。
〔四〕『政』，當作『整』，《敦煌密教文獻論稿》據文義校改，『政』爲『整』之借字。
〔五〕『艷』，當作『焰』，《敦煌密教文獻論稿》據文義校改，『艷』爲『焰』之借字。
〔六〕『炎』，《敦煌密教文獻論稿》校改作『焰』，按『炎』義可通，不煩改。

〔七〕「坐」，《敦煌密教文獻論稿》釋作「座」，「坐」通「座」。

〔八〕「上」，當作「晝」，據文義改。

〔九〕「角」，據文義補。

〔一〇〕「弟」，當作「第」，據文義改，《敦煌密教文獻論稿》逕釋作「第」，「弟」爲「第」之本字。以下同，不另出校。

〔一一〕「解」，當作「界」，《敦煌密教文獻論稿》據文義校改，「解」爲「界」之借字。

〔一二〕「釴」，《敦煌密教文獻論稿》釋作「鉞」，誤。

〔一三〕「而」，當作「如」，《敦煌密教文獻論稿》據文義校改，「而」爲「如」之借字。

〔一四〕「四」，當作「西」，《敦煌密教文獻論稿》據文義校改。

〔一五〕「客」，《敦煌密教文獻論稿》釋作「容」，誤。

〔一六〕「杭」，當作「栴」，據文義改，《敦煌密教文獻論稿》逕釋作「栴」。

〔一七〕「蘇」，當作「酥」，《敦煌密教文獻論稿》據文義校改，「蘇」爲「酥」之借字。

〔一八〕「五」，《敦煌密教文獻論稿》釋作「五枚」，誤。

〔一九〕「斗」，《敦煌密教文獻論稿》釋作「升」，誤。

〔二〇〕「水椀」，《敦煌密教文獻論稿》釋作「木碗」，誤。

〔二一〕「飲」，《敦煌密教文獻論稿》釋作「妙」，誤。

〔二二〕「栴」，《敦煌密教文獻論稿》釋作「旃」，誤。

〔二三〕「惓」，《敦煌密教文獻論稿》釋作「恍」，誤。

〔二四〕「乃」，《敦煌密教文獻論稿》疑其後脱一字，並將脱字校補作「至」，同時將此句斷入下句。

〔二五〕此句《敦煌密教文獻論稿》漏録。

## 參考文獻

*Descriptive Catalogue of the Chinese Manuscripts from Tunhuang in the British Museum*, The Trustees of the British Museum, London 1957, p. 206（録）；《敦煌寶藏》二〇册，臺北：新文豐出版公司，一九八一年，二四三至二四四頁（圖）；《説不盡的觀世音：引經、據典、圖説》，上海辭書出版社，二〇〇二年，一七九頁；《敦煌密教文獻論稿》，北京：人民文學出版社，二〇〇三年，八九至九一（録）、一六七、二九九至三〇三、三一四至三一五頁；《敦煌道教文獻研究：綜述·目録·索引》，北京：中國社會科學出版社，二〇〇四年，六一頁。

# 斯二四九八　三　小睡陀羅尼

## 釋文

小睡陀羅尼

怛侄他，伊底，弭底，只底，毗那羯底，波陀耻。

右坐中多睡時，佛前至心誦七遍，便即少睡。

## 説明

此件《英藏敦煌文獻》未收，因其具有佛教行事文性質，故予增收。

## 參考文獻

《敦煌寶藏》二〇册，臺北：新文豐出版公司，一九八一年，二四四頁（圖）。

## 斯二五〇〇　　菩薩戒本疏卷下題記

### 釋文

天〔寶〕十四載[一]，寫及聽於此戒門。是真出世處，行目作立。沙門談幽記。敦煌人也。

### 説明

此件《英藏敦煌文獻》未收，現予增收。

### 校記

〔一〕『寶』，*Descriptive Catalogue of the Chinese Manuscripts from Tunhuang in the British Museum* 據文義校補。

### 參考文獻

*Descriptive Catalogue of the Chinese Manuscripts from Tunhuang in the British Museum*, The Trustees of the British Museum, Lon-

don 1957, p. 175（録）；《敦煌寶藏》二〇册，臺北：新文豐出版公司，一九八一年，二八五頁（圖）；《敦煌學輯刊》一九八八年一、二期，八〇頁；《中國古代寫本識語集録》，東京大學東洋文化研究所，一九九〇年，三〇三頁（録）；《敦煌遺書總目索引新編》，北京：中華書局，二〇〇〇年，七六頁（録）。

# 斯二五〇二　仁王護國般若波羅蜜經疏題記

## 釋文

開皇十九年六月二日抄寫訖。

## 説明

此件《英藏敦煌文獻》未收，現予增收。

## 參考文獻

*Descriptive Catalogue of the Chinese Manuscripts from Tunhuang in the British Museum*, The Trustees of the British Museum, London 1957, p. 170（録）；《鳴沙餘韻·解説篇》一部，京都：臨川書店，一九八〇年，九二頁（録）；《敦煌寶藏》二〇册，臺北：新文豐出版公司，一九八一年，二九四頁（圖）；《敦煌學要籥》，臺北：新文豐出版公司，一九八二年，六九頁（録）；《敦煌遺書總目索引》，北京：中華書局，一九八三年，一五九頁（録）；《中國古代寫本識語集録》，東京大學東洋文化研究所，一九九〇年，一五二頁（録）；《敦煌遺書總目索引新編》，北京：中華書局，二〇〇〇年，七六頁（録）。

# 斯二五〇三　讚禪門詩一首

## 釋文

讚禪門詩一首

丈六誰（垂）跡三世欽〔一〕，菩提理絶去來今。欲昇彼岸無學道〔二〕，一切都緣草（早）計心〔三〕。

丁卯年二月廿三日沙彌明慧記〔四〕。

## 説明

此件抄於《大乘無生方便門》中題前空白處，首題「讚禪門詩一首」，詩末有題記「丁卯年二月廿三日沙彌明慧記」。池田温認爲「丁卯年」係吐蕃管轄敦煌時期的公元八四七年（參見《中國古代寫本識語集録》，三四八頁）。

## 校記

〔一〕「誰」，當作「垂」，據文義改，「誰」爲「垂」之借字，《敦煌詩集殘卷輯考》校改作「雄」，《敦煌學要籥》釋作

「雄」，誤。

〔二〕「昇」，《敦煌遺書總目索引》釋作「升」，雖義可通而字誤。

〔三〕「草」，當作「早」，《敦煌詩集殘卷輯考》據文義校改；「計」，《敦煌學要籥》釋作「繫」，誤。

〔四〕「二」，《敦煌遺書總目索引》《敦煌遺書總目索引新編》釋作「三」，誤。

## 參考文獻

*Descriptive Catalogue of the Chinese Manuscripts from Tunhuang in the British Museum*, The Trustees of the British Museum, London 1957, p. 187（録）；《敦煌寶藏》二〇册，臺北：新文豐出版公司，一九八一年，三〇二頁（圖）；《敦煌學要籥》，臺北：新文豐出版公司，一九八二年，七九頁（録）；《敦煌遺書總目索引》，北京：中華書局，一九八三年，一五九頁（録）；《中國古代寫本識語集録》，東京大學東洋文化研究所，一九九〇年，三四八頁（録）；《英藏敦煌文獻》四卷，成都：四川人民出版社，一九九一年，八八頁（圖）；《敦煌遺書總目索引新編》，北京：中華書局，二〇〇〇年，七六頁（録）；《敦煌詩集殘卷輯考》，北京：中華書局，二〇〇〇年，八六九頁（録）；《敦煌石窟僧詩校釋》，香港和平圖書出版有限公司，二〇〇二年，一八一至一八二頁（録）。

# 伯二八一〇A＋斯二五〇六A＋伯四〇七三＋伯二八一〇B　文子（卷九下德）

## 釋文

（前缺）

人〔一〕。地之生財，大本不過五行，聖人節五行，則治不荒〔二〕。老子曰：衡之於左右，無私輕重，故可以爲平。繩之於外内〔三〕，無私曲直，故可以爲正。人主之〔於〕法〔四〕，無私好憎，故可以爲令。德無所立，怨無所藏，是任道而合人心者也。故爲治者，知不與焉。水戾破舟，木擊折軸，不怨木石，而非巧拙者〔五〕，知故不載也〔六〕。故道有知則亂〔七〕，德有心則險，心有目則眩〔八〕。夫權衡規矩，一定而不易，常一而不邪，方行而不員〔九〕，一日形之，萬世傳之，無爲爲之也〔一〇〕。

人之言曰：『國有亡主，世無亡道，人有窮〔困〕〔一一〕，而理無不通。』故無爲者，道之宗也。得道之宗，并應無窮。故不因道理之數，而傳（專）己之能〔一二〕，其窮不遠矣〔一三〕。君人者〔一四〕，不出户以知天下者，因物以識物〔一五〕，因人以知人也〔一六〕。

故積力之所舉〔一七〕，則無不勝也〔一八〕；衆知之所爲〔一九〕，則無不成也〔二〇〕。千人之衆無絶糧，萬人之群無廢功。工無異伎，士不兼官〔二一〕，各守其職，不得相干，人得所宜，物得所安，是以器械不惡〔二二〕，而職事不寧也〔二三〕。夫責少易償也〔二四〕，職寡易守也，任輕易勸也。上操約少之分，下效易爲之功，是以君臣久久而不相厭也〔二五〕。

老子曰：帝者體太一，王者法陰陽，霸者則四時〔二六〕，君者用六律〔二七〕。體太一者〔二八〕，明於天地之情，通於道德之論（倫）〔二九〕，聰明照〔於〕日月〔三〇〕，精神〔通〕於萬物〔三一〕，動靜調受陰陽〔三二〕，喜怒和受四時〔三三〕，覆露皆導〔三四〕，溥洽而無私，蜎飛蠕動，莫不仰德而生〔三五〕，德施方外〔三六〕，名聲傳於後世〔三七〕。法陰陽者，承天地之和，德與天地參，明與日月並〔三八〕，精與鬼神總〔三九〕，戴圓履方，抱表寢繩，内服（能）治身〔四〇〕，外得人心，發號施令，天下從風。則四時者，春生夏長，秋收冬藏，取與（下缺）

## 説明

此卷首尾均缺，所存内容係《文子》卷九《下德》的一部分。其中第一部分自『心有目則眩』至『因物以識』爲斯二五〇六A；第二部分自『足者』至『明可』爲斯二五〇六B。底本兩片之間有明顯的粘貼痕跡，實際上斯二五〇六B的内容在斯二五〇六A之前。斯二五〇六A、斯二五〇六B與伯二八一〇A、伯二八一〇B、伯四〇七三、伯二三八〇的筆跡紙質相同，爲同一抄本的六件殘片。因後人將已斷裂爲數截的《文子》重新粘貼，於背面抄寫唐代編年史書，而致正面文字次序錯亂。現存六殘片依次排列，中間四片文字連續，可直接綴合，其中斯二五〇六B與伯二八一〇A之間、伯二八一〇B與伯二三八〇之間有大段缺文，不可拼接。以上各件的排列順序是：斯二五〇六B→伯二八一〇A+斯二五〇六A+伯四〇七三+伯二八一〇B→伯二三八〇。其中伯二三八〇存有題記『大唐開元廿七年二月一日，開元聖文神武皇帝上爲宗廟，下爲蒼生，内出錢七千貫敬寫』，並注有初校、再校、三校道士的名字。

朱大星認爲此件避『世』字諱，而不避『治』字諱，其抄寫年代的上限應止於唐太宗時（參見《試論敦煌本〈文子〉諸寫本之寫作時代及其價值》，《文獻》二〇〇一年二期，二〇八頁）；王卡認爲此件『世』『民』均缺筆避諱，當係唐玄宗開元年間勅修《一切道經》中的正式抄本（參見《敦煌道教文獻研究：綜述·目録·索引》，一八五頁）。朱大星通過對敦煌本《文子》與竹簡本、今本等各版本的考察，指出三種版本的關係非常密切；敦煌本是後人篡改的産物，但有竹簡本的痕跡，是由竹簡本向今本演變的過渡本（參見《〈文子〉敦煌本與竹簡本、今本關係考論》，《敦煌研究》二〇〇三年二期，六二頁）。

以上釋文以伯二八一〇A+斯二五〇六A+伯四〇七三+伯二八一〇B爲底本，用《文子疏義》（北京：中華書局，二〇〇〇年，四一三至四二七頁）（稱其爲甲本）參校。

## 校記

〔一〕伯二八一〇A始於此字。

〔二〕「則」，甲本作「即」。
〔三〕「外内」，甲本作「内外」。
〔四〕「於」，據甲本補。
〔五〕「非」，甲本作「罪」。
〔六〕「知」，甲本作「智」；「故」，甲本無，據文義係衍文，當删。
〔七〕「知」，甲本作「智」。
〔八〕「目」，甲本作「眼」。斯二五〇六A始於此句。
〔九〕「員」，甲本作「留」。
〔一〇〕「爲之」，甲本作「之爲」。
〔一一〕「困」，《敦煌寫本〈文子〉殘卷校證》據文義校補。
〔一二〕「傳」，當作「專」，據甲本改。
〔一三〕「矣」，甲本作「也」。
〔一四〕「君人」，甲本作「夫人君」。
〔一五〕「物」，據殘筆劃及甲本補。伯四〇七三始於此句。
〔一六〕「因人以知人」，據殘筆劃及甲本補；「也」，甲本無，據殘筆劃補。
〔一七〕「故積力之所舉」，據殘筆劃及甲本補。
〔一八〕「則」，據殘筆劃及文義補，甲本作「即」；「無不勝」，據殘筆劃及甲本補。
〔一九〕「知」，甲本作「智」。
〔二〇〕「則」，甲本作「即」。

〔二一〕「不」，甲本作「無」。
〔二二〕「不惡」，據殘筆劃及甲本補。
〔二三〕「寧」，甲本作「慢」。
〔二四〕「責」，甲本作「債」，均可通。
〔二五〕第二個「久」，據甲本及文義係衍文，當删。
〔二六〕「時」，伯二八一〇B始於此字。
〔二七〕「君者用」，據殘筆劃及甲本補；「律」，據殘筆劃及甲本補。
〔二八〕「體」，據殘筆劃及甲本補。
〔二九〕「論」，當作「倫」，據甲本改，「論」爲「倫」之借字。
〔三〇〕「於」，據甲本補。
〔三一〕「通」，據甲本補。
〔三二〕「受」，甲本作「於」。
〔三三〕「受」，甲本作「於」。
〔三四〕「導」，甲本作「道」。
〔三五〕「仰」，甲本作「依」。
〔三六〕「施」，甲本作「流」。
〔三七〕「於」，甲本作「乎」。
〔三八〕「明」，甲本作「光明」；「並」，甲本作「並照」。
〔三九〕「精」，甲本作「精神」；「總」，甲本作「齊靈」。

〔四〇〕『服』，當作『能』，據甲本改；『治』，甲本作『理』，係避唐高宗李治諱所改。

## 參考文獻

《敦煌寶藏》二〇册，臺北：新文豐出版公司，一九八一年，三二五頁（圖）；《敦煌寶藏》一二〇册，一九八五年，八九頁（圖）；《敦煌寶藏》一二四册，一九八五年，二八五至二八六頁（圖）；《敦煌寶藏》一三三册，一九八六年，五一頁（圖）；《英藏敦煌文獻》四卷，成都：四川人民出版社，一九九一年，八九頁（圖）；《法藏敦煌西域文獻》一三册，上海古籍出版社，二〇〇〇年，八六頁（圖）；《法藏敦煌西域文獻》一八册，上海古籍出版社，二〇〇一年，三四六頁（圖）；《文獻》二〇〇一年二期，二〇二至二一一頁；《敦煌研究》二〇〇一年四期，一二八頁（録）；《文史》五七輯，北京：中華書局，二〇〇一年，一四〇至一四三頁；《敦煌研究》二〇〇三年二期，六二頁；《敦煌研究》二〇〇四年六期，一〇五頁；《敦煌道教文獻研究：綜述·目録·索引》，北京：中國社會科學出版社，二〇〇四年，二四、一八五頁；《法藏敦煌西域文獻》三一册，二〇〇五年，八五頁（圖）；《敦煌學輯刊》二〇〇七年二期，一六八至一六九頁。

## 斯二五〇六B　文子（卷九下德）

### 釋文

（前缺）

足者，因其所有而并用之也[一]。

末世之法，高爲量而罪不及[二]，重爲任而罰不勝[三]，危爲難而誅不敢[四]。民困於三責，即飾知而詐上[五]，犯禁而行免[六]，惟峻法嚴刑[七]，不能禁止姦[八]。獸窮則䶩[九]，鳥窮則啄[一〇]，人窮則詐[一一]，此之謂也。

老子曰：雷霆之聲，可以鍾鼓象也[一二]；風雨之變，可以音律知也。大可睹者，可得而量也；明可（下缺）

### 説明

此件首尾均缺，其與斯二五〇六A及相關寫本的關係，請參看斯二五〇六A之『説明』。

以上釋文以斯二五〇六B爲底本，用《文子疏義》（北京：中華書局，二〇〇〇年，四〇三至四一二頁）（稱其爲甲本）參校。

## 校記

〔一〕「也」，甲本無。
〔二〕「及」，甲本作「及也」。
〔三〕「勝」，甲本作「勝也」。
〔四〕「難」，甲本作「其難」；「敢」，甲本作「敢也」。
〔五〕「知」，甲本作「智」。
〔六〕「禁」，甲本作「邪」；「免」，甲本作「危」。
〔七〕「惟」，甲本作「雖」。
〔八〕「止」，甲本作「其」。
〔九〕「則罌」，甲本作「即觸」。
〔一〇〕「則」，甲本作「即」。
〔一一〕「則」，甲本作「即」。
〔一二〕「鍾」，甲本作「鐘」。

## 參考文獻

《敦煌寶藏》二〇册，臺北：新文豐出版公司，一九八一年，三二五頁（圖）；《英藏敦煌文獻》四卷，成都：四川人民出版社，一九九一年，八九頁（圖）；《文獻》二〇〇一年二期，二〇七頁；《敦煌研究》二〇〇一年四期，一二三至一二八頁；《文史》五七輯，一四三至一四四頁；《敦煌研究》二〇〇三年二期，六〇頁；《敦煌道教文獻研究：綜述・目録・索引》，北京：中國社會科學出版社，二〇〇四年，二四、一八五頁。

# 斯二五〇六背+伯二八一〇A背+伯二八一〇B背+伯四〇七三+伯二三八〇背　失名史書（開元九年至貞元四年大事紀）

## 釋文

（前缺）

敕置團兵教試[一]。

九年五（？）月點[二]，六月十一日破六胡州[三]。十一月一日天下大赦。壬戌水[四]。

開元十年癸亥水[五]

正月十五日駕幸東京。九月二日權梁山反。

開元十一年甲子金[六]

正月駕幸并州，便還京。改并州爲太原府。下王皇后爲庶人[七]。二月六日拜南郊[八]，天下太（大）赦[九]。

十二年乙丑金[一〇]

十月廿三日駕幸東京[一一]。

十三年丙寅火〔一二〕

五月十五日劉五郎反。

十五年戊辰木〔一三〕

五月十九日岐王卒〔一四〕。閏九月十三日駕幸還京〔一五〕。

十六年己巳木〔一六〕

五月二日造興慶宮花萼樓。

十七年庚午土〔一七〕

改洛州東都都督府〔一八〕。十一月二日拜五陵〔一九〕，大赦天下。

開元十九年壬申金〔二〇〕

正月駕幸東都。

廿年

十月幸北都，便還京，并后土〔二一〕。

廿二年乙亥〔二二〕

正月五日駕幸東都。二月十三日地動，從秦州至潼關，秦州數日樹木不定〔二三〕。

廿三年丙子水〔二四〕

五月四日劉志成（誠）反〔二五〕。

廿四年丁丑水〔二六〕

十月駕幸還京，更不出〔二七〕。

開元廿五年戊寅土〔二八〕

十二月七日武妃卒。

廿六年辛卯土〔二九〕

正月六日拜春壇〔三〇〕，大赦天下。七月二日册皇太子。

廿七年庚辰金〔三一〕

二月七日册尊號〔三二〕，大赦天下。

廿八年辛巳金〔三三〕

七月十八日出慈敏和尚隨州〔三四〕。

廿九年壬午木〔三五〕

十月邠王卒〔三六〕。十一月廿四日寧王卒〔三七〕，册爲讓〔三八〕。

卌年癸未木〔三九〕

正月一日改天寶元年。二月十一日册尊號。廿日拜南郊。改州爲郡，大赦天下。

天寶二年

正月一日改年爲載〔四〇〕。

三載乙酉水〔四一〕

十一月廿五日拜九宫壇〔四二〕，大赦云云〔四三〕。

四載丙戌土〔四四〕

公主入奚和親。

五載丁亥土〔四五〕

六月南國進犀牛、白象，崑崙王自來拜。

六載戊子火〔四六〕

正月十二日拜南郊。

七載

五月十三日册尊號〔四七〕，駕幸温湯〔四八〕。

八載

六月册尊號〔四九〕，度僧尼十二萬人，大赦云云〔五〇〕。

九載辛卯木〔五一〕

五月七日，崑崙進犀牛。

十一載

四月九日王鉷〔五二〕、邢宰反〔五三〕。

十二載甲午金〔五四〕

十月七日修興慶宮，白米一斗一百文。

十三載乙未金〔五五〕

二月九日册尊號〔五六〕。三月廿七日煞阿布思〔五七〕。大雨四個月不休，墻倒盡。

十四載丙午火〔五八〕

十月四日安禄山范陽反〔五九〕。十一月三日太原府録事楊造及告安禄山〔六〇〕。

十二月十三日禄山兵馬收東京，十四日禄山入東京城。

十五載丁酉火〔六一〕

六月十三日駕幸蜀川〔六二〕。行至金城縣〔六三〕，煞楊國忠、太真妃。皇太子從靈州起義師〔六四〕。七月一日改爲至德元年〔六五〕。

肅宗〔六六〕

孝義皇帝與郭子儀〔六七〕，十月廿三日，皇帝收入京城〔六八〕。十二月八日上皇入京城。

至德二年戊戌木〔六九〕

冬，元帥郭子儀領十道節度兵馬圍相州城。

至德三年己亥木〔七〇〕

正月五日册尊號〔七一〕。至秋送上皇興慶宮〔七二〕，留半仗舊衛〔七三〕。四月十四日拜南郊。七月廿七日公主和蕃迴鶻。二月五日改乾元元年。

乾元二年庚子土〔七四〕

正月十日拜九宫壇。十二日煞史思明、安慶緒等，總斬了。諸將分河北五軍。

三月米踴貴〔七五〕，斛至十五千。

三年辛丑土〔七六〕

四月十九日改上元元年〔七七〕，鑄乾重（元）元（重）寶〔七八〕，新一文折五十文〔七九〕，米一斗十千文〔八〇〕，麵一斗七千文〔八一〕，絹一疋廿千文，布一端七千文。

上元二年壬寅金〔八二〕

七月一日巳時〔八三〕，日蝕，暗無星。減新卅用，少者十文〔八四〕。改爲二年。十一月三年爲建子月〔八五〕，爲歲。四月五日上皇崩，葬奉先泰陵〔八六〕，十八日孝義皇帝崩〔八七〕，葬醴泉，號建陵。七月一日人定時北方赤光數道〔八八〕，合國人總見〔八九〕。九月二日黄河清〔九〇〕，外國進璧玉〔九一〕。大臣李輔國拜爲亞父。

代宗〔九二〕

寶應二年癸卯金

七月十二日改廣德元年〔九三〕。

二年甲辰〔九四〕

正月一日改永泰元年。九月十七日，吐番到醴泉縣[九五]、到京城。大行皇帝幸陝州[九六]。吐番立廣武王爲帝[九七]。

永泰二年乙巳[九八]

十一月十二日改大曆元年。

二年丙午水[九九]

羌賊南山谷谷高玉爲主[一〇〇]。

大曆三年丁未水[一〇一]

三月搜得羌賊主駱駝[一〇二]，上入會昌寺。

四年

禾被雨淋死盡[一〇三]。

大曆五年戊申土[一〇四]

三月米一斗八百文[一〇五]，麵五斗五百文[一〇六]，絹一疋十千文[一〇七]，布一端五千文。

十二月十八日大雪[一〇八]，下至七（六）年正月猶深五尺已上[一〇九]。

七年庚戌金[一一〇]

二月十二日天上下灰[一一一]。五月五日册尊號[一一二]。

十年壬子[一一三]

三月天火燒莊嚴寺浮圖〔一一四〕。

十一年甲寅水〔一一五〕

十二月敕改天下斗秤〔一一六〕。

十四年戊午火〔一一七〕

五月廿一日〔一一八〕，大行皇帝崩〔一一九〕，葬富平縣黃堆山〔一二〇〕，號光（元）陵〔一二一〕。

德宗〔一二二〕

大曆十五年戊午〔一二三〕

正月五日拜南郊〔一二四〕，同日御丹鳳樓，改建中元年〔一二五〕。四月四日夜半地動〔一二六〕。

五月、六月□□〔一二七〕，□子不熟。

二年己未火〔一二八〕

正月十三日，忻（成）代（德）節度李寶臣卒〔一二九〕。

四年辛酉木〔一三〇〕

十月二日駕幸奉天縣〔一三一〕，朱泚反。姚令言同謀〔一三二〕。正月一日改興元元年。二月廿日駕幸南梁州〔一三三〕。五月廿八日李晟、駱元光、尚可孤同收長安城，煞逆賊朱泚等〔一三四〕。六月天下蝗蟲大下〔一三五〕。七月十三日駕從梁（彊）彊（梁）還長安〔一三六〕。

興元二年壬戌水〔一三七〕

正月五日改貞元元年〔一三八〕。八月十二日斬李懷光〔一三九〕。遂（燧）收河中城〔一四〇〕。

十一月十一日拜南郊〔一四一〕，亥時八節度又入朝同大禮〔一四二〕。

貞元二年癸亥水〔一四三〕

三月白米一斗一千文〔一四四〕，百姓多餓死〔一四五〕，至四月米麥價漸下〔一四六〕。

三年〔一四七〕

正月李希烈反〔一四八〕。七日收襄城縣〔一四九〕。十三日收汝州〔一五〇〕。三月廿日哥舒邛（曜）收汝州〔一五一〕。李希烈改年號，補宰相百司官，收汴州〔一五二〕，又邛〔一五三〕、郊〔一五四〕、蔡州〔一五五〕，兵馬大强〔一五六〕。至貞元二年四月七日中毒，被陳仙期（奇）斬頭〔一五七〕，送至城南弔〔一五八〕，發佈號令〔一五九〕。至六月，又斬陳仙期（奇）首，扶立吴少成（誠）〔一六〇〕，奏來，便發勑與吴少成（誠）蔡州刺史兼觀察使〔一六一〕。

貞元三年甲子〔一六二〕

十月，李軟奴反〔一六三〕。

貞元四年乙丑金〔一六四〕

含元殿立仗〔一六五〕，御丹鳳樓〔一六六〕，豎金鷄，放〔一六七〕，大赦天下。

## 説明

此件由斯二五〇六背、伯二三八〇背、伯二八一〇A背、伯二八一〇B背、伯四〇七三背共五殘片綴合而成，綴合後的順序爲：斯二五〇六背+伯二八一〇A背+伯二八一〇B背+伯四〇七三背+伯二三八〇背。綴合後的寫卷首缺尾全，存開元九年至貞元四年大事紀。卷尾另有濃墨大字『願應』，應爲後人隨手所寫，與此件無關，未録。

關於此件的性質，王國維認爲其中所述每年下紀甲子名及所屬五行，蓋占家所用曆，以驗禍福者，非史家編年書也；多處紀年錯誤蓋由術數之家於國政甚疏所導致的（參見《觀堂集林》四册，一〇一一至一〇一二頁）。郭鋒通過考證認爲本殘卷爲唐修史書，性質上屬於春秋年曆類編年史，大約作於唐中後期，名稱似爲古今年代曆或年紀一類；内容上有不少訛誤，亦有可補正史及可供比較參考之處，具有一定的史料價值（參見《簡談敦煌寫本斯二〇五六號等唐修史書殘卷的性質和價值》，《敦煌學輯刊》一九九二年一、二期，九五頁）。李錦繡認爲此卷以帝系爲本，乃唐代編年簡史，而其作者是沙州人，文書體現的是敦煌本地人編寫的歷史，是唐代主流文化與敦煌地域文化相結合的産物（參見《關於斯二五〇六、伯二八一〇、四〇七三、二三八〇文書的再探討》，《煙臺師範學院學報》二〇〇四年三期，四五頁）。

## 校記

〔一〕『團』，《簡談敦煌寫本斯二〇五六等唐修史書殘卷的性質和價值》（以下簡稱『《簡談》』）未能釋讀。斯二五〇六背始於此句。

〔二〕「年」，《關於斯二五〇六、伯二八一〇、四〇七三、二三八〇文書的再探討》（以下簡稱「《再探討》」）、《整理王重民敦煌遺書手稿所得》（以下簡稱「《手稿所得》」）釋作「年壬戌水」，按底本「壬戌水」書於「十一月一日天下大赦」後，蓋抄者漏録後於段末添加所致，按此件體例，此三字應置於「九年」之後；「五月」，《手稿所得》未能釋讀。

〔三〕據兩「唐書」，「破六胡州」時間爲七月。

〔四〕「戊」，《簡談》釋作「戌」，誤。按開元九年應爲「辛酉年」。

〔五〕按此年之干支應爲「壬戌」。

〔六〕按此年之干支應爲「癸亥」。

〔七〕《舊唐書·玄宗本紀》載十二年七月「己卯，廢皇后王氏爲庶人」。

〔八〕「六」，《再探討》釋作「十八」。《舊唐書·玄宗本紀》載十一年「十一月戊寅，親祀南郊，大赦天下」。

〔九〕「太」，當作「大」，《簡談》《再探討》《手稿所得》逕釋作「大」。

〔一〇〕按此年之干支應爲「甲子」。

〔一一〕《舊唐書·玄宗本紀》載「冬十一月庚申，幸東都」。

〔一二〕「三」，《手稿所得》釋作「四」，誤；「丙寅」，按此年應爲「乙丑」。

〔一三〕按此年之干支應爲「丁卯」；「木」，《簡談》釋作「水」，誤。

〔一四〕「十」，《簡談》漏録。《舊唐書·玄宗本紀》載四月「丁卯，太子少師、岐王範薨」。

〔一五〕「三」，《簡談》釋作「二」。

〔一六〕按此年之干支應爲「戊辰」。

〔一七〕按此年之干支應爲「己巳」；「土」，《簡談》疑當作「木」。

〔一八〕『州』，《手稿所得》釋作『爲』；『洛州東都都督府』，《簡談》未能釋讀。

〔一九〕『拜五』，《簡談》認爲當作『謁諸』，誤。

〔二〇〕按此年之干支應爲『辛未』。

〔二一〕『并』，《簡談》認爲當改作『祀』。

〔二二〕『二』，《簡談》釋作『一』，誤；『亥』，《簡談》認爲當補作『亥水』，誤。按此年之干支應爲『甲戌』。

〔二三〕『數』，《簡談》疑當作『連』，《再探討》《手稿所得》釋作『每』。

〔二四〕按此年之干支應爲『乙亥』。

〔二五〕『成』，當作『誠』，據兩『唐書』改，『成』爲『誠』之借字。另據兩『唐書』，此事發生在『廿四年』。

〔二六〕按此年之干支應爲『丙子』。

〔二七〕『出』，《簡談》未能釋讀。

〔二八〕按此年之干支應爲『丁丑』。

〔二九〕按此年之干支應爲『戊寅』。

〔三〇〕『六』，《簡談》未能釋讀；『春壇』，《簡談》釋作『青帝』，誤。

〔三一〕按此年之干支應爲『己卯』。

〔三二〕『册』，《簡談》釋作『加』，《手稿所得》釋作『□册』，按底本『册』前實無字。

〔三三〕按此年之干支應爲『庚辰』。

〔三四〕『慈』，《簡談》未能釋讀，《再探討》釋作『萇』，《手稿所得》疑爲『意』；『隨』，《簡談》釋作『流』，誤。

〔三五〕按此年之干支應爲『辛巳』。

〔三六〕『邠』，《再探討》釋作『頒』，誤；《舊唐書·玄宗本紀》載『十一月庚戌，司空、邠王守禮薨』。

〔三七〕『寧』，《手稿所得》據兩『唐書』補，按底本實有此字。
〔三八〕『册』，《簡談》釋作『謚』，誤；『讓』，《手稿所得》據《唐書》補作『讓皇帝』。
〔三九〕『卅』，《簡談》釋作『册』，誤。按此年之干支應爲『壬午』。
〔四〇〕《舊唐書·玄宗本紀》載『三載正月丙辰朔，改年爲載』。
〔四一〕按此年之干支應爲『甲申』。
〔四二〕『月』，《再探討》釋作『日』。《舊唐書·玄宗本紀》載十二年『甲寅，親祀九宫貴神於東郊，禮畢，大赦天下』。
〔四三〕『云云』，《簡談》《手稿所得》釋作『天下』，誤。
〔四四〕『戌』，《簡談》釋作『戍』，《再探討》釋作『戊』，均誤。按此年之干支應爲『乙酉』。
〔四五〕按此年之干支應爲『丙戌』。
〔四六〕按此年之干支應爲『丁亥』。
〔四七〕『三』，《簡談》釋作『二』，誤。
〔四八〕『駕』，《手稿所得》漏録。
〔四九〕『六』，《簡談》釋作『元』，誤。
〔五〇〕『云云』，《簡談》釋作『天下』。
〔五一〕按此年之干支應爲『庚寅』。
〔五二〕『鉷』，《手稿所得》釋作『珙』，誤。
〔五三〕『邢宰反』，《簡談》未能釋讀。
〔五四〕『二』，《手稿所得》釋作『三』，誤。按此年之干支應爲『癸巳』。
〔五五〕『三』，《簡談》釋作『二』，誤。按此年之干支應爲『甲午』。伯二八一〇A背始於此句。

〔五六〕「九」，《簡談》釋作「上」，誤；「日」，《簡談》未能釋讀；「册」，《簡談》漏録，《手稿所得》釋作「拜」，誤。

〔五七〕「廿」，《簡談》釋作「十」，誤；「七」，《簡談》《手稿所得》釋作「五」，誤；「煞」，《簡談》釋作「殺」，雖義可通而字誤；「阿」，《簡談》釋作「何」，誤。

〔五八〕按此年之干支應爲「乙未」。

〔五九〕《新唐書·玄宗皇帝紀》載「十一月，安禄山反，陷河北諸郡」。

〔六〇〕「及」，《再探討》釋作「反」。

〔六一〕按此年之干支應爲「丙申」。

〔六二〕「川」，《手稿所得》釋作「州」，誤。

〔六三〕「縣」，《簡談》疑當作「旋」，誤。

〔六四〕「靈」，《簡談》釋作「雲」，誤；「州」，《簡談》釋作「水」，《再探討》釋作「武」，均誤；「起」，《簡談》釋作「趨」，誤。

〔六五〕「一」，《簡談》釋作「五」，誤。

〔六六〕「肅宗」二字原書於底本天頭，係編者提示其後史事發生在肅宗時代，《簡談》《再探討》《手稿所得》漏録。

〔六七〕「孝義皇帝與」，《簡談》釋作「太子義軍之□□□」。

〔六八〕「收」，《手稿所得》釋作「馭」，疑當改作「御」；「入」，《再探討》漏録。

〔六九〕「年」，《簡談》釋作「載」，誤；「戌」，《簡談》《手稿所得》釋作「戍」，誤。按此年之干支應爲「丁酉」。

〔七〇〕按此年之干支應爲「戊戌」。

〔七一〕「五」，《手稿所得》釋作「己五」；「日」，《再探討》釋作「月」；「册」，《手稿所得》釋作「拜」。

〔七二〕『至』，《簡談》釋作『金』，誤。

〔七三〕『仗』，《簡談》釋作『杖』，誤；『舊』，《簡談》未能釋讀，《再探討》釋作『馬』，誤；『衛』，《簡談》《再探討》釋作『制』，誤。

〔七四〕『土』，《簡談》漏録。按此年之干支應爲『己亥』。

〔七五〕『踴』，《再探討》釋作『價』，誤；『貴』，《手稿所得》釋作『尖』，誤。

〔七六〕『辛丑』，《簡談》未能釋讀。按此年之干支應爲『庚子』。

〔七七〕伯二八一〇B背始於此句。

〔七八〕『重』，當作『元』，據《舊唐書》改，『簡談』逕釋作『元』，《手稿所得》釋作『壹』，校改作『重』，誤；『元』，當作『重』，據《舊唐書》改。

〔七九〕『新』，《再探討》釋作『敕』；第一個『文』，《簡談》釋作『大』，誤。

〔八〇〕『十』，《手稿所得》釋作『一』，誤。

〔八一〕『麺』，《簡談》釋作『麥』，誤；『斗』，《再探討》漏録。

〔八二〕按此年之干支應爲『辛丑』。

〔八三〕『二』，《簡談》釋作『二』，誤；『巳』，《手稿所得》釋作『己』，誤。

〔八四〕『少』，《簡談》疑當作『舊』，《再探討》釋作『舊』；『者』，《再探討》漏録。

〔八五〕『三』，《手稿所得》釋作『三日』，按底本實無『日』字。《手稿所得》將此句斷爲『改爲二年十一月三日，年爲建子，月爲歲』，按此句正確的次序爲『改爲二年。十一月爲建子月，爲歲。三年，四月五日上皇崩』。

〔八六〕『先』，《再探討》釋作『光』，誤。此句《簡談》漏録。

〔八七〕此句《簡談》漏録。

〔八八〕「人」，《簡談》疑當作「八」，誤；「北」，《簡談》釋作「化」，誤；「赤」，《簡談》《手稿所得》未能釋讀，《再探討》釋作「多」；「數」，《簡談》《再探討》《手稿所得》釋作「如」，誤。
〔八九〕「見」，《簡談》《手稿所得》釋作「無」，《再探討》釋作「元」。
〔九〇〕「二」，《再探討》釋作「一」，誤。
〔九一〕「璧」，《簡談》《再探討》釋作「寶」。
〔九二〕「代宗」二字原書於底本天頭，係編者提示其後史事發生在代宗時代，《簡談》《再探討》《手稿所得》漏録。
〔九三〕「改」，《再探討》釋作「改元」，按底本實無「元」。
〔九四〕「二」，《簡談》釋作「三」。
〔九五〕「番」，《簡談》《再探討》《手稿所得》均釋作「蕃」，雖義可通而字誤；「縣」，《簡談》釋作「旋」，誤。
〔九六〕「州」，《簡談》釋作「乃」，誤。
〔九七〕「番」，《簡談》《再探討》《手稿所得》均釋作「蕃」，雖義可通而字誤。
〔九八〕「乙」，《再探討》釋作「己」，誤；「巳」，《簡談》疑當補作「巳火」。按此年之干支應爲「丙午」。
〔九九〕「二」，《再探討》釋作「三」，誤。按此年之干支應爲「丁未」。
〔一〇〇〕「賊」，《簡談》釋作「戎」，《再探討》釋作「城」，均誤；「玉」，《再探討》釋作「土」，誤。
〔一〇一〕按此年之干支應爲「戊申」。
〔一〇二〕「搜」，《簡談》釋作「拔」，誤；「賊」，《簡談》釋作「戎」，《再探討》釋作「渾」，均誤；「駱」，《簡談》釋作「施」，誤；「駝」，《簡談》疑當作「駱」，按底本「駝駱」中間有倒乙符號，《再探討》釋作「施」，誤。
〔一〇三〕「死」，《簡談》未能釋讀，《再探討》釋作「麥」，誤，《手稿所得》疑爲「殆」。
〔一〇四〕按此年之干支應爲「庚戌」。

〔一〇五〕『斗』，《手稿所得》疑當改作『千』，誤。

〔一〇六〕『麵』，《簡談》釋作『麥』，誤；第一個『五』，《再探討》釋作『一』，誤；『斗』，《手稿所得》釋作『千』，誤。

〔一〇七〕『一』，《手稿所得》漏録。

〔一〇八〕『二』，《再探討》漏録。

〔一〇九〕『下』，《簡談》未能釋讀；『七』，當作『六』，據文義改，《再探討》《手稿所得》逕釋作『六』；『猶』，《簡談》釋作『從』，疑當改作『松』，《再探討》釋作『平地』，《手稿所得》釋作『頒』，均誤；『深』，《簡談》釋作『漾』，《手稿所得》釋作『歷』，均誤；『尺』，《手稿所得》釋作『天』，誤；『已』，《手稿所得》釋作『以』，誤。伯四〇七三背始於此句。

〔一一〇〕『戍』，《簡談》《手稿所得》釋作『戍』，《再探討》釋作『戊』，均誤。按此年之干支應爲『壬子』。

〔一一一〕『天上下』，《簡談》《再探討》《手稿所得》未能釋讀；『灰』，《簡談》《手稿所得》未能釋讀，《再探討》釋作『反』，誤。

〔一一二〕『册』，《手稿所得》釋作『拜』，誤。

〔一一三〕按此年之干支應爲『乙卯』。

〔一一四〕『天』，《再探討》釋作『大』；『莊』，《簡談》釋作『龍』，誤；『嚴』，《簡談》釋作『巖』；『浮圖』，《簡談》釋作『後園』，誤。

〔一一五〕按此年之干支應爲『丙辰』。

〔一一六〕《舊唐書·代宗本紀》載此事發生於『十年四月』。

〔一一七〕按此年之干支應爲『己未』。

〔一一八〕『一』，《簡談》《手稿所得》漏録。

〔一一九〕『皇』，一在行末，一在次行行首，此爲當時的一種抄寫習慣，可以稱爲『提行添字』，第二個『皇』字應不讀，故未録，《再探討》釋作『星皇』，誤；『帝』，《簡談》疑當作『事』，誤。

〔一二〇〕『縣』，《簡談》釋作『孫』，誤；『堆』，《簡談》釋作『地』，《手稿所得》釋作『旭』。

〔一二一〕『光』，當作『元』，據《舊唐書·代宗本紀》改。

〔一二二〕『德宗』二字原書於底本天頭，係編者提示其後史事發生在德宗時代，《再探討》《手稿所得》漏録。

〔一二三〕按此年之干支應爲『庚申』。

〔一二四〕『正』，《簡談》釋作『德宗正』。

〔一二五〕『改』，《手稿所得》釋作『改元』，按底本實無『元』；『年』，《手稿所得》於此字後另釋一『金』字，按底本實無此字。

〔一二六〕『夜半』，《簡談》漏録。

〔一二七〕『月』，《簡談》《再探討》釋作『日』。

〔一二八〕按此年之干支應爲『辛酉』。

〔一二九〕『忻代』，當作『成德』，據《舊唐書·德宗本紀》改；『節』，《簡談》釋作『花』，誤；『度』，《簡談》疑當作『鷹』，誤；『卒』，《再探討》據文義校補。

〔一三〇〕『四年』，《簡談》未能釋讀。按此年之干支應爲『癸亥』。

〔一三一〕『縣』，《簡談》疑當作『孫』，誤。

〔一三二〕『姚』，《簡談》未能釋讀；『令言』，《簡談》釋作『三方』，誤；『同謀』，《簡談》《手稿所得》未能釋讀。

〔一三三〕『廿』，《手稿所得》釋作『廿五』，按底本實無『五』。

〔一三四〕《舊唐書·德宗本紀》載六月庚子朔「幽州軍士韓旻於彭原斬朱泚，並傳首至行在」。

〔一三五〕《舊唐書·德宗本紀》「貞元元年」條下有「去秋螟蝗」。

〔一三六〕「三」，《簡談》釋作「二」，誤；「梁」，當作「彊」，據文義改；「彊」，《簡談》未能釋讀，《再探討》釋作「漢」，《手稿所得》釋作「州」，當作「梁」，據文義改。

〔一三七〕「戌」，《簡談》《手稿所得》釋作「戍」，誤。按此年之干支應爲「乙丑」。

〔一三八〕「改」，《再探討》釋作「改元」，按底本實無「元」。

〔一三九〕《舊唐書·德宗本紀》載貞元元年七月「甲戌，朔方大將牛名俊斬李懷光」。

〔一四〇〕「遂」，當作「燧」，據《舊唐書·德宗本紀》改，「遂」爲「燧」之借字，《簡談》釋作「逆」，誤，《手稿所得》釋作「等」，並將此字斷入上句。

〔一四一〕第二個「十」，《簡談》漏録。

〔一四二〕「亥時」，《再探討》《手稿所得》釋作「時」，《簡談》釋作「二十日寸（？）」；「節」，《簡談》釋作「花」，誤；「同」，《手稿所得》釋作「拜」，誤；「禮」，《簡談》釋作「祺」，誤。

〔一四三〕按此年之干支應爲「丙寅」。

〔一四四〕「一斗」，《手稿所得》漏録。

〔一四五〕「多」，《簡談》釋作「餐」，誤；「餓」，《簡談》釋作「飯」，《再探討》釋作「飢」，誤；「死」，《簡談》釋作「無」，誤。

〔一四六〕「米」，《簡談》釋作「采」，誤，《手稿所得》未能釋讀；「麥」，《簡談》《手稿所得》未能釋讀；「價」，《手稿所得》釋作「衛」，誤；「漸」，《簡談》未能釋讀，《手稿所得》釋作「以」，誤。伯二三八〇背始於此句。

〔一四七〕「三」，《簡談》釋作「□三」，《手稿所得》釋作「二」，誤。

〔一四八〕「正」，《簡談》釋作「十一」，誤。

〔一四九〕「七」，《簡談》釋作「□七」；「日」，《簡談》釋作「月」；「縣」，《簡談》釋作「孫」，誤。

〔一五〇〕「十」，《簡談》釋作「□十」；「三日」，《簡談》釋作「二月」，誤；「汝」，《簡談》《再探討》釋作「綏」，誤。

〔一五一〕「三月廿日」，《簡談》未能釋讀；「舒」，《手稿所得》補作「舒曜」；「邛」，當作「曜」，據《舊唐書·德宗本紀》改，《簡談》《再探討》逕釋作「曜」，《手稿所得》疑當改作「攻」；「收」，《簡談》釋作「□收」。

〔一五二〕「汴」，《簡談》未能釋讀。

〔一五三〕「又」，《簡談》未能釋讀；「邛」，《簡談》未能釋讀，《再探討》釋作「鄭」，《手稿所得》疑當改作「攻」。

〔一五四〕「邠」，《簡談》未能釋讀，《再探討》釋作「州」，《手稿所得》釋作「得」。

〔一五五〕「蔡」，《簡談》未能釋讀。

〔一五六〕「兵馬」，《簡談》未能釋讀。

〔一五七〕「仙」，《簡談》漏録；「期」，當作「奇」，據兩「唐書」改，「期」爲「奇」之借字，以下同，不另出校；「斬」，《簡談》未能釋讀；「頭」，《簡談》釋作「復」，誤。

〔一五八〕「至」，《手稿所得》釋作「皇」，誤；「南」，《簡談》漏録；「弔」，《簡談》釋作「中」，《再探討》釋作「兩市」，《手稿所得》釋作「市」。

〔一五九〕「發」，《再探討》釋作「露」。

〔一六〇〕「扶立」，《簡談》未能釋讀；「成」，當作「誠」，據兩「唐書」改，《簡談》逕釋作「誠」，「成」爲「誠」之借字。以下同，不另出校。

〔一六一〕「便」，《簡談》未能釋讀；「發」，《簡談》疑當作「弓」，《再探討》釋作「出」，《手稿所得》未能釋讀；

『勑』，《簡談》疑當作『勒』；『觀察』，《簡談》未能釋讀，《再探討》釋作『節度』，《手稿所得》釋作『親教』。

〔一六二〕按此年之干支應爲『丁卯』。

〔一六三〕『軟』，《再探討》《手稿所得》釋作『賴』，誤。

〔一六四〕按此年之干支應爲『戊辰』。

〔一六五〕『仗』，《簡談》認爲當補作『仗塌』。

〔一六六〕『御』，《簡談》未能釋讀。

〔一六七〕『放』，《簡談》疑當作『孫』，誤。

## 參考文獻

《敦煌古籍叙録》，北京：商務印書館，一九五八年，八六至八七頁；《觀堂集林》四册，北京：中華書局，一九五九年，一〇一一至一〇一二頁；《舊唐書》一册，北京：中華書局，一九七五年，一八六、一八九、二一四、二一七、二一八、二五二頁；《舊唐書》二册，二七八、三〇七、三一五、三二六、三三六、三四三、三四八、三五〇、三五三頁；《新唐書》一册，北京：中華書局，一九七五年，一五〇、一九三頁；《敦煌寶藏》二〇册，臺北：新文豐出版公司，一九八一年，三二五頁（圖）；《敦煌寶藏》一二〇册，一九八五年，九〇頁（圖）；《敦煌寶藏》一二四册，二八五至二八六頁（圖）；《敦煌寶藏》一三三册，一九八六年，五二頁（圖）；《敦煌古籍叙録新編》五册，臺北：新文豐出版公司，一九八六年，一九七至二〇〇頁；《英藏敦煌文獻》四卷，成都：四川人民出版社，一九九一年，八九頁（圖）；《敦煌學輯刊》一九九二年一、二期，八八至九五頁（録）；《法藏敦煌西域文獻》一三册，上海古籍出版社，二〇〇〇年，八七頁（圖）；《法藏敦煌西域文獻》一八册，二〇〇一年，三四六頁（圖）；《敦煌研究》二〇〇一年四期，一二三至一二五頁（録）；《煙臺師範學院學報》二〇〇四年三期，四一至四五頁；《敦煌研究》二〇〇四年六期，七一至七五頁；《法藏敦煌西域文獻》三一册，二〇〇五年，八五頁（圖）；《敦煌典籍與唐五代歷史文化》，北京：中國社會科學出版社，二〇〇六年，四〇一至四〇四頁（録）。

# 斯二五〇九　　大般若波羅蜜多經卷第七十一題記

## 釋文

福禮。

## 説明

此件《英藏敦煌文獻》未收，現予增收。

## 參考文獻

*Descriptive Catalogue of the Chinese Manuscripts from Tunhuang in the British Museum*, The Trustees of the British Museum, Lonolon 1957, p. 3（録）；《敦煌寶藏》二〇册，臺北：新文豐出版公司，一九八一年，三四五頁（圖）；《中國古代寫本識語集録》，東京大學東洋文化研究所，一九九〇年，三五六頁（録）。

# 斯二五一二背　第七祖大照和尚寂滅日齋文抄

## 釋文

金般若

惟天爲大，唯堯則之；惟佛爲聖[一]，唯禪嗣之。故西天付囑，五日照於曩辰；東夏傳登（燈）[二]，七祖光乎　皇運。我第七祖、三朝國師大照和尚，出二邊境，越諸地心，得如來慈，入佛知見，乘最上乘，來成正覺，坐金剛座，稱天人師。稟訓者迎於寰中，歸依者周於宇内。隨感而應，挺生聖朝。應盡還源，歸乎淨刹。雄名振古，盛德動天[三]。其處世也，　皇上爲之傾心；其息化也，　聖主以之追謚。至哉妙哉，可略言也。然兹日者，則我大師寂滅之晨（辰）也[四]。我大師所作已辦[五]，何賴齋功！然以化導恩深，師資義重，況投智印，密授心珠，竊效追攀，恭申罔極！有大第（弟）子焉[六]云云。禪師代家相魏，訪道伊洛。創頭大照和尚，了一心源，再依弘正導師[七]，開五方便。精脩靡替[八]，名實克彰。雖處白衣，而德高緇侶；形假塵俗，而頓悟真乘。大師頤命，印開心地。然則法本無住，化必有緣。黔黖慈雲〔九〕，已垂塞表；岨赫佛日，更照流沙。來兹河隴，道誘五涼。嵩山白雲，遊於塞幕；伊洛明月，更掛三危。弘七祖義方，妙功斯著；傳諸佛秘藏，真際冥通。可謂景貺佈於前脩〔一〇〕，勝因昌於後嗣。雖性平等，道本忘情。然臣子居心，忠孝不泯。

## 説明

此卷首尾完整，抄於《藥師經疏》卷背，包括兩個部分的内容：其一爲『第七祖大照和尚寂滅日齋讃文』；其二爲《大乘起信論廣釋》卷第五。二者雖爲連續抄寫，但字跡明顯不同，筆墨濃淡亦不一，應爲不同人所書。

此件首尾完整，無題。姜伯勤認爲此『第七祖大照和尚』即禪師普寂，爲北宗神秀之弟子。此件『齋文』是禪宗北宗神秀——普寂一系流傳沙州的確證（參見《普寂與北宗禪風西旋敦煌》，載《佛教與中國傳統文化》，四七四頁）。唐代禪宗北宗神秀弟子普寂逝世於唐玄宗開元二十六年（公元七三八年），此件的創作年代當在此之後。姜伯勤推斷在沙州一帶舉行普寂忌辰齋會的『大弟子』或許就是此件第一行所記『金般若』，並由此推測此件齋文的産生年代當在七三九至七八八年之間。此位作爲普寂『大弟子』而來到敦煌的禪師，也如摩訶衍、曇曠一樣，由於安史之亂的社會動蕩，從京洛來到河西（參見《普寂與北宗禪風西旋敦煌》，四七七頁）。但從其他敦煌寫本齋文格式來看，設齋之齋主應寫於齋文之中，未見將齋主寫於齋文之前者。所以，姜先生之推斷，尚待證實。

## 校記

〔一〕「惟」，《普寂與北宗禪風西旋敦煌》釋作「唯」，雖義可通而字誤。

〔二〕「登」，當作「燈」，據文義改，《北宗禪の西天祖統説》《普寂與北宗禪風西旋敦煌》逕釋作「燈」，「登」爲「燈」之借字。

〔三〕「盛」，《北宗禪の西天祖統説》《普寂與北宗禪風西旋敦煌》均釋作「威」，誤。

〔四〕「晨」，當作「辰」，據文義改，「晨」爲「辰」之借字。

〔五〕「辦」，《北宗禪の西天祖統説》《普寂與北宗禪風西旋敦煌》均釋作「辨」。

〔六〕「第」，當作「弟」，據文義改，《北宗禪の西天祖統説》《普寂與北宗禪風西旋敦煌》逕釋作「弟」，「第」爲「弟」之借字。

〔七〕「再」，《北宗禪の西天祖統説》《普寂與北宗禪風西旋敦煌》均釋作「並」，誤。

〔八〕「脩」，《普寂與北宗禪風西旋敦煌》釋作「修」，雖義可通而字誤。

〔九〕「黥」，底本作「䶡」，蓋涉下文「黦」的類化俗字。

〔一〇〕「脩」，《普寂與北宗禪風西旋敦煌》釋作「修」，雖義可通而字誤。

## 參考文獻

《敦煌寶藏》二〇册，臺北：新文豐出版公司，一九八一年，三八四頁（圖）；《敦煌禪宗文獻の研究》，東京：大東出版社，一九八三年，九一至九二頁（録）；《英藏敦煌文獻》四卷，成都：四川人民出版社，一九九一年，九〇頁

（圖）；《九州學刊》一九九二年四卷四期，一二頁；《敦煌藝術宗教與禮樂文明》，北京：中國社會科學出版社，一九九六年，三七〇至三七一頁；《佛教與中國傳統文化》，北京：宗教文化出版社，一九九七年，四七三至四七九頁（録）。

# 斯二五一七　佛説呪魅經題記

## 釋文

令狐進子一心供養。

## 説明

此件《英藏敦煌文獻》未收，現予增收。

## 參考文獻

*Descriptive Catalogue of the Chinese Manuscripts from Tunhuang in the British Museum*, The Trustees of the British Museum, London 1957, p. 156（録）；《敦煌寶藏》二〇册，臺北：新文豐出版公司，一九八一年，四一九頁（圖）；《敦煌學要籥》，臺北：新文豐出版公司，一九八二年，一一六頁（録）；《敦煌遺書總目索引》，北京：中華書局，一九八三年，一六〇頁（録）；《中國古代寫本識語集録》，東京大學東洋文化研究所，一九九〇年，五二〇頁（録）；《敦煌遺書總目索引新編》，北京：中華書局，二〇〇〇年，七七頁（録）。

## 斯二五二四　大乘無量壽經題記

### 釋文

張清子〔一〕。

### 説明

此件《英藏敦煌文獻》未收，現予增收。

### 校記

〔一〕『清』，*Descriptive Catalogue of the Chinese Manuscripts from Tunhuang in the British Museum*、《中國古代寫本識語集録》均釋作『涓』。

### 參考文獻

*Descriptive Catalogue of the Chinese Manuscripts from Tunhuang in the British Museum*, The Trustees of the British Museum, Lon-

don 1957, p. 146（録）；《敦煌寶藏》二〇册，臺北：新文豐出版公司，一九八一年，四六三頁（圖）；《中國古代寫本識語集録》，東京大學東洋文化研究所，一九九〇年，三八八頁（録）；《敦煌遺書總目索引新編》，北京：中華書局，二〇〇〇年，七七頁（録）。

## 斯二一五二七　大方廣佛華嚴經卷第九題記

### 釋文

開皇十七年四月一日，清信優婆夷袁敬姿，謹減身口之費，敬造此經一部，永劫供養。願從今已去，災鄣殄除，福慶臻集，國界永隆，萬民安泰。七世久遠，一切先靈，并願離苦獲安，遊（神）神（遊）淨國[一]，罪滅福生，無諸鄣累，三界六道，怨親平等，普共含生，同昇佛地。

### 説明

此件《英藏敦煌文獻》未收，現予增收。現知敦煌文獻中，伯二一四四、斯一五二九、斯四五二〇、斯六六五〇、上海圖書館三〇號、上海圖書館三一號、上海圖書館三三號、大谷家二樂莊舊藏、日本書道博物館藏卷之《華嚴經》不同卷數的卷尾題記中，施主、日期和題記的内容與此件大致相同，個別文字有差異，應屬同一人同一時期的抄經題記。

## 校記

〔一〕『遊神』，當作『神遊』，據文義改，《敦煌學要籥》《敦煌遺書總目索引新編》逕釋作『神游』。

## 參考文獻

*Descriptive Catalogue of the Chinese Manuscripts from Tunhuang in the British Museum*, The Trustees of the British Museum, London 1957, p. 41（録）；《鳴沙餘韻·解説篇》一部，京都：臨川書店，一九八〇年，二七二頁（録）；《敦煌寶藏》二〇册，臺北：新文豐出版公司，一九八一年，四九二頁（圖）；《敦煌學要籥》，臺北：新文豐出版公司，一九八二年，一一六至一一七頁（録）；《敦煌遺書總目索引》，北京：中華書局，一九八三年，一六〇頁（録）；《中國古代寫本識語集録》，東京大學東洋文化研究所，一九九〇年，一四九頁（録）；《敦煌願文集》，長沙：嶽麓書社，一九九五年，八五六至八五七頁（録）；《敦煌遺書總目索引新編》，北京：中華書局，二〇〇〇年，七七頁（録）。

## 斯二五二八　于闐僧龍大德請公憑狀

### 釋文

于闐僧龍大德　狀

右大德自到沙州，喫（？）　令公阿〔郎〕恩蔭任（仁）

似（慈）[一]。近秋寒冷，依（衣）莊（裝）則看　阿郎[二]，

隨身牽猢猻壹個[三]，依（衣）伏（服）總在

令公阿郎[四]。　伏請　公憑裁下處分。

牒　建（件）狀如前[五]，謹　狀。

九月廿五日于闐龍大德狀[六]。

### 説明

此件首尾完整，是于闐僧龍大德上狀歸義軍令公阿郎，請求發放衣裝之公憑，其中别字較多，可見此

位于闐高僧的漢語水平有限。張廣達、榮新江認爲從『令公』一名指沙州統治者來看，時間應在曹氏歸義軍時期（參看《關於敦煌出土于闐文獻的年代及其相關問題》，載《紀念陳寅恪先生誕辰百年學術論文集》，二九四頁）。

## 校記

〔一〕『喫』，《于闐史叢考》（增訂本）釋作『吃』；『郎』，《于闐史叢考》（增訂本）據文義校補；『任似』，當作『仁慈』，《關於敦煌出土于闐文獻的年代及其相關問題》據文義校改，『任』爲『仁』之借字，『似』爲『慈』之借字。

〔二〕『依莊』，當作『衣裝』，《關於敦煌出土于闐文獻的年代及其相關問題》據文義校改，『依』爲『衣』之借字，『莊』爲『裝』之借字。

〔三〕『壹』，《關於敦煌出土于闐文獻的年代及其相關問題》釋作『一』，雖義可通而字誤。

〔四〕『依伏』，當作『衣服』，《關於敦煌出土于闐文獻的年代及其相關問題》據文義校改，『依』爲『衣』之借字，『伏』爲『服』之借字；『令公』，《關於敦煌出土于闐文獻的年代及其相關問題》漏録。

〔五〕『建』，當作『件』，《關於敦煌出土于闐文獻的年代及其相關問題》據文義校改，『建』爲『件』之借字。

〔六〕『狀』，《關於敦煌出土于闐文獻的年代及其相關問題》據文義校補。

## 參考文獻

《敦煌寶藏》二〇册，臺北：新文豐出版公司，一九八一年，四九二頁（圖）；《紀念陳寅恪先生誕辰百年學術論文集》，北京大學出版社，一九八九年，二九四頁（録）；《英藏敦煌文獻》四卷，成都：四川人民出版社，一九九一年，九〇頁（圖）；《于闐史叢考》，上海書店，一九九三年，一一八至一一九、二九〇頁（録）；《于闐史叢考》（增訂本），北京：中國人民大學出版社，二〇〇八年，九二頁（録）。

## 斯二五三二　都師保恩破得麥粟麻油麵抄

### 釋文

都師保恩破得麥一伯四十一石四斗，粟二十八石九斗，黄麻一十一石九斗，白麵一伯三十八石七升半，䴵麵三十五石二斗二升，油三石一斗三升兩合。

### 説明

此件首尾完整，係都師保恩所破麥粟麻油麵的記録。都師爲歸義軍時期都僧統司和沙州一些寺院的職事僧，其職責通常是掌管某一經濟部門，此職定期輪换，前後任交接時，主管部門要組織僧徒對前任經手物品進行算會（參看季羡林主編《敦煌學大辭典》，六三九頁）。

### 參考文獻

《敦煌寶藏》二〇册，臺北：新文豐出版公司，一九八一年，五一〇頁（圖）；《英藏敦煌文獻》四卷，成都：四川人民出版社，一九九一年，九一頁（圖）；《敦煌學大辭典》，上海辭書出版社，一九九八年，六三九頁。

# 斯一一五三五　　三部律抄題記

## 釋文

二年八月三日寫訖〔一〕，曠許。

## 説明

此件《英藏敦煌文獻》未收，現予增收。

## 校記

〔一〕『訖』，《敦煌學要籥》釋作『記』，誤。

## 參考文獻

*Descriptive Catalogue of the Chinese Manuscripts from Tunhuang in the British Museum*, The Trustees of the British Museum, London 1957, p. 137（録）；《敦煌寶藏》二〇册，臺北：新文豐出版公司，一九八一年，五二九頁（圖）；《敦煌學要籥》，

臺北：新文豐出版公司，一九八二年，七四頁（録）；《敦煌遺書總目索引》，北京：中華書局，一九八三年，一六〇頁（録）；《中國古代寫本識語集録》，東京大學東洋文化研究所，一九九〇年，一二七頁（録）；《敦煌遺書總目索引新編》，北京：中華書局，二〇〇〇年，七七頁（録）。

# 斯二五三七　觀無量壽經題記

## 釋文

比丘曇濟所寫，受持流通供養。

## 説明

此件《英藏敦煌文獻》未收，現予增收。

## 參考文獻

*Descriptive Catalogue of the Chinese Manuscripts from Tunhuang in the British Museum*, The Trustees of the British Museum, London 1957, p. 102（録）；《敦煌寶藏》二〇册，臺北：新文豐出版公司，一九八一年，五三八頁（圖）；《敦煌學要籥》，臺北：新文豐出版公司，一九八二年，一一七頁（録）；《敦煌遺書總目索引》，北京：中華書局，一九八三年，一六〇頁（録）；《中國古代寫本識語集録》，東京大學東洋文化研究所，一九九〇年，一六二頁（録）；《敦煌遺書總目索引新編》，北京：中華書局，二〇〇〇年，七七頁（録）。

# 斯二五四〇　讚僧功德經一卷

## 釋文

（前缺）

能與人天勝果者，□微塵尚可有算期，□
應當速疾志誠心，□當來收獲無邊畔，□
是人方可能堪任，□凡夫肉眼難分别，□
應當信順崇重之，□外相人觀謂凡夫，□
如來第（弟）子亦如是〔一〕，□若欲不沈淪苦海，□
勿以凡夫下劣心，□平等供養苾蒭僧，□
世尊親自以梵音，□不應一念瞋恚心，□
不應戲論以一言，□不應戲笑調凡愚，何□〔二〕□

其於習行離欲人，不□。勿於僧中出惡言，誹謗如來□□□〔三〕。
好説衆僧短長者，自墮亦引無量衆。□
善自防護口業非，莫談此持彼犯戒。□
從地獄出得人身，即招聾盲瘖瘂報。□
緣茲墮落惡道中，永劫沈淪没苦海。□
諸佛尚自致殷勤，何況凡夫輕慢衆。□
聞説三寶短長時，恐於僧中起邪見。□
不見賢劫千世尊，是故智者應思忖。□
由（猶）落鉢頭磨地獄〔四〕，舌被耕犁數萬段。
□承此惡業捨殘形，還受耕舌地獄苦。
沙門懷忿毁諸人，尚招無量口業報。何況無戒白衣人，罵僧免墮惡道者。
是故智人不應罵，乃至草木塼瓦等。況毁清淨出家人，習行離欲善法者。
縱使欲火熾燒心，點汙尸羅清淨戒。不久速能自懺除，還入如來聖衆位。
如人暫迷失其道，有目還能尋本路。苾芻雖犯世尊禁，雖然暫犯還能滅。

如人平地腳蹶時，有足還能而速起。苾芻雖暫缺尸羅，雖犯不久還能補。
由（猶）如世間金寶器[五]，雖破其價一種貴。木器縱然全不漏，不可比於破寶器。
破禁苾芻雖無戒，初心出家功德勝。百千萬億白衣人，功德縱多不及彼。
出家弟子能堪任，繼嗣如來末代法。萬億無量在俗人，不能須臾弘聖教。
最下犯禁破戒僧，供養由（猶）獲萬億報[六]。是故世尊讚勝因，天上人中受尊貴。
是故殷勤勸諸人，勿毁如來僧寶衆。今生習惡因緣故，當來業成亦毁佛。
緣兹身口意業支，永斷世間人天衆。當墮三塗惡道中，億劫沈淪無休息。
若於清衆起正信，無有毁謗名僧罪。常能防護口業過，不談如來僧寶衆。
若人於僧有罵罪，應須志誠速求懺。於僧勿起憍慢心，來生受惡必當悔。
如僧刹那有功德，其福不容於大地。何況經月累歲年，堅持如來嚴禁戒。
是人持戒功德報，佛於一劫説不盡。況餘凡俗知其邊，福等虚空無有量。
當知功德廣莊嚴，釋迦如來僧寶衆。是故不聽在家者，毁辱打罵出家僧。
縱見沙門犯戒時，當寬其意勿慊毁。如入芳叢採妙花，不應擿選枯枝葉。
廣大清淨佛法海，多有持戒精脩者。其中縱有犯威儀，白衣不應生毁謗。
譬如田中新苗稼，於中亦有稗莠草。應可一類敬良田，不應諫（揀）選生分别[七]。
是以世尊制諸人，不聽毁謗沙門衆。唯當尊重生敬心，同此受勝諸天報。

佛日滅没雖久遠，僧寶連暉傳法燈。由（猶）如龍王降甘雨[八]，大地萌芽普洽潤。

和合僧寶亦如是，雨於如來妙法雨。滋潤枯渴諸群生，長養善牙功德種。

於多劫中宿值（植）因[九]，得爲如來弟子衆。處在賢聖法海中，飲妙解脱甘露味。

傳持世尊末代教，流化十方諸國土。利益一切諸衆生，令佛法輪恆不絶。

佛法久後滅没時，伽藍精舍毁成聚。龕塔尊像併荒梁（凉）[一〇]，設欲供養難可得。

壁畫僧形不可見，何況得聞於正法。人身難得生人中，佛法難逢今已遇。

如何於妙良福田，不種當來功德種。冥路懸遠不可達，當辦資糧備前所。

善福田中不種植，當來嶮路乏資糧。是故諸人應善思，聞强僧中應惠施。

依經我略讚僧寶，功德無量遍虚空。迴施一切諸群生，願共當來值彌勒。

讚僧功德經一卷。

## 説明

此件《英藏敦煌文獻》未收，現予增收。此件首缺尾全，尾題『讚僧功德經一卷』，每行分四句抄寫，首部前十八行的上下均有殘缺，第十九至二十七行的上部殘損。目前《敦煌寶藏》圖版顯示多處有污漬，係拍照和影印造成的，經查原卷，底本文字清晰，并無污漬。現知敦煌文獻中保存的《讚僧功德經》寫本較多，本書第七卷所收斯一五四九《讚僧功德經》一卷、第七卷所收斯二四二〇《讚僧功德經》

一卷均對此類文獻做過釋録，其中斯二四二〇《讚僧功德經》一卷是依託八件校本所整理的。爲避免重複，此件僅用本書第七卷所收斯二四二〇《讚僧功德經》一卷校改錯誤和校補缺文，其他異文不再一一出校。

以上釋文以斯二五四〇爲底本，用本書第七卷所收斯二四二〇《讚僧功德經》一卷（稱其爲甲本）參校。

## 校記

〔一〕「第」，當作「弟」，據甲本改，「第」爲「弟」之借字。
〔二〕「何」，據殘筆劃及甲本補。
〔三〕「來」，據殘筆劃及甲本補。
〔四〕「由」，當作「猶」，據甲本改，「由」爲「猶」之借字。
〔五〕「由」，當作「猶」，據甲本改，「由」爲「猶」之借字。
〔六〕「由」，當作「猶」，據北敦〇三九四〇《讚僧功德經》改，「由」爲「猶」之借字。
〔七〕「諫」，當作「揀」，據甲本改，「諫」爲「揀」之借字。
〔八〕「由」，當作「猶」，據斯一五四九《讚僧功德經》一卷改，「由」爲「猶」之借字。
〔九〕「值」，當作「植」，據甲本改，「值」爲「植」之借字。
〔一〇〕「梁」，當作「涼」，據斯一五四九《讚僧功德經》一卷改，「梁」爲「涼」之借字。

## 參考文獻

《敦煌寶藏》二〇册，臺北：新文豐出版公司，一九八一年，五五二至五五三頁（圖）；《英藏敦煌社會歷史文獻釋録》七卷，北京：社會科學文獻出版社，二〇〇九年，二四九至二五四頁（録）。

## 斯二五四三　金光明最勝王經卷第七題記

### 釋文

此品呪法，有略有廣，或開或合，前後不同。梵本既多，但依一譯。後勘者知之。

### 説明

此件《英藏敦煌文獻》未收，現予增收。

### 參考文獻

《敦煌寶藏》二〇册，臺北：新文豐出版公司，一九八一年，五八〇頁（圖）；《敦煌學要籥》，臺北：新文豐出版公司，一九八二年，一一七頁（録）；《敦煌遺書總目索引》，北京：中華書局，一九八三年，一六〇頁（録）；《敦煌遺書總目索引新編》，北京：中華書局，二〇〇〇年，七七頁（録）。

# 斯二五五一　藥師本願經疏題記

## 釋文

慧觀昔因問道，得履京華，備踐講筵，十有餘載。遂逢永淳飢餒〔一〕，杖錫旋歸。疑痼膏肓，罔知析滯。每玩味兹典，常諷誦受持。然粗薄通，粗得文意，不量闇短，輒述所聞，捃摭群□〔二〕，□□疏例，豈敢傳諸學〔三〕，私將□披尋，時聞示過□

## 説明

此件《英藏敦煌文獻》未收，現予增收。

## 校記

〔一〕『飢』，《敦煌遺書總目索引新編》釋作『饑』。

〔二〕『摭』，《鳴沙餘韻·解説篇》釋作『撫』，誤。

〔三〕『學』，《中國古代寫本識語集録》校改作『者』，《敦煌學要籥》《敦煌遺書總目索引》釋作『學□』，按原卷『學』

字後即『私』，並無他字。

## 參考文獻

《鳴沙餘韻·解説篇》一部，京都：臨川書店，一九八〇年，一一六至一一七頁（録）；《敦煌寶藏》二〇册，臺北：新文豐出版公司，一九八一年，六八〇頁（圖）；《敦煌學要籥》，臺北：新文豐出版公司，一九八二年，七一至七二頁（録）；《敦煌遺書總目索引》，北京：中華書局，一九八三年，一六〇頁（録）；《中國古代寫本識語集録》，東京大學東洋文化研究所，一九九〇年，二五四頁（録）；《敦煌遺書總目索引新編》，北京：中華書局，二〇〇〇年，七八頁（録）。

# 斯二五五二　　瑜伽師地論廿卷分門記題記

## 釋文

《瑜伽論》第廿卷分門〔一〕　倫所成地初入〔二〕　　談迅〔三〕　福慧〔四〕

《瑜伽論》第廿卷分門記竟〔五〕　　談迅〔六〕　福慧

## 説明

此卷首全尾缺，正面依次抄有《瑜伽論廿卷分門記》、『失名經疏抄』和《維摩詰經疏》。其中《瑜伽論廿卷分門記》首缺尾全，有朱筆點勘和題記；《維摩詰經疏》首缺尾全，爲倒書，原未抄完；《維摩詰經疏》後空數行，另有兩行『失名經疏抄』，正書於《維摩詰經疏》後之空白處。《瑜伽論廿卷分門記》和《維摩詰經疏》紙質不同，前者有烏絲欄，兩者間有明顯的粘貼痕跡。推測是後人在利用兩件紙背抄寫文字時將二者粘貼在一起的，粘貼的部位是兩件之尾部，從而造成《維摩詰經疏》呈倒書狀態。兩件之尾部都留有十餘行空白，『失名經疏抄』即抄於《維摩詰經疏》尾部的空白處。三件文書筆跡不同，筆墨濃淡亦不一，應爲不同人不同時期所書。其中『失名經疏抄』應寫於兩件粘貼後，故呈正書狀態。此卷背面抄有《淨名經集解關中疏》、『類書抄』、『漢晉史事略抄』和『佛教論義』。此件《英藏敦煌文獻》未收，現予增收。

## 校記

〔一〕『廿』，《瑜伽師地開釋分門記》釋作『二十』。
〔二〕此句《敦煌遺書總目索引新編》《中國古代寫本識語集録》漏録。
〔三〕『談迅』，《敦煌遺書總目索引新編》《中國古代寫本識語集録》漏録。
〔四〕『福慧』，《敦煌遺書總目索引新編》《中國古代寫本識語集録》漏録。
〔五〕『廿』，《瑜伽師地開釋分門記》釋作『二十』。
〔六〕『迅』，《敦煌遺書總目索引新編》未能釋讀。

## 參考文獻

*Descriptive Catalogue of the Chinese Manuscripts from Tunhuang in the British Museum*, The Trustees of the British Museum, London 1957, p. 180（録）；《敦煌寶藏》二〇册，臺北：新文豐出版公司，一九八一年，六八三、六八六頁（圖）；《中國古代寫本識語集録》，東京大學東洋文化研究所，一九九〇年，四一九頁（録）；《敦煌遺書總目索引新編》，北京：中華書局，二〇〇〇年，七八頁（録）；《瑜伽師地開釋分門記》，載《藏外佛教文獻》五輯，北京：宗教文化出版社，一九九八年，二〇三頁（録）。

# 斯二五五二背　一　類書抄

## 釋文

聖德普覆中，引堯王治國之事，土階三尺，貓（茅）資（茨）不剪〔一〕，耕田而食，鑿井而飲。百姓日出時作，日暮時歌。引陽王亦得如孝疏。

蘶（魏）文侯坐步車上羊場〔二〕，板教群臣，步車而推，虎會負戈而歌。蘶（魏）文侯既至處所，懷怏恨恨，問會：『夫爲臣侮於君，罪有幾？』會曰：『罪有二。』云：『何二？』答曰：『死，有（又）死之〔三〕。』文侯曰：『夫死可知，又死如何？』答：『已身死，妻兒屠之。』會問文侯曰：『夫君侮於人，臣罪有幾？』（文）侯曰〔四〕：『不聞。』會曰：『智者不爲謀，弁（辯）者不爲説〔五〕，勇者不爲其所戰。』

雖文約而詣者，但以文略非義略也。

## 説明

此卷首缺尾全，分别抄寫《淨名經集解關中疏》、『類書抄』、『漢晉史事略抄』和『佛教論義』。其中《淨名經集解關中疏》首缺尾全；其後接有『類書抄』八行；『類書抄』後有『臺山見上記』五字，字體較前者爲大；其後夾雜抄寫『漢晉史事略抄』和『佛教論義』，卷末有濃墨大字『已前決天台義』。從字跡來看，『漢晉史事略抄』和『佛教論義』爲同一人所書。此卷尾另有蔣孝琬所書數碼和『倒順各雜論』，未録。

此件首尾完整，其内容似爲類書抄，《英藏敦煌文獻》未收，現予增收。

## 校記

〔一〕『貓資』，當作『茅茨』，據文義改，『貓』爲『茅』之借字，『資』爲『茨』之借字。
〔二〕『藐』，當作『魏』，據文義改，『藐』爲『魏』之借字。以下同，不另出校。
〔三〕『有』，當作『又』，據下文及文義改，『有』爲『又』之借字。
〔四〕『文』，據文義補。
〔五〕『弁』，當作『辯』，據文義改，『弁』爲『辯』之借字。

## 參考文獻

《敦煌寶藏》二〇册，臺北：新文豐出版公司，一九八一年，七〇一頁（圖）。

# 斯二五五二背　二　漢晉史事略抄

## 釋文

前漢高祖姓劉諱邦[一]，帝堯之後，煓之子，都長安，在位十三年，崩，年五十四，葬長陵。

至第十三帝孺子嬰，宣帝玄孫，立三年，王莽簒位，封嬰爲定安公，時年五歲。

新室王莽，田安之後，元帝后弟之子，立十五年，通攝三年，爲一十八年，至地皇四年，爲劉玄所誅，年六十八。

初簒漢室稱新時，金一斤粟一石。

右前漢高祖起乙未，盡王莽壬午，合二百廿八年。自高祖元年乙未至總章元年戊辰，合八百七十四年。

癸未劉玄字聖公，以王莽地皇四年二月稱帝於南陽，號更始元年。更始二年爲赤眉賊劉盆子所誅。

後漢光武名秀，字文叔，以更始二年年廿八起於南陽，騎牛煞新野尉，得馬乘雲。劉玄封爲偏將軍，又封爲蕭王，稱帝於鄗，年號建武。建武卅一年改爲中元，中元三年二月崩[二]，年〔六〕十三[三]，葬原陵。

又後漢十二帝，起劉玄更始元年癸未，盡獻帝元（延）康元年己亥[四]，合一百九十七年。光武元年乙酉至總章元年戊辰，合六百卌四年。

前後二漢通王莽、劉玄，合廿六帝，四百廿五年。

劉氏靈帝自字宏，章帝玄孫，立廿二年。

吴朝孫氏太皇帝者，是吴主，姓權（孫）名孫（權）[五]，是其孫也。

西晉司馬氏武帝，姓司馬名炎。

## 説明

此件首尾完整，無題，所記爲前漢、後漢、吴朝、西晉的年事。此件有兩處計年下限均至『總章元年』，推測此年代記成於唐高宗總章元年，文中不避『世』『治』諱，故抄寫年代可能在五代以後。此件末尾兩行及此件後抄有『佛教論義』若干行，因與此件内容無關，未録。

## 校記

〔一〕此句前有『反出緣起者，真宗至教出於緣起，緣起所不及也』，與此件内容無關，不録。

〔二〕「三」，《後漢書》《資治通鑑》均作「二」。

〔三〕「六」，據《後漢書·光武帝紀》及文義補；「三」，《後漢書》《資治通鑑》均作「二」。

〔四〕第一個「元」，當作「延」，據《後漢書·孝獻帝紀》改。

〔五〕「權」，當作「孫」，據《三國志·吳書·吳主傳》改；「孫」，當作「權」，據《三國志·吳書·吳主傳》改。

## 參考文獻


《資治通鑑》四册，北京：中華書局，一九五六年，一四二八頁；《三國志》五册，北京：中華書局，一九六四年，一一一五頁；《後漢書》一册，北京：中華書局，一九六五年，八五頁；《後漢書》二册，三九〇頁；《敦煌寶藏》二〇册，臺北：新文豐出版公司，一九八一年、七〇一至七〇二頁（圖）；《英藏敦煌文獻》四卷，成都：四川人民出版社，一九九一年，九一頁（圖）。

# BD八二二八＋斯二五五三　沙門善導願往生禮讚偈

## 釋文

（前缺）

至心歸命禮西方阿彌陀佛[一]。欲選當生處[二]，□間樹開重閣，滿道佈仙（鮮）衣[三]。香飯隨心□有緣皆得入，上自往人希。願共諸衆□

至心歸命禮西方阿彌陀佛。十劫道□金沙徹水照，王（玉）葉滿枝明[四]。鳥本珠□敢請西方聖[五]，早晚定相迎。願共諸□

至心歸命禮西方阿彌陀佛。未知何□偏求有緣地，冀得早無邪。八功如意□於彼心能係，當必往非賒。願共諸□

至心歸命禮西方阿彌陀佛。淨國□。光臺千寶合，音樂八風宣。池多說□得生不畏退，隨意晚開蓮。願共諸衆□

至心歸命禮西方阿彌陀佛。坐華非一像，□蓮開人獨處，波生法自揚。無災由處

□問彼前生輩，來斯幾劫强。願共諸□

至心歸命禮西方阿彌陀佛。光舒□。天來香蓋捧，人去寶衣齎。六時聞鳥

相看無不正〔六〕，豈復有長迷。願共諸衆生，□

至心歸命禮西方阿彌陀佛。普爲弘三□發心功已至，係念罪便消。鳥化珠

光〔七〕。俱忻行道易，寧愁聖果遥。願共諸□

至心歸命禮西方阿彌陀佛。珠色仍〔八〕。到時華自散，隨願葉還開。遊池更出

没〔九〕真心能向彼，有善併須迴。願共諸衆生，□

至心歸命禮西方阿彌陀佛。洗心甘露□同生機易識，等壽量難分。樂多無

□。如何貪五濁，安然火自燒。願共諸□〔一〇〕

至心歸命禮西方阿彌陀佛。臺裏天人□懸空四寶閣，臨迴七重蘭。疑多邊地久，

□且莫論餘願，西望已心安。願共諸衆□

至心歸命禮西方阿彌陀佛。六根常□念頃遊方遍，還時得忍成。地平無□寄言有心輩，共出一危城。願共諸衆生[一一]，□

至心歸命禮西方阿彌陀佛。哀愍覆護我[一二]，□此世及後生，願佛常攝受。願共諸衆生[一三]，□

至心歸命禮西方極樂世界觀世音菩□願共諸衆生，往生安樂國。

至心歸命禮西方極樂世界大勢至菩□願共諸衆生，往生安樂國。

至心歸命禮西方極樂世界諸菩薩摩訶薩清淨大海衆[一四]。願共諸衆生，往生安樂國。

普爲師僧、父母、善知識、法界衆生，斷除三鄣，同得往生阿彌陀佛國，歸命懺悔。

沙門善導願往生禮讚偈謹依十六觀作

至心歸命禮西方阿彌陀佛。觀彼彌陀極樂界，廣大寬平衆寶成。四十八願莊嚴起，超諸佛刹最爲精。本國他方大海衆，窮劫算數不知名。普勸歸西同彼會，恆沙三昧自然成。願共諸衆生，往生安樂國。

至心歸命禮西方阿彌陀佛。地下莊嚴七寶幢，無量無邊無億數。八方八面百寶成，見彼無生自然悟。無生寶國永爲常，一一寶流無數光。行者傾心常對目，騰神踊躍入西方。願共諸衆生，往生安樂國。

至心歸命禮西方阿彌陀佛。地上莊嚴轉無極，金繩界道非工匠。彌陀願智巧莊嚴，菩薩人天散華上。寶地寶色寶光飛，一一光成無數臺。臺中寶樓千萬億，臺側百億寶幢圍。願共諸衆生，往生安樂國。

至心歸命禮西方阿彌陀佛。一一臺上虛空中，莊嚴寶樂亦無窮。八種清風尋光出，隨時鼓樂應機音。機音正受稍爲難，行住坐卧攝心觀。唯除睡時常憶念，三昧無爲即涅槃。願共諸衆生，往生安樂國。

至心歸命禮西方阿彌陀佛。寶國寶林諸寶樹，寶華寶葉寶根莖。或以千寶分林異，或有百寶共成行。行行相當葉相次，色各不同光亦然。等量齊高三十萬，枝條相觸説無因。願共諸衆生，往生安樂國。

至心歸命禮西方阿彌陀佛。七重羅網七重宫，綺互迴光相映發。化天童子皆充遍，瓔珞輝光超日月。行行寶葉色千般，華敷等若旋金輪。果變光成衆寶蓋，塵沙佛刹現無邊。願共諸衆生，往生安樂國。

至心歸命禮西方阿彌陀佛。寶池寶岸寶金沙，寶渠寶葉寶蓮花。十二由旬皆正等，寶羅寶網寶蘭遮。德水分流尋寶樹，聞波睹樂證恬怕。寄語有緣同行者，努力翻迷還本家。願共諸衆生，往生安樂國。

至心歸命禮西方阿彌陀佛。一一金繩界道上，寶樂寶樓千萬億。諸天童子散香華，他方菩薩如雲集。無量無邊無能計，稽首彌陀恭敬立。風鈴樹響遍虛空，歎說三尊無有極。願共諸衆生，往生安樂國。

至心歸命禮西方阿彌陀佛。彌陀本願華王座，一切衆寶以爲成。臺上四幢張寶縵，彌陀獨坐顯真形。／真形／光明遍法界〔一五〕，蒙光觸者心不退。晝夜六時專想念，／終時快樂如／三昧。願共諸衆生，往生安樂國。

／至心歸命禮西方阿／彌陀佛。彌陀身心遍法界，／影現衆生心想中／。／是故勸汝常觀／察〔一六〕，依心起想表真容〔一七〕。真容寶像臨華座，心開見彼國莊嚴。寶樹三身華遍滿，風鈴樂響與文同。願共諸衆生，往生安樂國。

至心歸命禮西方阿彌陀佛。彌陀身色如金山，相好光明照十方。唯有念佛蒙光攝，當知本願最爲强〔一八〕。六方如來舒舌證，專稱名號至西方。到彼華開聞妙法，十地願行自然鄣（彰）〔一九〕。願共諸衆生，往生安樂國。

至心歸命禮西方阿彌陀佛。觀音菩薩大慈悲〔二〇〕，已得菩提捨不證。一切五道内身中，六時觀察三輪應。應現身光紫金色，相好威儀轉無極。恆舒百億光王手，普接有緣歸本國〔二一〕。願共諸衆生，往生安樂國。

至心歸命禮西方阿彌陀佛。勢至菩薩難思議[二二]，威光普照無邊際。有緣衆生蒙光觸，增長智慧超三界。法界傾搖如轉蓬，化佛雲集滿虚空。普勸有緣常憶念，永絶胞胎證六通。願共諸衆生，往生安樂國。

至心歸命禮西方阿彌陀佛。正坐跏趺入三昧，想心乘念至西方。睹見彌陀極樂界，地上虚空七寶莊。彌陀身量極無邊，重勸衆生觀小身。丈六八尺隨機現，圓光化佛等前真[二三]。願共諸衆生，往生安樂國。

至心歸命禮西方阿彌陀佛。上輩上行上根人，求生淨土斷貪瞋。就行差別分三品，五門相續助三因。一日七日專精進，畢命乘臺出六塵。慶哉難逢今得遇[二四]，永證無爲法性身。願共諸衆生[二五]，往生安樂國。

至心歸命禮西方阿彌陀佛。中輩中行中根人，一日齋戒處金蓮。孝養父母教迴向，爲説西方快樂因。佛與聲聞衆來取，直到彌陀華座邊。百寶華籠經七日，三品蓮開證小真。願共諸衆生，往生安樂國。

至心歸命禮西方阿彌陀佛。下輩下行下根人，十惡五逆等貪瞋。四重偷僧謗正法，未曾慚愧悔前愆。終時苦相皆雲集，地獄猛火罪人前。忽遇往生善知識，急勸專稱彼佛名。化佛菩薩尋聲到，一念傾心入寶蓮[二六]。三華鄣重開多劫，於時始發菩提因。願共諸衆生，往生安樂國。

至心歸命禮西方阿彌陀佛。樂何帝（諦）樂事難思議〔二七〕。無邊菩薩爲同學，性海如來盡是師。渴聞波若絶思漿，念服無生即斷飢。一切莊嚴皆説法，無心領納自然知。七覺華池隨意入，八背凝神會一支。彌陀心水沐身頂，觀音大勢與衣披。欻（欻）爾騰空遊法界〔二八〕，須臾授記號無爲。如此逍遥極樂處，吾今不去待何時。願共諸衆生，往生安樂國。

至心歸命禮西方阿彌陀佛。哀愍覆護我，令法種增長。此世及後生，願佛常攝受。願共諸衆生，往生安樂國。

至心歸命禮西方極樂世界觀世音菩薩摩訶薩。願共諸衆生，往生安樂國。至心歸命禮西方極樂世界大勢至菩薩摩訶薩。願共諸衆生，往生安樂國。

至心歸命禮西方極〔樂〕世界諸菩薩摩訶薩清淨大海衆〔二九〕。願共諸衆生，往生安樂國。

普爲師僧、父母、善知識、法界衆生，斷除三鄣，同得往生阿彌陀佛國，歸命懺悔。

沙門善導願往生禮讚偈

至心歸命禮西方阿彌陀佛。無量寶交絡，羅網遍虚空。種種令發響，宣吐妙法音。法音何所説，隨機各自悟。或證陀羅尼，或入三明路。三明朗然淨，照見無爲性。萬法不須求，端然同大聖。願共諸衆生，往生安樂國。

至心歸命禮西方阿彌陀佛。寶池嚴淨國，得水沐天人。見樹成三忍，蘭光發惠真。林宣上品法，華散往生人。相攜入寶閣，證得金剛身。願共諸衆生，往生安樂國。

至心歸命禮西方阿彌陀佛。八風光内出，徐徐拂寶林。樹動華宮颺，樓飛蓋亦從。網羅空裏覆，天樂繞千重。法響恆無絶，人歸亦未窮。口宣猶在定，心淨更飛通。聞名皆願往，日發幾華叢。願共諸衆生，往生安樂國。

至心歸命禮西方阿彌陀佛。十劫道先成，嚴界引群心。真珠變鳥色，妙法滿空音。異類連歌讚，同飛入寶林。寶林花萬葉，葉葉頗梨宮。宮宮有佛會，會會聖人充。願共諸衆生，往生安樂國。

至心歸命禮西方阿彌陀佛。池渠寶岸上，無數化成樓。四面垂鈴迎，空滿散華周。樹含香氣動，水帶法聲流。未曾聞苦事，誰復辯春秋。願共諸衆生，往生安樂國。

至心歸命禮西方阿彌陀佛。曠劫已來未聞見，西方淨土寶莊嚴。地上虛空聲遍滿，珠羅寶網百千重。一一羅網結珍寶，吟曨雜色盡輝光。寶樹枝條異相間，行行正直巧相當。此是彌陀本願力，無憂無惱湛然常。願共諸衆生，往生安樂國。

至心歸命禮西方阿彌陀佛。哀愍覆護我，令法種增長。此世及後生，願佛常攝受。願共諸衆生，往生安樂國。

至心歸命禮西方極樂世界觀世音菩薩摩訶薩。願共諸衆生，往生安樂國。至心歸命禮西方極樂世界大勢至菩薩摩訶薩。願共諸衆生，往生安樂國。

至心歸命禮西方極樂世界諸菩薩摩訶薩清淨大海衆。願共諸衆生，往生安樂國。普爲師僧、父母、善知識、法界衆生，斷除三鄣，同得往生阿彌陀佛國，歸命懺悔。

沙門善導願往生禮讚偈

至心歸命禮西方阿彌陀佛。觀彼彌陀極樂界，廣大寬平衆寶成。空華作行無億數，擬待此地善衆生。五濁欲脩十善業，第一專誦彌陀經。心口稱佛無厭足，捨卻貪心虚假情。臨命終時合兩手，彼國蓮華東向迎。願共諸衆生，往生安樂國。

至心歸命禮西方阿彌陀佛。第一願身莫煞生，煞生直入阿鼻城。將刀煞他望得脱，他還持刀煞己形。煞業相報無斷絶，來來去去不暫停。今日迴心脩淨土，願斷煞命得長生。願共諸衆生，往生安樂國。

至心歸命禮西方阿彌陀佛。第二願身莫偷盗，偷盗得物皆來報。報罪即作畜生身，披毛帶角何時了。今日迴心脩淨土，願斷偷盗不思尋。願共諸衆生，往生安樂國。

至心歸命禮西方阿彌陀佛。今觀此身實可厭，種種不淨假名身。三百碎骨相祇（支）貯（柱）〔三〇〕，漏體何曾有片真。香粉塗身無厭足，畢竟地下成灰塵。煩惱熾盛何時歇，還是流浪三塗因。念勸道場諸衆等，專心念佛入真門。願共諸衆生，往生安樂國。

至心歸命禮西方阿彌陀佛。佛大慈悲恆普救，衆生盲迷不覺知。貪逐世事無邊畔，論天説地不辭疲。因貪隨逐成重病，廣起罪業億深危。願斷此心貪逐意，慈悲普遍滿娑婆。願共諸衆生，往生安樂國。

至心歸命禮西方阿彌陀佛。天堂快樂人希覓，地獄苦處竟鑽頭。眼看行善得善報，眼看行惡則多憂。惡事一聲不惜命，善法不肯至心求。死墮阿鼻十八獄，輪迴六道何時休。願共諸衆生，往生安樂國。

至心歸命禮西方阿彌陀佛。一□衆生無知足，貪財愛色不知休。日夜茫茫唯造罪，無常往至苦來前。伺命鬼神攝大氣，牛頭獄卒至王廳。王言索其罪名簿，開簿唱罪亦無邊。願共諸衆生，往生安樂國。

至心歸命禮西方阿彌陀佛。五濁煩惱難居住，衆生倒見樂人多。日夜造罪無休息，一旦捨命墮阿鼻。阿鼻地獄縱八萬，銅苟（狗）猛火竟燒身〔三一〕。如此困苦忍難得，努力向佛苦勤心。願共諸衆生，往生安樂國。

至心歸命禮西方阿彌陀佛。努力更相勸造善，莫作十惡罪纏身。彌陀發弘誓願重，運度一切出三塗。唯願衆生專念佛，念念不斷佛來迎。端坐千葉蓮華上，合掌向佛因緣〔三二〕。

## 説明

此件由兩片綴合而成，其一爲BD八二二八（服字二八），首尾均缺，自第一行至三八行下部殘損嚴重，中有標題『沙門善導願往生禮讚偈謹依十六觀作』；其二爲斯二五五三，首缺尾全，中有兩處標題『善導願往生禮讚偈』。綴合後的寫本首缺尾全，所存内容爲《往生禮讚》之『晨朝禮讚』和《日中禮讚》部分。

《往生禮讚》又名《六時禮讚》，即在日没、初夜、中夜、後夜、晨朝、日中之時進行禮拜、讚歎的實踐，是佛教徒每天六時舉行的日常性行儀。六時禮讚來源於六時修行，六時修行是佛教的通行規定，善導接受六時行法，并將其引入淨土實踐中，形成六時禮讚（參看聖凱《善導禮讚文新探》，載《中國佛學院學報——法源》二〇〇〇年總十八期，一六九至一七四頁）。湛如認爲此類讚文是在信莊嚴的基礎上而起的願心（參看《敦煌淨土教讚文考辨》，載《華林》一卷，一八五頁）。

現知敦煌文獻中保存『日中禮讚』的尚有斯二五七九、斯二六五九背、伯二七二二共三件寫本。其中斯二五七九首尾均缺，起『緣歸本國』，訖『無爲法性身，願共諸』。斯二六五九背與伯二七二二屬於另一系統，均首題『往生禮讚文一卷　比丘善導願往生禮讚文廿二拜依十六觀作』，尾題『往生禮讚文一卷』，包括一切恭敬禮常住三寶、胡跪供養、作梵、歎佛呪、迴向文、至心懺悔等内容，與此件存在較大差異。

以上釋文以BD八二二八+斯二五五三爲底本，用斯二五七九（稱其爲甲本）參校。因兩件綴合處成斜線型，故有數行文字是由兩件文書綴合組成的。爲便於區分，在釋録綴合處的文字時，用『\』表示保存在斯二五五三上的文字，即在兩個『\』之間的文字，是保存在斯二五五三上的文字。

## 校記

〔一〕BD八二二八始於此句。
〔二〕『生處』，據殘筆劃及《集諸經禮懺儀卷下》補。
〔三〕『仙』，當作『鮮』，據《集諸經禮懺儀卷下》及文義改，『仙』爲『鮮』之借字。
〔四〕『王』，當作『玉』，據《集諸經禮懺儀卷下》及文義改。
〔五〕『珠』，據殘筆劃及《集諸經禮懺儀卷下》補。
〔六〕『鳥』，據殘筆劃及《集諸經禮懺儀卷下》補。
〔七〕『光』，據殘筆劃及《集諸經禮懺儀卷下》補。
〔八〕『仍』，據殘筆劃及《集諸經禮懺儀卷下》補。
〔九〕『没』，據殘筆劃及《集諸經禮懺儀卷下》補。
〔一〇〕『諸』，據殘筆劃及《集諸經禮懺儀卷下》補。
〔一一〕『生』，據殘筆劃及《集諸經禮懺儀卷下》補。
〔一二〕『我』，據殘筆劃及《集諸經禮懺儀卷下》補。
〔一三〕『生』，據殘筆劃及《集諸經禮懺儀卷下》補。
〔一四〕『訶薩』，據斯二六五九背、伯二七二二《往生禮讚文》一卷及文例補。
〔一五〕『真形』，斯二五五三始於此二字。
〔一六〕『察』，據殘筆劃及伯二七二二《往生禮讚文》一卷補。
〔一七〕『表真容』，據斯二六五九背、伯二七二二《往生禮讚文》一卷及文義補。BD八二二八止於此句。
〔一八〕『最』，據殘筆劃補。

〔一九〕「鄣」，當作「彰」，據斯二六五九背、伯二七二二《往生禮讚文》一卷及文義改，「鄣」爲「彰」之借字。

〔二〇〕「菩薩」，據殘筆劃及伯二七二二《往生禮讚文》一卷補。

〔二一〕甲本始於此句。

〔二二〕「勢」，據殘筆劃及甲本補。

〔二三〕「佛」，甲本作「侍」，誤。

〔二四〕「今」，甲本作「金」，「金」爲「今」之借字；「遇」，甲本作「愚」，「愚」爲「遇」之借字。

〔二五〕甲本止於此句。

〔二六〕「一」，據殘筆劃及斯二六五九背、伯二七二二《往生禮讚文》一卷補。

〔二七〕「帝」，當作「諦」，據伯二九六三《淨土念佛誦經觀行儀》卷下及文義改，「帝」爲「諦」之借字；第二個「樂」，據伯二九六三《淨土念佛誦經觀行儀》卷下及文義疑爲衍文，當删。此句疑有脱文。

〔二八〕「郯」，當作「欸」，據斯二六五九背、伯二七二二《往生禮讚文》一卷及文義改。

〔二九〕「樂」，據斯二六五九背、伯二七二二《往生禮讚文》一卷及文義補。

〔三〇〕「祇貯」，當作「支柱」，據斯一八〇七《往生禮讚文》、斯二一四三《往生禮讚文》改。

〔三一〕「苟」，當作「狗」，據文義改，「苟」爲「狗」之借字。

〔三二〕此句疑脱一字。

## 參考文獻


《大正新脩大藏經》四七册，東京：大正一切經刊行會，一九二八年，四七一至四七三頁；《敦煌寶藏》二一册，臺北：新文豐出版公司，一九八二年，一至四、一三五頁（圖）；《英藏敦煌文獻》四卷，成都：四川人民出版社，一九九一年，九二至九四、一七〇至一七三頁（圖）；《法源》十八期，二〇〇〇年，一七四頁；《華林》一卷，北京：中華書局，二〇〇一年，一八五頁；《法藏敦煌西域文獻》一七册，上海古籍出版社，二〇〇一年，三六五至三六七頁（圖）；《法藏敦煌西域文獻》二〇册，二〇〇二年，二六三頁（圖）；《國家圖書館藏敦煌遺書》一〇一册，北京圖書館出版社，二〇〇八年，二七五至二七八頁（圖）。

# 斯一二五六四　　金剛般若波羅蜜經題記

## 釋文

爲亡女莫摩訶仙及孫子諸厥（？）〔一〕，寫《金剛般若波羅蜜經》，早得離苦解脱。

## 説明

此件《英藏敦煌文獻》未收，現予增收。

## 校記

〔一〕『厥』，*Descriptive Catalogue of the Chinese Manuscripts from Tunhuang in the British Museum*、《敦煌學要籥》、《敦煌遺書總目索引》、《敦煌遺書總目索引新編》均未能釋讀。

## 參考文獻

*Descriptive Catalogue of the Chinese Manuscripts from Tunhuang in the British Museum*, The Trustees of the British Museum, Lon-

don 1957, p. 26（録）；《敦煌寶藏》二一册，臺北：新文豐出版公司，一九八二年，一三四頁（圖）；《敦煌學要籥》，臺北：新文豐出版公司，一九八二年，一一七頁（録）；《敦煌遺書總目索引》，北京：中華書局，一九八三年，一六〇頁（録）；《中國古代寫本識語集録》，東京大學東洋文化研究所，一九九〇年，三二二頁（録）；《敦煌遺書總目索引新編》，北京：中華書局，二〇〇〇年，七八頁（録）。

# 伯三〇二四背＋斯二五六五背　一　佛説金剛經纂

## 釋文

佛説金剛經纂[一]

先須啓請八大金剛：

奉請青除災金剛　奉請辟毒金剛

奉請黄隨求金剛　奉請定除災金剛

奉請白淨水金剛　奉請赤聲火金剛

奉請紫賢金剛　奉請大神金剛

每欲讀誦持念，先須啓請八大金剛。經云：若善男子、善女人，持此《金剛經纂》一遍，如轉《金剛經》三十萬遍，感得神禮如滿道。

天曆元年，北山縣有一劉氏女子，年十九歲身亡，到冥司見閻羅王，問女子曰：『一生已來，作何罪福？』

女子答曰：『一生已來，偏持《金剛經》。』

〔閻〕〔羅〕〔王〕〔問〕女子曰〔二〕：『何不念取《金剛經纂》？』

女子曰：『緣世上無本。』

王言：『放汝却迴，分明記取經文。從「如是我聞」至「信受奉行」，都計五千一百四十九字，有六十九佛，自五十一世尊，八十五如來，三十六須菩提，二十六善男子、善女〔人〕〔三〕，數内有七字四句偈等。今言：

稽首三界尊，歸依十方佛；

我今發弘願，受持《金剛經》；

上報四重恩，下濟三塗苦；

若有見聞者〔四〕，悉發菩提心；

盡此一報身，同生極樂國；

一日讚般若〔五〕，遍積善無涯。』

玄奘法師禮拜〔六〕，逐月有十齋日：

一日有（齋）〔七〕，善惡童子下界，念定光佛；

八日齋，太子下界，念藥師琉璃光佛；

十四日〔齋〕[八]，司命下界，念賢劫一千佛[九]；
十五日齋，五道將軍〔下〕〔界〕[一〇]，念阿彌陀佛；
十八日齋，閻羅王天子下界，念地藏菩薩；
二十三日齋，天大將軍下界，念大勢至菩薩；
二十〔四〕日齋[一一]，察命下界，念觀世音菩薩；
二十八日〔齋〕[一二]，太山府君下界，念盧舍那佛；
八（二）十九日齋[一三]，四天王下界，念藥王菩薩[一四]；
三十〔日〕齋[一五]，念大梵王下界[一六]，念釋迦摩尼佛。

西京龍興寺玄奘法師於西國來大唐國來，有十二月禮佛日，每月只在一日：
正月一日，平明時向東〔方〕禮佛四拜[一七]，除罪二百三十劫；
二月八日，鷄明（鳴）時向西方禮佛四拜[一八]，除罪一百二十劫[一九]；
三月七日，亥時向西方禮佛四拜[二〇]，除罪一百四十劫；
四月八日，子時向北方禮佛四拜，除罪一百二十劫；
五月五日，黄昏時向東方禮佛四拜，除罪一千八百劫；
六月六日，黄昏時向東方禮佛四拜，除罪一千八百劫；

七月七日，平明時向東方禮佛九拜，除罪一千八百劫；

八月八日，卯時向東方禮〔佛〕十拜[二一]，除罪三萬三千劫；

九月十日，寅時向東方禮佛九拜[二二]，除罪一千八百劫；

十月一日，卯時向南方禮佛九拜[二三]，除罪一千劫；

十一月一日，黄昏時向南方禮佛九拜，除罪一千劫。

〔十〕〔二〕〔月〕〔十〕〔三〕〔日〕[二四]，〔黄〕〔昏〕〔時〕〔向〕〔西〕〔方〕〔禮〕〔佛〕〔九〕〔拜〕[二五]，〔除〕〔罪〕〔一〕〔千〕〔劫〕[二六]。

右件禮佛月日之時，此是賢聖集會，勸諸大地衆生，一心於佛，月日不得失時，令諸衆生，所求稱遂。若能抄寫傳流與人[二七]，除罪三萬九千六百劫，若能教受（授）一人受持[二八]，除罪恆河沙數劫[二九]。

玄奘法師於西國取經一千卷，内掠出此禮佛月日[三〇]。若能有人受持讀誦者，獲福無量。用力最上，功德甚多。福高還如須彌山王，深如巨海，无（大）如天地[三一]，廣積無邊功德。歡（勸）諸善男子[三二]、善女人虎（虔）心重意[三三]，普願合掌珍重，合家禮敬，經文讀歎[三四]，罪滅福生，信心奉行。

金剛經纂一卷

## 説明

此卷由伯三〇二四背與斯二五六五背綴合而成，綴合後的文本首尾完整，分爲五個部分：捺印彌勒變、《大方廣佛華嚴經》卷第四十八、《因明論》三十二過、《佛説金剛經纂》、雜寫，其中斯二五六五背保存『佛説金剛經纂』内容的後半部分和『雜寫』。

此件首尾完整，首題『佛説金剛經纂』，尾題『金剛經纂一卷』。《金剛經纂》爲中國人自撰佛經，分爲三個部分：第一部分爲啓請八大金剛與持誦功德文；第二部分叙述劉姓女子入冥故事；第三部分爲『玄奘法師十二月禮佛日』『玄奘法師十齋日』以及持誦功德文。方廣錩指出此件反映了功德思想的實際流傳形態；『十齋日』『十二禮日』等對研究民間佛教活動有重要參考意義（參見《佛説金剛經纂》，載《藏外佛教文獻》一輯，三五四頁）。《英藏敦煌文獻》未收，現予增收。

此件中有『天曆』年號，學者們已指出元文宗曾使用天曆年號，天曆元年是公元一三二八年。如果這個年號無誤，此卷就不應屬於敦煌藏經洞文獻了。方廣錩認爲元代乃至我國歷代行政區劃均無『北山縣』。因此，此卷之『天曆元年』是否真實的歷史年號尚需研究（參見方廣錩《敦煌藏經洞封閉年代之我見》，載《敦煌學佛教學論叢》，五八至五九頁）。宗舜則認爲『天曆元年』或是唐代宗『大曆元年』的誤寫。他考證此卷中之『玄奘法師禮佛十齋日』等均是僞託。編造的時間，最早應不早於神龍元年（公元七〇五年），最遲不應晚於至德二年（公元七五七年）末。則此件中天曆元年當爲大曆元年（公元七六六年），從時間上看，均爲數十年間發生之事，似比較合乎情理（參看宗舜《〈浙藏敦煌文獻〉之佛教文獻考辨》，載《宗舜法師文集》，網絡版，網址：www. jcedu. org / edu / wenji / zongshun）。經查，唐武德元年改隋汶山郡爲會州，領汶山、北山等九縣（參見劉昫等《舊唐書》卷四一《地理志》，中華書局，一九七五年，一六八八頁），則北山縣是存在於唐代的一個地方政區，可爲『天曆元年』係『大曆元年』之誤的推斷增加一條旁證。

此件《英藏敦煌文獻》未收，因其内容或具有佛教行事文性質，與社會歷史有關，故予增收。現知敦煌文獻中與此件屬於同類的尚有伯三八〇九一件寫本，該件首尾完整，起『玄奘法師禮拜，逐月有十齋日』，訖『除罪恆河沙數劫』。

以上釋文以伯三〇二四背+斯二五六五背爲底本，用伯三八〇九（稱其爲甲本）參校。

## 校記

〔一〕伯三〇二四背始於此句。
〔二〕『閻羅王問』，《藏外佛教文獻》一輯據文義校補。
〔三〕『人』，《藏外佛教文獻》一輯據文義校補。
〔四〕『聞者』，據殘筆劃及文義補；斯二五六五背始於此句。
〔五〕『般若』，據殘筆劃及文義補。
〔六〕甲本始於此句。
〔七〕『一』，甲本作『十一』，據文義『十』係衍文，當刪；『有』，甲本無，當作『齋』，據文義改。
〔八〕『齋』，甲本無，《地藏菩薩十齋日》據文義校補。
〔九〕『一』，甲本無。

〔一〇〕「下界」，甲本無，《地藏菩薩十齋日》據文義校補。

〔一一〕「四」，據甲本補；「齋」，甲本無。

〔一二〕「齋」，甲本無，《地藏菩薩十齋日》據文義校補。

〔一三〕「八」，當作「二」，據甲本改。

〔一四〕「王」，《地藏菩薩十齋日》校補作「王藥上」。

〔一五〕「日」，據甲本補。

〔一六〕「念」，甲本同，《藏外佛教文獻》一輯據文義認爲係衍文，當删。

〔一七〕「方」，據甲本補。

〔一八〕「明」，甲本同，當作「鳴」，據文義改，《藏外佛教文獻》一輯逕釋作「鳴」，「明」爲「鳴」之借字；「時」，甲本作「平時」，據文義「平」係衍文，當删。

〔一九〕「劫」，甲本脱。

〔二〇〕「亥時」，甲本脱。

〔二一〕「佛」，據甲本補。

〔二二〕「禮佛」，甲本脱。

〔二三〕「佛」，甲本作「佛佛」，一字書於行末，一字書於行首。

〔二四〕「十二月十三日」，據甲本補。

〔二五〕「黄昏時向西方禮佛九拜」，據甲本補。

〔二六〕「除罪一千劫」，據甲本補。

〔二七〕「傳」，據殘筆劃及甲本補。

〔二八〕第一個「受」，甲本同，當作「授」，據文義改，「受」爲「授」之借字。

〔二九〕甲本止於此句。

〔三〇〕「月日」，《藏外佛教文獻》一輯釋作「日月」，誤。

〔三一〕「无」，當作「大」，《藏外佛教文獻》一輯據文義校改。

〔三二〕「歡」，當作「勸」，《藏外佛教文獻》一輯據文義校改。

〔三三〕「虎」，當作「虔」，《藏外佛教文獻》一輯據文義校改。

〔三四〕「讀」，《藏外佛教文獻》一輯校補作「讀誦讚」，按不補亦可通。

## 參考文獻

《舊唐書》五册，一六八八頁；《敦煌寶藏》二一册，臺北：新文豐出版公司，一九八二年，一三七頁（圖）；《敦煌寶藏》一二六册，一九八五年，七九頁（圖）；《敦煌寫本中的地藏十齋日》，載《法國學者敦煌學論文選萃》，北京：中華書局，一九九三年，三九一至四二九頁；《佛説金剛經纂》，三五四至三五八頁（録）；《敦煌藏經洞封閉年代之我見》，《敦煌學佛教學論叢》，中國佛教文化出版有限公司，一九九八年，五八至五九頁；《地藏菩薩十齋日》，載《藏外佛教文獻》七輯，北京：宗教文化出版社，二〇〇〇年，三五二至三五三頁（録）；《法藏敦煌西域文獻》二一册，上海古籍出版社，二〇〇二年，一一〇頁（圖）。

## 伯三〇二四背＋斯二五六五背　二　雜寫

### 釋文

夏熱敬惟鄧法律尊體動止康安[一]，即此鄧僧正如上[二]。
二（？）丁（？）　勑不今在
伏惟
皇帝聖體
索尚書　璨煖□□[三]
者者兑紙[四]
ナ大夫檢校　夫大
入菩提之大　自生張（？）
夫大夫大大扌校
便得阿羅漢
勑

義勑義　阿羅漢

或（？）及之　　交於

八□

爾今過

衆生□受者法〔五〕

## 説明

此件文字字體大小不同，墨跡濃淡亦不一，正倒書夾雜，應爲不同人不同時間隨意所抄，《英藏敦煌文獻》未收，現予增收。

## 校記

〔一〕『鄧』，《〈英藏敦煌文獻〉（1—8）補遺》釋作『命』，誤；『安』，《〈英藏敦煌文獻〉（1—8）補遺》未能釋讀。

〔二〕『鄧』，《〈英藏敦煌文獻〉（1—8）補遺》釋作『命』，誤。

〔三〕『璨媛』，《〈英藏敦煌文獻〉（1—8）補遺》釋作『燒光』。

〔四〕『兑』，《〈英藏敦煌文獻〉（1—8）補遺》釋作『允』。

〔五〕此行爲倒書。

## 參考文獻

《敦煌寶藏》二一册，臺北：新文豐出版公司，一九八二年，一三七至一三八頁（圖）；《〈英藏敦煌文獻〉（1—8）補遺》，載《英國收藏敦煌漢藏文獻研究：紀念敦煌文獻發現一百周年》，北京：中國社會科學出版社，二〇〇〇年，三九三頁（録）。

# 斯二五六六　陀羅尼抄（大悲心陀羅尼、尊勝陀羅尼）

## 釋文

大悲啓請准經凡欲受持，先志心念阿彌陀佛三遍，緣阿彌陀佛是觀音本師矣〔一〕。

仰啓月輪觀自在，廣大圓滿紫金身。

千臂恒伸現世間，千眼光明常遍照。

一千二百真言契，能滿衆生所願心。

面安三目遍莊嚴，頂戴彌陀持寶器。

宣讚真言微妙法〔二〕，受持當證佛菩提。

辯才無礙化人天，菩薩衆中爲上首。

暫聞尚滅塵沙業，諷念惟增成佛因。

大悲願力不思議，是故我金（今）恒讚念〔三〕。

南無大悲觀世音，願我速知一切法。

南無大悲觀世音，願我早得智慧眼。

南無大悲觀世音，願我速度一切衆。
南無大悲觀世音，願我早得善方便。
南無大悲觀世音，願我速乘般若船。
南無大悲觀世音，願我早得越苦海。
南無大悲觀世音，願我速得戒足道。
南無大悲觀世音，願我早登涅盤（槃）山〔四〕。
南無大悲觀世音，願我速會無爲舍。
南無大悲觀世音，願我早同法性身。
我若向刀山，刀山自摧折。
我若向火湯，火湯自消滅。
我若向地獄，地獄自枯竭。
我若向餓鬼，餓鬼自飽滿。
我若向修羅，惡心自調伏。
我若向畜生，自得大智慧。

千手千眼觀世音菩薩廣大圓滿無障礙大悲心陀羅尼神妙章句〔五〕

南無喝囉怛那哆囉夜一耶〔六〕，南無阿唎耶二，婆盧羯帝爍鉢囉耶三，菩提薩埵婆耶四，摩訶薩埵婆耶五，摩訶迦盧尼迦耶六〔七〕，唵七，薩婆囉罰曳八〔八〕，數怛那怛寫九，南無悉吉嘌埵伊蒙阿唎耶十〔九〕，婆盧羯帝室佛楞馱婆十一，南無那囉謹墀十二，醯唎摩訶皤哆沙咩羊聲吽，十三，薩婆阿他豆輸朋十四，阿遊孕十五，薩婆薩哆那薩婆伽十六〔一〇〕，摩罰特豆十七，怛姪他十八，唵十九，阿婆盧醯盧迦帝二十〔一一〕，迦囉帝廿一，夷醯唎摩訶菩提薩埵廿二，薩婆薩婆廿三，摩囉摩囉廿四，第（弟）子某受持〔一二〕，摩醯摩醯唎馱孕廿五，俱盧俱盧羯懞廿六〔一三〕，度嚧度嚧罰闍耶帝摩訶罰闍耶帝廿七，陀囉陀囉廿八，地唎尼廿九，室佛囉耶三十，遮囉遮囉卅一，摩摩罰摩囉卅二〔一四〕，穆帝麗〔卅〕〔三〕〔一五〕，伊醯移醯卅四，室那室那卅五，阿囉嘇佛囉舍利卅六〔一六〕，罰沙罰嘇卅七，佛囉舍利卅八，呼盧呼盧摩囉三十九〔一七〕，呼盧呼盧醯唎四十〔一八〕，娑囉娑囉〔四〕〔十〕〔一〕〔一九〕，悉唎悉唎四十二，蘇嚧蘇嚧四十三，菩提夜菩提夜卌四〔二〇〕，菩馱夜菩馱夜四十五，彌帝唎夜那囉謹墀四十六，他姪唎瑟尼那四十七，波夜摩那卌八〔二一〕，娑婆訶四十九，悉陀夜五十〔二二〕，娑婆訶五十一，摩訶悉陀夜五十二，娑婆訶五十三，悉陀喻藝五十四，室皤囉耶五十五，娑婆訶五十六，那囉謹墀五十七，娑婆訶五十八，摩囉那囉五十九，娑婆訶六十，悉囉僧阿穆佉耶六十一，娑婆訶六十二，婆波摩阿悉陀耶六十三，娑婆訶六十四，者吉囉阿悉陀耶六十五，娑婆訶六十六，波摩羯悉哆耶六十七，娑婆訶六十八，那囉謹墀皤伽囉耶六十九，娑婆訶七十，摩娑唎勝羯囉夜七十一，娑婆訶七十二，南無喝囉怛那哆囉夜耶七十三，南無阿唎耶七十四，婆盧吉帝爍皤囉耶七十五，娑婆訶七十六，悉殿都七十七，漫多羅佛陀耶七十八，娑婆訶七十九。

千手千眼觀世音菩薩廣大圓滿無礙大悲心陀羅尼　迴向〔二三〕

願課誦功德，普及諸有情。

我等與衆生，皆共成佛道。

（中空數行）

佛頂尊勝加句靈驗陀羅尼啓請

稽首千葉蓮華座，摩尼殿上尊勝王。

廣長舌相遍三千，恆沙功德皆圓滿〔二四〕。

灌頂聞持妙章句，九十九億世尊宣。

憍尸迦爲善住天，能滅七返傍生路。

希有總持秘法藏，能發圓明廣大心。

我今具足是凡夫，讚歎〔總〕持薩婆若〔二五〕。

願我心眼常開悟，所有功德施群生。

什方刹土諸如來〔二六〕，他方此界諸菩薩。

八部龍天諸眷屬，散胎大將藥叉王。

冥司地主焰摩羅，善惡簿官二童子。

已上聖賢諸衆等，願開（聞）啓請悉降臨〔二七〕。

擁護佛法使長存，各各勤行世尊教。
所有聽徒來至此，或居地上或居空。
一聞佛頂尊勝言，蠢動含靈皆作佛。

佛頂尊勝加句靈驗陀羅尼

西天三藏沙門佛陀波利奉詔譯

曩謨〔引〕婆誐嚩無可反，引帝一〔二八〕，怛𡅅二合囀舌〔二九〕，路〔引〕枳也二合二合〔三〇〕，鉢囉二合底丁以反尾始瑟吒拆佉反，二合野余何反，三，没馱引野婆去誐嚩帝引，四，怛儞野二合他去引，五，唵引尾戍引馱野尾戍馱野六，娑麽娑麽三去滿多嚩文縛反婆去引娑七〔三一〕，娑頗普跛囉拏鼻音弓〔引〕誐底誐賀曩八〔三二〕，娑嚩婆嚩尾秫詩律反第九，阿鼻詵上謹反左一本或云者睹輅莫敢反素誐多十，嚩囉嚩左曩十一，阿蜜嘌二合多去鼻曬所戒反罽居又，十二〔三三〕，麽賀曼怛囉二合波唥阿去引賀囉阿賀囉十三，阿庾羊主反散馱引囉捉尼整反，十四，戍馱野戍馱野十五，誐誐曩尾秫第十六，鄔瑟捉二合〔合〕灑尾惹自攞反野尾秫第十七〔三四〕，娑賀娑囉二合喝囉上轉舌濕茗二合散祖一本或云注儞尼以反帝十八，薩嚩怛他誐路十九，嚩盧羯顊寧頂反，二十，薩吒播囉蜜哆廿一，跛哩布囉捉廿二，薩嚩怛他誐哆纈哩馱野廿三，引，地瑟姹曩廿四，地瑟恥哆廿五，摩賀母捺㘑二合，廿六，嚩曰囉二合迦野廿七，僧思孕反，去賀多曩尾秫第廿八，薩嚩嚩囉拏鼻音，廿九，跛唧以遮反突嘌二合蘖底跛哩秫第三十〔三五〕，鉢囉二合底顊韈脱發反多野阿去欲秫第三十一，三麽去鼻夜顊烏割地瑟恥帝三十二，麽顊麽顊摩賀摩顊卅三〔三六〕，怛闥多部路卅四，俱胝跛哩秫第三十五，尾娑普吒二合没地徒賣反秫第三十六，惹野惹野三十七，尾惹野尾惹野三十八，娑麽囉二合娑麽囉三十九，薩嚩没馱地瑟恥二合多秫第四十，嚩曰嚟二合嚩曰囉二合蘖囉陛四十一，嚩曰覽二合婆嚩睹麽麽稱名受持，四十二，舍唎藍二合薩嚩薩埵喃四十三，轗左迦唧〔以〕〔反〕〔遮〕跛哩秫第四十四〔三七〕，薩嚩誐底跛哩秫第四十五，薩嚩怛他蘖多室左二合銘四十六，三麽濕嚩二合娑演睹四十七，薩嚩怛他孼跢四十八。三麽濕嚩娑地瑟恥帝四十九，没地亭夜反，下同野没地野五十，尾没地野尾没地野五十一，昌馱野昌馱野五十二，尾昌馱野〔尾〕〔昌〕〔馱〕〔野〕五十三〔三八〕，三滿多跛哩秫第五十四，薩嚩怛他孼多纈哩馱野五十五〔三九〕，地瑟姹曩五十六，地瑟恥多五十七，麽賀母捺嚟二合娑婆賀五十八。

佛頂尊勝加句靈驗陀羅尼〔四〇〕

持課諸功德，迴施諸有情。

我等與衆生，皆共成佛道〔四一〕。

丘（比）比（丘）惠鑾〔四二〕，今者奉　命書出，多有拙惡，且副　來請〔四三〕。謹專奉　上，伏乞受持，同沾殊利。時戊寅歲一月十七日〔四四〕，在沙州三界寺觀音内院〔四五〕，寫《大悲心陀羅尼》《尊勝陀羅尼》同一卷畢〔四六〕。

## 說明

此件首尾完整，内容爲『大悲心陀羅尼』和『尊勝陀羅尼』的彙抄。據卷末題記可知，此件爲比丘惠鑾於戊寅歲在沙州三界寺觀音内院所抄，推測戊寅歲爲公元九七八年。此件《英藏敦煌文獻》未收，因其與密教儀式有關，現予增收。

現知敦煌文獻中與此件屬於同類的尚有斯四三七八背、伯二一九七兩件寫本。斯四三七八背，首尾完整，首題『大悲啓請』，末有題記『比丘惠鑾，今者奉命書出，多有拙惡，且副來請。謹專奉上，伏乞受持，同沾殊利，時己未歲十二月八日在江陵府大悲寺經藏内，寫「大悲心陀羅尼」「尊勝陀羅尼」同一卷畢』，表明與此件的抄寫者同爲惠鑾，但抄寫地點和時間有所不同。伯二一九七，卷軸裝，首尾完整，爲若干種陀羅尼之彙抄，底本多有朱筆標記的章節符號，其中『大悲心陀羅尼』和『尊勝陀羅尼』，對此件具有校勘價值。

以上釋文以斯二五六六爲底本，用斯四三七八背（稱其爲甲本）、伯二一九七（稱其爲乙本）參校。

## 校記

〔一〕甲本此句後尚有『大悲心陀羅尼尊勝同卷經□』。

〔二〕『宣』，甲本同，乙本作『冥』，誤。

〔三〕『金』，當作『今』，據甲、乙本改，『金』爲『今』之借字。

〔四〕『登』，甲本同，乙本作『證』；『盤』，甲、乙本同，當作『槃』，據文義改。

〔五〕『障』，甲本同，乙本無。

〔六〕『夜耶』，甲本同，乙本作『夜耶』。

〔七〕『尼』，甲本同，乙本作『泥』。

〔八〕「婆」，甲、乙本作「皤」。

〔九〕「嘌」，甲本同，乙本作「嘌」，誤。

〔一〇〕「哆」，甲本同，乙本作「多」；第三個「薩」，甲、乙本作「摩」。

〔一一〕「二十」，甲本同，乙本作「廿」。

〔一二〕「第」，當作「弟」，據甲、乙本改，「第」爲「弟」之借字；「某」，甲本同，乙本作「某甲」。

〔一三〕「懞」，甲本同，乙本作「蒙」。

〔一四〕第一個「摩」，甲本同，乙本作「麼」。

〔一五〕「卅三」，據甲、乙本補。

〔一六〕「卅」，乙本同，甲本作「三十」。

〔一七〕「盧」，甲本同，乙本作「嚧」；「三十」，甲、乙本作「卅」。

〔一八〕兩個「盧」，甲本同，乙本作「嚧」。

〔一九〕「四十一」，據甲、乙本補。

〔二〇〕「卌」，甲本同，乙本作「四十」。

〔二一〕「卌」，甲本同，乙本作「四十」。

〔二二〕「夜」，甲本同，乙本作「耶」。

〔二三〕「礙」，甲本作「障礙」。此句乙本脱。

〔二四〕「恆」，乙本同，甲本作「洹」，誤。

〔二五〕「總」，據甲、乙本補。

〔二六〕「什」，甲本同，乙本作「十」。

〔二七〕「開」，當作「聞」，據甲、乙本改；「悉」，據甲、乙本補。
〔二八〕「引」，據甲、乙本補。
〔二九〕「合」，甲本同，乙本脱。
〔三〇〕「引」，據甲、乙本補；「二」，甲本同，乙本脱；「合」，據甲本及文義係衍文，當删。
〔三一〕「縛」，乙本同，甲本作「嚩」。
〔三二〕「弓」，當作「引」，據甲、乙本改。
〔三三〕「嘌」，甲本同，乙本作「嘌」，誤；「所」，甲本同，乙本作「可」，誤。
〔三四〕「二合」，據甲、乙本補。
〔三五〕「嘌」，甲本同，乙本作「嘌」，誤。
〔三六〕第一個「麼」，乙本同，甲本作「摩」；第二個「麼」，甲、乙本作「摩」。
〔三七〕「以遮反」，據甲、乙本補。
〔三八〕「尾昌馱野」，據甲、乙本補。
〔三九〕「孽」，甲、乙本作「蘖」。
〔四〇〕乙本此句後有「迴向」。
〔四一〕乙本止於此句。
〔四二〕「丘比」，當作「比丘」，據甲本改。
〔四三〕「請」，甲本作「情」，「情」爲「請」之借字。
〔四四〕「戊寅」，甲本作「己未」；「一」，甲本作「十二」；「十七」，甲本作「八」。
〔四五〕「沙州三界寺觀音内院」，甲本作「江陵府大悲寺經藏内」。

〔四六〕『畢』，甲本作『了』。

## 參考文獻

《敦煌寶藏》二一册，臺北：新文豐出版公司，一九八二年，一三八至一三九頁（圖）；《敦煌寶藏》三五册，五六二至五六四頁（圖）；《英藏敦煌文獻》六卷，成都：四川人民出版社，一九九二年，五二至五四頁（圖）；《敦煌音義匯考》，杭州大學出版社，一九九六年，一二三〇至一二三二頁；《法藏敦煌西域文獻》八册，上海古籍出版社，一九九八年，三二一六至三三二一頁（圖）；《敦煌密教文獻論稿》，北京：人民文學出版社，二〇〇三年，八七頁。

# 斯二五六七　齋曆（大乘四齋日、年三長齋月等）

## 釋文

大乘四齋日〔一〕：二月八日、四月八日〔二〕、五月八日〔三〕、七月十五日。

年三長齋月：正月、五月〔四〕、九月。

六齋日：八日、十四日、十五日、廿三日〔五〕、廿八日、卅日〔六〕。

十齋日〔七〕：月一日，善惡童子下〔八〕；〔八〕〔日〕〔九〕，〔太〕〔子〕〔下〕〔一〇〕；十四日，察命伺（司）録下〔一一〕；十五日，五道大神下；十八日，閻羅王下；廿三日，天大將軍下；廿四日，帝擇（釋）下〔一二〕；廿八日，太山府軍（君）下〔一三〕；廿九日，四天王下；卅日，天曹地府下〔一四〕。

一日，童子下，念定光如來佛，除（持）齋除罪四十劫〔一五〕，不墮刀槍地獄；八日，太子下，念藥師琉璃光佛，除（持）齋除罪三十劫〔一六〕，不墮粉（糞）草（屎）地獄〔一七〕；十四日〔一八〕，察命下，念賢劫千佛，除（持）齋除罪一千劫〔一九〕，不墮蕩（鑊）湯地獄〔二〇〕；十五日，五道大將軍下，念阿彌陀佛，除（持）齋除罪二百劫，不墮寒冰地獄；十八日，閻羅王下，念觀世音菩薩，除（持）齋除罪九十劫，不墮劍樹地獄〔二一〕；廿三日，天大將軍下，念盧舍那佛，除（持）齋除罪一千劫，不墮我（餓）鬼地獄〔二二〕；廿四日，太山府君下〔二三〕，念地藏菩薩，除（持）齋除罪九十劫，不墮䤧截地獄〔二四〕；廿八日，天帝擇（釋）下〔二五〕，念阿彌陀佛，除（持）齋除罪一千劫，不墮鐵鋸地獄；廿九日，四天王下，念藥王藥上菩薩，除（持）齋除罪七千劫，不墮磑磨地獄；卅日，大梵天王下，念擇（釋）迦牟尼佛〔二六〕，除（持）齋除罪八千劫，不墮寒冰〔地〕〔獄〕〔二七〕。

## 説明

此卷首尾完整，包括『大乘四齋日』『年長三齋月』『六齋日』『十齋日』，背面抄寫『劉師禮文抄』。敦煌寫本『十齋日』有簡、繁兩種形式，内容是叙述每月的十個特定日子中，有哪些天神下界巡檢，在這些日子中念誦哪些佛、菩薩之名，如此稱名持齋可不墮何種地獄以及可免罪多少劫（參看張總《地藏菩薩十齋日》，載《藏外佛教文獻》七輯，三四八頁）。蘇遠鳴認爲『十齋日』是六齋日曆的變種，後者又出自印度的原始佛教，中國世俗遵守的十齋日其實根源於公元前印度比丘所遵守的一種教規（參看《敦煌寫本中的地藏十齋日》，載《法國學者敦煌學論文選萃》，四二三頁）。此件對於了解唐宋時期流行的佛教齋日具有一定參考價值。現知敦煌文獻中對此件有校勘價值的爲伯三七九五，該件首尾完整，抄有『大乘四齋日』『年長三齋月』『六齋日』『十齋日』（爲簡單形式），其後接抄『十二月禮佛文』。

以上釋文以斯二五六七爲底本，用伯三七九五（稱其爲甲本）參校。

## 校記

〔一〕「四」，甲本作「四大」。
〔二〕「四」，甲本作「贏」。
〔三〕「五」，甲本作「四」。
〔四〕「五月」，甲本脱。
〔五〕「廿」，《大正新脩大藏經》《道教術儀與密教典籍》《地藏菩薩十齋日》釋作「二十」。以下同，不另出校。
〔六〕「卅」，《大正新脩大藏經》《道教術儀與密教典籍》《地藏菩薩十齋日》釋作「三十」。以下同，不另出校。
〔七〕「日」，甲本作「十月」。
〔八〕「惡」，《大正新脩大藏經》釋作「惡惰」，按底本「惡」下有一字，但已塗抹，應不録；「下」，《大正新脩大藏經》釋作「下念」，按底本「念」已塗抹，應不録。
〔九〕「八日」，甲本亦脱，《鳴沙餘韻·解説篇》據文義校補。
〔一〇〕「太子下」，甲本亦脱，《鳴沙餘韻·解説篇》據文義校補。
〔一一〕「伺」，甲本同，當作「司」，據文義改，「伺」爲「司」之借字，《鳴沙餘韻·解説篇》釋作「冋」。
〔一二〕「擇」，當作「釋」，據甲本改。
〔一三〕「軍」，當作「君」，據甲本改，「軍」爲「君」之借字。
〔一四〕甲本此句後抄有「十二月禮佛文」。
〔一五〕第一個「除」，當作「持」，《道教術儀與密教典籍》據文義校改，「除」爲「持」之借字。
〔一六〕第一個「除」，當作「持」，《道教術儀與密教典籍》據文義校改，「除」爲「持」之借字。

〔一七〕「粉草」，當作「糞屎」，據斯二五六八《地藏菩薩十齋日》改。
〔一八〕「日」，《地藏菩薩十齋日》漏録。
〔一九〕第一個「除」，當作「持」，《地藏菩薩十齋日》據文義校改，「除」爲「持」之借字。以下同，不另出校。
〔二〇〕「蕩」，當作「鑊」，《地藏菩薩十齋日》據文義校改，《大正新脩大藏經》《道教術儀與密教典籍》逕釋作「鑊」。
〔二一〕「樹」，《鳴沙餘韻·解説篇》釋作「林」，疑當改作「樹」，按底本實爲「樹」。
〔二二〕「我」，當作「餓」，《地藏菩薩十齋日》據文義校改。
〔二三〕「太」，《鳴沙餘韻·解説篇》釋作「大」，誤。
〔二四〕「纔」，《地藏菩薩十齋日》疑當作「裁」。
〔二五〕「擇」，當作「釋」，據甲本改。
〔二六〕「擇」，當作「釋」，據甲本改。
〔二七〕「地獄」，《地藏菩薩十齋日》據文義校補。

## 參考文獻


《大正新脩大藏經》八五册，東京：大正一切經刊行會，一九三二年，一二九九至一三〇〇頁（録）；《鳴沙餘韻·解説篇》一部，京都：臨川書店，一九八〇年，二三四至二三五頁（録）；《敦煌寶藏》二一册，臺北：新文豐出版公司，一九八二年，一四二頁（圖）；《敦煌寶藏》一三〇册，一九八五年，六一二頁（圖）；《英藏敦煌文獻》四卷，成都：四川人民出版社，一九九一年，九四頁（圖）；《敦煌寫本中的地藏十齋日》，載《法國學者敦煌學論文選萃》，北京：中華書局，一九九三年，三九一至四二九頁；《道教術儀與密教典籍》，臺北：新文豐出版公司，一九九四年，四九二至四九三頁（録）；《地藏菩薩十齋日》，載《藏外佛教文獻》七輯，北京：宗教文化出版社，二〇〇〇年，三五八至三六〇頁（録）；《法藏敦煌西域文獻》二八册，上海古籍出版社，二〇〇四年，七九頁（圖）；《世界宗教研究》二〇〇七年一期，二六至三四頁。

# 斯二五六七背　劉師禮文抄

## 釋文

正月一日平旦時，向東方禮四拜，除罪一百四十劫[一]；二月九日鷄嗎（鳴）時[二]，向南方禮四拜，除罪二百四十劫[三]；三月七日人定時[四]，向西方禮四拜，除罪三百卌劫；四月八日夜伴（半）子時[五]，向北方禮四拜[六]，除罪一百四十劫[七]；五月六日黄昏時，向西方禮六拜，除罪三千八百劫；六月三日辰時，向東方禮九拜，除罪四千八百劫；七月六日午時，向東方禮九拜，除罪三萬四十（千）劫[八]；八月八日午時，向東方禮九拜，除罪三萬五千劫[九]；九月九日午時，向東方禮九拜，除罪三千劫；十月七日午時，向南方禮九拜，除罪三萬劫；十一月三日酉時，向南方禮卌拜，除罪四千劫；十二月〔八〕〔日〕戌時[一〇]，向北方禮三十拜[一一]，除罪四千劫[一二]。

## 説明

此件首尾完整，無題。其内容是叙述一年十二個月中，在哪些特定日時向何方禮拜可以除罪多少劫。

現知敦煌文獻中保存内容與此件相同的尚有伯三七九五，該件首尾完整，亦無題。《英藏敦煌文獻》擬題爲「齋曆（十二月禮多記）」，方廣錩認爲其爲「劉師禮文」的後代變種（《〈劉師禮文〉及其後代變種》，《宗教研究·2009》，九三至一〇七頁），此暫從之。

以上釋文以斯二五六七背爲底本，用伯三七九五（稱其爲甲本）參校。

## 校記

〔一〕「四十」，甲本作「卌」。
〔二〕「嗎」，當作「鳴」，據甲本改。
〔三〕「四十」，甲本作「卌」。
〔四〕「人」，甲本作「入」，誤。
〔五〕「伴」，當作「半」，據甲本改，「伴」爲「半」之借字。
〔六〕「四」，底本寫於「禮拜」二字右側。
〔七〕「四十」，甲本作「卌」。
〔八〕「十」，當作「千」，據甲本改。
〔九〕「罪」，甲本脱。
〔一〇〕「八日」，據甲本補，《〈劉師禮文〉及其後代變種》據北大七四校補作「三日」。
〔一一〕「三十」，甲本作「卌」。
〔一二〕「四」，甲本作「二」。甲本此句後有「右上件齋月日是玄裝（奘）法師在十二部經略出。若有人能滿三年每依時持齋禮拜，所求如願。抄本流轉，除罪十方（萬）六千六百劫。寂和尚大涅（？）槃求法不及看心，千種多知不如禁口，三戒中臭唯有穢言，一切名香無過善語』。

## 參考文獻

《敦煌寶藏》二一册，臺北：新文豐出版公司，一九八二年，一四二頁（圖）；《敦煌寶藏》一三〇册，一九八五年，六一二頁（圖）；《英藏敦煌文獻》四卷，成都：四川人民出版社，一九九一年，九五頁（圖）；《法藏敦煌西域文獻》二八册，上海古籍出版社，二〇〇四年，七九頁（圖）；《〈劉師禮文〉及其後代變種》，《宗教研究·2009》，北京：宗教文化出版社，二〇一二年，九九至一〇〇頁（録）。

# 斯二五六八　地藏菩薩十齋日

## 釋文

地藏菩薩十齋日〔一〕

一日，童子下，念定光如來〔二〕，不塗（墮）刀鎗（槍）地獄〔三〕，持齋除罪四十劫〔四〕；

八日，太子下，念藥師琉璃光佛〔五〕，不塗（墮）糞屎地獄〔六〕，持齋除罪三十劫〔七〕；

十四日，察命下〔八〕，念賢劫千佛〔九〕，不塗（墮）鑊湯地獄，持齋除罪一千劫〔一〇〕；

十五日，五道大將軍下〔一一〕，念阿彌陀佛，不墮寒冰地獄〔一二〕，持齋除罪二百劫〔一三〕；

十八日，閻羅王下，念觀世音菩薩，不墮劍樹地獄〔一四〕，持齋除罪九十劫〔一五〕；

廿三日〔一六〕，大將軍下〔一七〕，念盧舍那佛，不墮餓鬼地獄〔一八〕，持齋除罪一千劫〔一九〕；

廿四日，太山府君下〔二〇〕，念地藏菩薩〔二一〕，不墮斬斫地獄〔二二〕，持齋除罪一千劫〔二三〕；

廿八日，帝釋下〔二四〕，念阿彌陀佛〔二五〕，不墮鐵鋸地獄〔二六〕，持齋除罪九十劫〔二七〕；

廿九日，四天王下，念藥師上菩薩[二八]，不墮碓摩（磨）地獄[二九]，持齋除罪七千劫[三〇]；

卅日[三一]，梵天王下[三二]，念釋迦牟尼佛，不墮灰何（河）地獄[三三]，持齋除罪八千劫[三四]。

## 説明

此件首尾完整，首題『地藏菩薩十齋日』。其内容是叙述在每月的十個特定日子中，有哪些天神下界巡檢，在這些日子中念誦哪些佛、菩薩之名，包括如此稱名持齋可不墮何種地獄以及可免罪多少劫等。現知敦煌文獻中此類寫本多達十七件，包括十五件漢文本和兩件藏文本。根據標題和内容的不同，又可分爲六個系統八個異本（參看張總《地藏菩薩十齋日》，載《藏外佛教文獻》七輯，三四八至三四九頁）。與此件屬於同一系統，並對此件具有校勘價值的共有四件：伯三〇一一，首尾完整，首題『地藏菩薩拾齋日』；斯四四四三背，首尾完整，倒書，首題『地藏菩薩經十齋日』，原未抄完，只存『十八日』前五個齋日的内容；斯五八九二，册頁裝，首尾完整，首題『地藏菩薩經十齋日』；BD〇九三八六（發字七號），首尾完整，首題『地藏菩薩經十齋』。

以上釋文以斯二五六八爲底本，用伯三〇一一（稱其爲甲本）、斯四四四三背（稱其爲乙本）、斯五八九二（稱其爲丙本）、BD〇九三八六（稱其爲丁本）參校。

## 校記

〔一〕『薩』，甲本同，乙、丙、丁本作『薩經』；『十』，乙、丙、丁本同，甲本作『拾』；『日』，甲、乙、丙本同，丁本脱。
〔二〕『定』，乙、丙、丁本同，甲本作『第』；『來』，甲、乙、丁本同，丙本作『來佛』。
〔三〕『塗』，甲、乙本同，當作『墮』，據丙、丁本改，以下同，不另出校；『鎗』，甲、乙本同，當作『槍』，據丙、丁本改，『鎗』爲『槍』之借字。
〔四〕『持齋』，甲、乙、丙本同，丁本無；『除』，乙、丁本同，甲本作『徐』，丙本作『持』，均誤。
〔五〕『師』，甲、乙、丙本同，丁本脱。
〔六〕『糞』，乙、丙、丁本同，甲本作『番』，誤。
〔七〕『持齋』，甲、乙、丙本同，丁本無；『除』，乙、丙、丁本同，甲本作『徐』，誤；『十』，甲、乙、丁本同，丙本作『萬』。
〔八〕『下』，乙、丁本同，甲、丙本作『不』，誤。
〔九〕『千』，甲、丙、丁本同，乙本脱。
〔一〇〕『持齋』，甲、乙、丙本同，丁本無；『除』，乙、丙本同，甲本作『徐』，誤，丁本作『滅』。
〔一一〕『下』，乙、丁本同，甲、丙本作『不』，誤。
〔一二〕『墮』，乙、丙、丁本同，甲本作『隨』，誤；『獄』，甲、乙、丁本同，丙本脱。
〔一三〕『持齋』，甲、乙、丙本同，丁本無；『除』，丙本同，甲本作『徐』，誤，丁本作『滅』；『二』，甲、乙、丁本同，丙本作『一』。
〔一四〕『墮』，乙、丙、丁本同，甲本作『隨』，誤。

〔一五〕『持齋』，甲、乙、丙本同，丁本無；『除』，乙、丙本同，甲本脱，丁本作『滅』。乙本止於此句。

〔一六〕『廿』，甲、丙、丁本同，《大正新脩大藏經》《地藏菩薩十齋日》釋作『二十』。以下同，不另出校。

〔一七〕『大』，甲、丁本同，丙本作『天大』。

〔一八〕『墮』，丙、丁本同，甲本脱；『餓鬼』，丙、丁本同，甲本作『鐵光』。

〔一九〕『持齋』，甲、丙本同，丁本無；『除』，丙本同，甲本作『徐』，誤，丁本作『滅』。

〔二〇〕『府』，丁本同，甲本作『苻』，丙本作『付』，『苻』『付』均爲『府』之借字；『君』，甲本同，丙、丁本作『軍』，『軍』爲『君』之借字。

〔二一〕『藏』，丙、丁本同，甲本作『獄』，《大正新脩大藏經》釋作『獄』，誤。

〔二二〕『墮』，丙、丁本同，甲本作『隨』，誤；『斫』，甲、丁本同，丙本作『碓』。

〔二三〕『持齋』，甲、丙本同，丁本無；『除』，丙本同，甲本作『徐』，誤，丁本作『滅』。

〔二四〕『帝』，甲、丁本同，丙本作『天帝』。

〔二五〕『陀』，甲、丙本同，丁本脱。

〔二六〕『墮』，丙、丁本同，甲本作『隨』，誤；『鋸』，丙、丁本同，甲本脱。

〔二七〕『持齋』，甲、丙本同，丁本無；『除』，丙本同，甲本作『徐』，誤，丁本作『滅』。

〔二八〕『師』，甲、丁本同，丙本作『王藥』。

〔二九〕『墮』，丙、丁本同，甲本作『隨』，誤；『摩』，丙本作『礳』，當作『磨』，據甲、丁本改，『摩』爲『磨』之借字。

〔三〇〕『持』，丙本同，甲本脱，丁本無；『齋』，甲、丙本同，丁本無；『除』，甲本作『徐』，丙本作『墮』，均誤，丁本作『滅』。

〔三一〕『卅』，甲、丁本同，丙本作『三十』，《大正新脩大藏經》《地藏菩薩十齋日》釋作『三十』。

〔三二〕『梵』，甲本同，丙、丁本作『大梵』。

〔三三〕『墮』，丙、丁本同，甲本作『隨』，誤；『何』，當作『河』，據甲、丙、丁本改，《地藏菩薩十齋日》逕釋作『河』，『何』爲『河』之借字。

〔三四〕『持齋』，甲、丙本同，丁本無；『除』，甲、丙本同，丁本作『滅』；『千』，丙、丁本同，甲本作『十』。

## 參考文獻

《大正新脩大藏經》八五册，東京：大正一切經刊行會，一九三二年，一三〇〇頁（録）；《敦煌寶藏》二一册，臺北：新文豐出版公司，一九八二年，一四三頁（圖）；《敦煌寶藏》三六册，一九八二年，一五二頁（圖）；《敦煌寶藏》四四册，一九八二年，五三八至五三九頁（圖）；《敦煌寶藏》一二六册，一九八五年，三二頁（圖）；《英藏敦煌文獻》四卷，成都：四川人民出版社，一九九一年，九五頁（圖）；《英藏敦煌文獻》六卷，一九九二年，七五頁（圖）；《敦煌寫本中的地藏十齋日》，載《法國學者敦煌學論文選萃》，北京：中華書局，一九九三年，三九一至四二九頁；《道教術儀與密教典籍》，臺北：新文豐出版公司，一九九四年，四九五至四九六頁；《英藏敦煌文獻》九卷，一九九四年，一九五至一九六頁（圖）；《地藏菩薩十齋日》，載《藏外佛教文獻》七輯，北京：宗教文化出版社，二〇〇〇年，三四八至三五〇、三五六至三五八頁（録）；《法藏敦煌西域文獻》二一册，上海古籍出版社，二〇〇二年，五三頁（圖）；《國家圖書館藏敦煌遺書》一〇五册，北京圖書館出版社，二〇〇八年，三三一頁（圖）。

# 斯二五七三　妙法蓮華經卷第二題記

## 釋文

咸亨四年九月十七日，門下省群書手封安昌寫。
用紙二十張[一]。
裝潢手解集[二]。
初校大莊嚴寺僧懷福。
再校西明寺僧玄真[三]。
三校西明寺僧玄真。
詳閲太原寺大德神符[四]。
詳閲太原寺大德嘉尚。
詳閲太原寺上座道成。
詳閲太原寺上座道成[五]。
判官司農寺上林署令李〔善〕德[六]。

使大中大夫〔七〕、守工部侍郎〔八〕、攝兵部侍郎、永興縣開國公虞昶監。

## 説明

此件首尾完整，爲咸亨四年（公元六七三年）武則天爲其已逝父母做功德的宫廷寫經之一種。據趙和平研究，咸亨至儀鳳年間長安宫廷寫經的抄經地點爲長安休祥坊的太原寺，其抄寫、校閲、裝潢、監督等具有一套運作有效的機構保障（參見《唐代咸亨至儀鳳中的長安宫廷寫經》，載《首届長安佛教國際學術研討會論文集》卷三《長安佛教的歷史演進與傳播》（下），三一九至三三七頁）。按『解集』全名『解善集』，在現存五十餘件咸亨至儀鳳的宫廷寫經中或略稱作『解集』，或作『解善集』，實爲一人。此件《英藏敦煌文獻》未收，現予增收。

## 校記

〔一〕『二十』，《敦煌學要籥》《敦煌遺書總目索引》《敦煌遺書總目索引新編》均釋作『廿』。

〔二〕『集』，《敦煌學要籥》《敦煌遺書總目索引》《敦煌遺書總目索引新編》均釋作『善集』，《敦煌學要籥》認爲『善』係衍文，按原卷實無『善』。

〔三〕『明』，《敦煌學要籥》釋作『門』，誤。

〔四〕『符』，《敦煌遺書總目索引》《敦煌遺書總目索引新編》釋作『苻』，《敦煌學要籥》釋作『苻』，校改作『符』。

〔五〕此句《敦煌學要籥》《敦煌遺書總目索引》均漏録。

〔六〕『善』，《唐代咸亨至儀鳳中的長安宫廷寫經》據他本補。

〔七〕『大』，《中國古代寫本識語集録》釋作『太』。

〔八〕『守』，《中國古代寫本識語集録》據他本補，按原卷實有『守』。

## 參考文獻

《敦煌出土の長安宫廷寫經》，載《塚本博士頌壽記念佛教史學論集》，京都：平樂寺書店，一九六一年，六四七至六六七頁；《敦煌寶藏》一一一册，臺北：新文豐出版公司，一九八二年，一九九頁（圖）；《敦煌學要籥》，臺北：新文豐出版公司，一九八二年，一一七至一一八頁（録）；《敦煌遺書總目索引》，北京：中華書局，一九八三年，一六一頁（録）；《中國古代寫本識語集録》，東京大學東洋文化研究所，一九九〇年，二一七頁（録）；《敦煌研究》一九九五年一期，一五七頁；《敦煌遺書總目索引新編》，北京：中華書局，二〇〇〇年，七八頁（録）；《唐代咸亨至儀鳳中的長安宫廷寫經》，載《首届長安佛教國際學術研討會論文集》，西安：陝西師範大學出版社，二〇一〇年，三一九至三三七頁；《國學的傳承與創新——馮其庸先生從事教學與科研六十周年慶賀學術文集》，上海古籍出版社，二〇一三年，一〇二六至一〇五五頁。

# 斯二五七四　禮佛懺悔文一卷

## 釋文

（前缺）

□藥王藥上經□目而無名號〔一〕，此卅□定毗尼經〔二〕。

南無東方阿閦如來十方無量佛等一切諸佛（已上七階佛依藥王藥上經文次第〔三〕，已下別依餘部經等流出〔四〕。）

南無寶集如來廿五佛等一切諸佛〔五〕

南無寶集佛　南無寶勝佛

南無成就盧舍那佛　南無盧舍那鏡像佛

南無盧舍那光明佛　南無不動佛

南無大光明佛　南無無量聲如來（三稱）

南無阿彌陀劬沙佛　南無大稱佛

南無寶光明佛　南無得大無畏佛

南無燃燈火佛　　南無實聲佛〔六〕

南無無邊無垢佛　　南無月聲佛

南無無邊稱世尊　　南無日月光明世尊三稱

南無無垢光明佛　　南無清淨光明佛

南無日月光明佛　　南無無邊寶佛

南無華勝佛　　南無妙身佛

南無法光明清淨開敷蓮華佛此廿五佛名出《佛名經》第八卷〔七〕。

南無虚空功德清淨微塵等目端正功德相，光明華波頭摩琉璃光寶體香最上香供養訖。種種莊嚴，頂髻無量無邊，日月光明，願力莊嚴，變化莊嚴，法界出生，無鄣礙王如來若善男子、善女人犯四重五逆，誹謗三寶及四波羅夷，是人罪重。假使如閻浮履地變爲微塵，一一微塵成於一劫，是人有若干劫罪，稱是一佛名號禮一拜者，悉得除滅，況復晝夜受持讀誦憶念不忘者，是人功德不可思議。

南無豪相日月光明華寶蓮華，堅如金剛身，毗盧遮那，無鄣礙眼，圓滿十方，放光照一切佛刹，相王如來此二佛名號出《十二佛名神呪格量功德除滅罪經》。

南無過現未來十方三世一切諸佛，歸命懺悔。

如是等一切世界，諸佛世尊，常住在世〔八〕，是諸世尊，當慈念我、憶念我、證知我。若我此生，若我前生，從無始生死已來〔九〕，所作衆罪，若自作，若教他作，見作隨喜；若塔若僧[一〇]，若四方僧物[一一]，若自取[一二]，若教人取[一三]，見取隨喜[一四]；或作五逆無間重罪，若自作，若教他作，見作隨喜；十不善道，〔若〕自作[一五]，〔若〕教他作[一六]，見作隨喜。所作罪鄣，或有覆藏，或不覆藏，應墮地獄。餓鬼畜生及諸惡趣[一七]，邊地下賤及彌戾車，如是等處，所作罪鄣，今皆懺悔。

今諸佛世尊，當證知我，當憶念我，我復於諸佛世尊前，作如是言：若我此生，若於餘生[一八]，曾行佈施，或守淨戒，乃至施與畜生一摶之食[一九]，或脩淨行所有善根[二〇]，成就衆生所有善根，脩行菩提所有善根[二一]，及無上智所有善根，一切合集、校計、籌量，皆悉迴向阿耨多羅三藐三菩提，如過去未來現在諸佛所作迴向，我亦如是迴向。

衆罪皆懺悔，諸福盡隨喜，及請佛功德，願成無上智。

去來現在佛，於衆生最勝，無量功德海，歸依合掌禮。

一切誦

如來妙色身，世間無與等，無比不思議，是故今敬禮。

如來色無盡，智慧亦復然，一切法常住，是故我歸依。

降伏心過惡，及與身四種，已到難伏地，是故禮法王。

知一切爾炎，智慧身自在，攝持一切法，是故今敬禮。

敬禮過稱量，敬禮無辟類，敬禮無邊法，敬禮難思議。

哀愍覆護我，令法種增長，此世及後生，願佛常攝受。

南無摩訶波若波羅蜜，是大明呪〔二二〕，無上明呪，無等等明呪。

吒枳，吒吒羅吒枳，盧訶㲉〔二三〕，摩訶盧訶㲉〔二四〕，阿羅遮羅，多羅莎訶。

梵唄文〔二五〕

處世間，如虛空，如蓮華，不著水。心清淨，超於彼，稽首禮，無上尊。

偈誦文

願以此功德，普及於一切，我等與衆生，皆共成佛道。

一切恭敬

自歸於佛〔二六〕，當願衆生，體解大道，發無上意。

自歸於法〔二七〕，當願衆生，深入經藏，智慧如海。

自歸於僧〔二八〕，當願衆生，統理大衆，一切無礙。

願諸衆生，諸惡莫作，諸善奉行，自淨其意，是諸佛教和南一切賢聖。

無常偈文

諸行無常，是生滅法，生滅滅已，寂滅爲樂。

晝夜六時發願法信行禪師撰

十方三世諸佛，當證知弟子某甲等〔二九〕，爲一切衆生觀一切三寶；爲一切衆生禮一切三寶；爲一切衆生供養一切三寶；爲一切衆生於一切三寶前行道；爲一切衆生於一切三寶前懺悔；爲一切衆生作佛像，轉經供養衆僧，供養一切衆生。行六波羅蜜、四攝、四無量等，一切行已，集當集現，集一切善根。以此善根，願令一切三塗衆生〔三〇〕，一切貧窮衆生，一切老病死衆生，一切獄囚繫閉衆生，一切破亡流徙衆生〔三一〕，一切不自在衆生，一切邪見顛倒衆生等，悉得離苦解脱，捨邪歸正，發菩提心，永除三鄣。常見一切諸佛菩薩及善知識，恆聞正法，福智具足，一時作佛。

又以此善根，願令一切衆生皆悉上品，往生一切淨土，先證無生忍，然後度衆生〔三二〕。

又以此善根，願令一切三寶、一切國土常得安隱〔三三〕，不破不壞，四方寧靜，兵甲休息，龍王歡喜，風調雨順，五穀熟成，萬民安樂。

六時禮拜佛法大綱

晝三夜三各嚴香華〔三四〕，入塔觀像供養行道禮佛。平旦及與午時，并別唱五十三佛，餘階總唱〔三五〕；日暮〔三六〕、初夜並別唱三十五佛〔三七〕，餘階總唱〔三八〕；半夜、後夜并別唱廿五佛〔三九〕，餘階總唱〔四〇〕。觀此七階佛如在目前，思維如來所有功德，應作如是清淨懺悔。

上來佈置禮佛綱紀，次第多少，悉是故信行禪師依經自行此法〔四一〕，於今徒衆亦常相續，依行不絕。但以現無正文流傳〔四二〕，恐欲學者無所依據，是以故集此文流通於世，願後學者依文讀誦，不增不咸（減）〔四三〕。

## 禮佛懺悔文一卷。

### 説明

此件首缺尾全，尾題『禮佛懺悔文一卷』，爲三階教之禮佛懺悔文，内容包括所禮諸佛名、梵唄文、偈誦文、無常偈文、晝夜六時發願法等五個部分。《英藏敦煌文獻》未收，現予增收。

### 校記

〔一〕『藥』，據文義補；『王藥上經□目而無名號』，《敦煌佛學·佛事篇》漏録。
〔二〕此句《敦煌佛學·佛事篇》漏録。
〔三〕『閦』，《敦煌佛學·佛事篇》釋作『閣』，誤；『已』，《敦煌佛學·佛事篇》釋作『以』，誤。
〔四〕『已』，《敦煌佛學·佛事篇》釋作『以』，誤。
〔五〕『集』，《敦煌佛學·佛事篇》釋作『積』，誤；『廿』，《敦煌佛學·佛事篇》釋作『二十』。
〔六〕『寶』，《敦煌佛學·佛事篇》釋作『實』，誤。
〔七〕『廿』，《敦煌佛學·佛事篇》釋作『二十』。
〔八〕『常』，據《集諸經禮懺儀卷上》及文義補。
〔九〕『已』，《敦煌佛學·佛事篇》釋作『以』，誤。
〔一〇〕此句《敦煌佛學·佛事篇》漏録。
〔一一〕此句《敦煌佛學·佛事篇》漏録。

〔一二〕此句《敦煌佛學・佛事篇》漏録。
〔一三〕此句《敦煌佛學・佛事篇》漏録。
〔一四〕此句《敦煌佛學・佛事篇》漏録。
〔一五〕『若』，據文義補。
〔一六〕『若』，據文義補。
〔一七〕『餓』，《敦煌佛學・佛事篇》釋作『惡』，誤。
〔一八〕『於』，《敦煌佛學・佛事篇》釋作『我』，誤。
〔一九〕『與』，《敦煌佛學・佛事篇》釋作『於』，誤。
〔二〇〕『脩』，《敦煌佛學・佛事篇》釋作『修』，雖義可通而字誤。
〔二一〕『脩』，《敦煌佛學・佛事篇》釋作『修』，雖義可通而字誤。
〔二二〕『明』，《敦煌佛學・佛事篇》釋作『神』，誤。
〔二三〕『叕』，《敦煌佛學・佛事篇》釋作『羅』，誤。
〔二四〕『叕』，《敦煌佛學・佛事篇》釋作『羅』，誤。
〔二五〕『唄』，《敦煌佛學・佛事篇》釋作『貝』，誤。
〔二六〕『於』，《敦煌佛學・佛事篇》釋作『依』，誤。
〔二七〕『於』，《敦煌佛學・佛事篇》釋作『依』，誤。
〔二八〕『於』，《敦煌佛學・佛事篇》釋作『依』，誤。
〔二九〕『某甲』，《敦煌佛學・佛事篇》漏録。
〔三〇〕『塗』，《敦煌佛學・佛事篇》釋作『途』。

（三一）「徒」，《敦煌佛學・佛事篇》釋作「徒」，誤。
（三二）「度」，《敦煌佛學・佛事篇》釋作「廣渡」，誤。
（三三）「隱」，《敦煌佛學・佛事篇》釋作「穩」，誤。
（三四）「華」，《敦煌佛學・佛事篇》釋作「花」，誤。
（三五）「階」，《敦煌佛學・佛事篇》釋作「皆」，誤。
（三六）此句《敦煌佛學・佛事篇》漏録。
（三七）此句《敦煌佛學・佛事篇》漏録。
（三八）此句《敦煌佛學・佛事篇》漏録。
（三九）「廿」，《敦煌佛學・佛事篇》釋作「二十」。
（四〇）「階」，《敦煌佛學・佛事篇》釋作「皆」，誤。
（四一）「自」，《敦煌佛學・佛事篇》釋作「目」，誤。
（四二）「以」，《敦煌佛學・佛事篇》釋作「依」，誤；「無」，《敦煌佛學・佛事篇》釋作「在」，誤。
（四三）「咸」，當作「滅」，據《集諸經禮懺儀》卷上及文義改，《敦煌佛學・佛事篇》逕釋作「滅」。

## 參考文獻

《大正新脩大藏經》四七册，東京：大正一切經刊行會，一九二八年，四六四至四六五頁；《敦煌寶藏》二一册，臺北：新文豐出版公司，一九八二年，二〇〇至二〇二頁（圖）；《敦煌佛學・佛事篇》，蘭州：甘肅民族出版社，一九九五年，九二至九四頁（録）；《善導禮贊文新探》，載《法源》十八期，二〇〇〇年，一七八頁。

# 斯二五七五　一　甄別僧尼爲上中下三品判稿

## 釋文

（前缺）

□等之□（缺）

理合別製，學（缺）白衆知昇作執下□〔一〕（缺）

判者，行香不可澆留，下品上道場經宿頓歸（缺）

上品名目，下（中）品名目〔二〕。

　此欠第三，下品緣是乖顏，此處（？）不標名。准判□□

勒下〔三〕。某日　　都僧統〔四〕。

（後缺）

## 説明

此卷首尾均缺，現存多件文書，依次爲：『甄别僧尼爲上中下三品判稿』『後唐天成三年（公元九二八年）七月十二日都僧統海晏爲七月十五日莊嚴道場配借諸寺幡傘等帖』『唐天復伍年（公元九〇五年）八月靈圖寺徒衆請大行充寺主狀並都僧統判』『道場司爲下品尼去住上都僧統狀稿』『後唐天成肆年（公元九二九年）三月六日應管内外都僧統置方等戒壇牓』『後唐天成四年（公元九二九年）三月九日普光寺置方等道場牓』。以上各件雖已被黏連爲一卷，但各件性質不同。如『後唐天成肆年（公元九二九年）三月六日應管内外都僧統置方等戒壇牓』『後唐天成四年（公元九二九年）三月九日普光寺置方等道場牓』等多件爲實用文書，上鈐有『河西都僧統印』朱印，或有都僧統判。有的如此件和『道場司爲下品尼去住上都僧統狀稿』則均爲狀稿，後者甚至呈倒書狀態。這些跡象表明此卷是後人將原寫有不同内容的紙張黏連成一長卷的，在黏接時又有剪裁，甚至把一件文書從中間剪斷後又將其他文書黏接其間，有的文書則可能在黏接時已有殘缺，故現存各件之間雖紙張相連，但内容并不一定連續，件與件之間或有殘缺。

此件首尾均缺，與卷背『甄别求戒政學沙彌尼爲上中下三品判稿』屬同一性質。其中有『上品名目，下（中）品名目』，似是採用都僧統出榜公佈的方式。需要説明的是，在實用文書中，應有上、中、下三品的人名單，此件爲狀稿，故省略了人名單（參看郝春文《唐後期五代宋初敦煌僧尼的社會生活》，五六頁）。此件雖失年代，但其内容與普光寺置方等道場有關，推測亦當成於天成四年（公元九二九年）。

此卷背抄有『己丑年（公元九二九年）三月廿六日應管内外都僧統爲道場納色目牓稿』『後唐天成四年（公元九二九年）三月四日普光寺道場司差發牓稿』『齋文抄（？）』『甄别求戒政學沙彌尼爲上中下

三品判稿』『讚檢校法律文』『普光寺道場司僧政惠雲法律樂寂爲下品尼流乞分去住上都僧統狀稿』等，其中多件與正面内容相關。

## 校記

〔一〕『下』，《唐後期五代宋初敦煌僧尼的社會生活》未能釋讀。

〔二〕『下』，當作『中』，《唐後期五代宋初敦煌僧尼的社會生活》據文義校改。

〔三〕『判』，據殘筆劃及文義補。

〔四〕『僧統』，據殘筆劃及文義補；此句後另有『二月　日』，從筆跡上看，與此件非同一件文書，未録。

## 參考文獻

《敦煌寶藏》二一册，臺北：新文豐出版公司，一九八二年，二〇三頁（圖）；《英藏敦煌文獻》四卷，成都：四川人民出版社，一九九一年，九六頁（圖）；《唐後期五代宋初敦煌僧尼的社會生活》，北京：中國社會科學出版社，一九九八年，五六頁（録）。

## 斯二五七五　二　天成三年（公元九二八年）七月十二日都僧統海晏爲七月十五日莊嚴道場配借諸寺幡傘等帖

### 釋文

（前缺）

右常例七月十五日應　　官巡寺[一]，必須併借幢傘，莊嚴道場。金光明寺　　故小娘子新見要傘拾副[二]。龍興參副，官繡傘參副。普傘壹副，幡伍拾口[三]，經巾壹條，額壹條。安國大銀幡貳拾口[四]，經巾壹條，額兩片。開元寺大銀幡六拾口[五]。靈修繡幡捌口。乾、淨土各額壹條[六]。

（中空兩行）

大雲寺要傘參副，開壹副，國壹副，乘額一條[七]，幡參拾口。靈修銀幡貳拾口，經巾壹條，額壹條，蓬壹副[八]，大繡像二[九]。

（中空兩行）

靈圖寺要傘兩副。普兩副。奉唐寺幡貳拾口。安國寺幡貳拾口[一〇]，額壹條，經巾壹條。普青裙額一條〔一一〕。靈修、蓮、安國官幡各七口〔一二〕。

三界寺要傘。靈修傘壹副〔一三〕。大乘壹副，乘額壹條〔一四〕，經巾壹條。淨土幡貳柒口〔一五〕。開大像貳〔一六〕，大額壹條。國經巾壹副。

右上件所配幡傘，便須准此支付，不得妄有交互者〔一七〕。天成三年七月十二日帖。

應管内外都僧統　海晏。

## 説明

此件首缺尾全，鈐有『河西都僧統印』兩方，係實用文書。後人將其從中間剪開，並將『靈圖寺徒衆請大行充寺主狀並都僧統判』黏於『右常例』至『大繡像二』文字之上，兹將二者合爲一件進行釋録，並將『靈圖寺徒衆請大行充寺主狀並都僧統判』釋文置於此件之後。

此件中之敦煌寺院，有的使用了簡稱。其中『龍興』指『龍興寺』；『普』，指『普光寺』；『安國』『國』，均指『安國寺』；『靈修』，指『靈修寺』；『乾』，指『乾元寺』；『淨土』，指『淨土寺』；『開』，指『開元寺』；『乘』『大乘』，均指『大乘寺』；『蓮』，指『蓮臺寺』。

## 校記

〔一〕『右』，《敦煌社會經濟文獻真蹟釋録》《敦煌碑銘贊輯釋》釋作『有』；『官』，《敦煌碑銘贊輯釋》釋作『管』。

〔二〕『金』，《敦煌碑銘贊輯釋》釋作『於金』，並將『金光明寺』斷入上句。

〔三〕「伍拾」，《敦煌碑銘贊輯釋》釋作「五十」。

〔四〕「國」，《敦煌碑銘贊輯釋》漏録。

〔五〕「拾」，《敦煌碑銘贊輯釋》釋作「十」。

〔六〕「各」，《敦煌碑銘贊輯釋》漏録。

〔七〕此句《敦煌碑銘贊輯釋》漏録。

〔八〕「蓬」，《敦煌社會經濟文獻真蹟釋録》釋作「傘」。

〔九〕「大」，《敦煌碑銘贊輯釋》漏録。

〔一〇〕此句《敦煌碑銘贊輯釋》漏録。

〔一一〕「一」，《敦煌碑銘贊輯釋》釋作「壹」。

〔一二〕「口」，《敦煌碑銘贊輯釋》釋作「官」，校改作「副」，誤。

〔一三〕「修」，《敦煌碑銘贊輯釋》釋作「修寺」。

〔一四〕「乘」，《敦煌碑銘贊輯釋》釋作「素」，誤。

〔一五〕「淨」，《敦煌社會經濟文獻真蹟釋録》釋作「蓮、淨」，按底本「蓮」已塗抹，應不録；「幡」，《敦煌社會經濟文獻真蹟釋録》釋作「各幡」，按底本「各」字右側有删除符號，應不録。

〔一六〕「貳」，《敦煌碑銘贊輯釋》釋作「二」。

〔一七〕「得」，《敦煌碑銘贊輯釋》釋作「提」，誤；「互」，《敦煌碑銘贊輯釋》釋作「干」，誤。

## 參考文獻

《敦煌寶藏》二二一册，臺北：新文豐出版公司，一九八二年，二〇三頁（圖）；《中國佛教社會史研究》，京都：同朋舍，一九八二年，三五二至三五三頁（録）；《敦煌研究》一九八九年四期，五六至五七頁；《敦煌社會經濟文獻真蹟釋録》四輯，北京：全國圖書館文獻縮微複製中心，一九九〇年，一三一至一三三頁（録）；《英藏敦煌文獻》四卷，成都：四川人民出版社，一九九一年，九六至九七頁（圖）；《敦煌碑銘贊輯釋》，蘭州：甘肅教育出版社，一九九二年，二六三至二六四頁（録）。

## 斯二五七五　三　天復伍年（公元九〇五年）八月靈圖寺徒衆請大行充寺主狀并都僧統判

**釋文**

靈圖寺徒衆上座義深等　　衆請大行充寺主　　狀

右前件僧，徒中俊德，務衆多能。

順上有波驟之勤，訓下存恩恤之

義。本性迅速，無羽同飛。邊鄙鴻

基，實藉綱要。伏望

都僧統和尚，仁恩詳察，特　　賜拔擢。

伏請　　判憑　　處分

牒件狀如前　　謹牒

天復伍年八月　日靈圖寺徒衆義深等牒[一]

徒衆　靈俊

徒衆

徒衆　政信

徒衆　惠

徒衆

徒衆　靈持[二]

徒衆　義深

狀稱多能、無羽能飛者。若闕六翮，豈可接雲而高翔也[三]？然來意難違，便寫□[四]（下缺）

## 説明

此件首全尾缺，是由當寺上座領銜，徒衆具名，請補寺主。此件有多種筆體，其中狀文爲一人所書，判文爲另一人所書。據判文，都僧統對該寺推薦的寺主並不滿意，卻以『來意難違』而曲從衆意（參看張弓《漢唐佛寺文化史》，三六八頁）。

## 校記

〔一〕『伍』，《漢唐佛寺文化史》釋作『五』；『牒』，據殘筆劃及文義補。
〔二〕『持』，《敦煌社會經濟文獻真蹟釋録》未能釋讀。
〔三〕『豈』，《漢唐佛寺文化史》釋作『直』，誤。
〔四〕『寫』，《漢唐佛寺文化史》釋作『宜』。

## 參考文獻

《敦煌寶藏》二一册，臺北：新文豐出版公司，一九八二年，二〇三至二〇四頁（圖）；《敦煌社會經濟文獻真蹟釋録》四輯，北京：全國圖書館文獻縮微複製中心，一九九〇年，五一至五二頁（録）；《英藏敦煌文獻》四卷，成都：四川人民出版社，一九九一年，九六頁（圖）；《漢唐佛寺文化史》，北京：中國社會科學出版社，一九九七年，三六七至三六八頁（録）。

# 斯二五七五　四　道場司爲下品尼去住上都僧統狀稿

**釋文**

道場司　狀

有（右）奉處分〔一〕，令置方等道場，准法牓示。律儀制自，俄然成就。檢校雖居繩側，令虧匠訓之風；勾當虛忝披壇〔二〕，乖乏戒因之本。況且式叉尼員戒、沙彌定昇，五寺顔（額）管數人〔三〕，入網求真受具〔四〕。精誠渴仰，去積垢而冰清〔五〕；捐愛恭乾（虔）〔六〕，洗累迷而皎潔。所以披陳聖側〔七〕，靈光往往而潛通；發露尊前，瑞膺（應）頻頻而降現〔八〕。今乃時臨真景，禮當散就安居。日滿時充，止罷兩途，未施判式。伏望

都僧統和尚弘慈，高鑒惠臺〔九〕，哀矜下品尼流去住，伏聽處分〔一〇〕。伴。

月日大德，大德。

**說明**

此件首尾完整，倒書，抄於『後唐天成肆年（公元九二九年）三月六日應管内外都僧統置方等戒壇

牓』前的空白處，書寫者係利用已用過的紙的空白處來起草狀稿，可見此件的抄寫年代應在天成四年之後（參看郝春文《唐後期五代宋初敦煌僧尼的社會生活》，三四頁）。《英藏敦煌文獻》將此件定名爲『道場司爲下品尼去住上都僧統弘慈狀』。但此件中之『伏望都僧統和尚弘慈』之『弘慈』並非都僧統的法名，而是上狀人頌揚上司的套語。而且，此件並非實用文書，應爲狀稿，故標題應爲『道場司爲下品尼去住上都僧統狀稿』（參看郝春文《部分英藏敦煌文獻的定名問題》，《北京圖書館館刊》一九九九年二期，七五頁）。此件内容是請都僧統決定下品尼去向，這是方等道場的重要程序之一。現知敦煌文獻中保存的同類文獻尚有Дx一三二九B＋Дx二一五一，該件雖已殘缺，但所存文字與此件文稿全同，説明兩件文稿是同一件文書的草稿或抄本。

以上釋文以斯二五七五爲底本，用Дx一三二九B＋Дx二一五一（稱其爲甲本）參校。

## 校記

〔一〕『有』，當作『右』，據甲本改。
〔二〕『披』，甲本同，《唐後期五代宋初敦煌僧尼的社會生活》釋作『被』，誤。
〔三〕『顔』，甲本同，當作『額』，據文義改，《敦煌社會經濟文獻真蹟釋録》《唐後期五代宋初敦煌僧尼的社會生活》逕釋作『額』。
〔四〕『網』，《唐後期五代宋初敦煌僧尼的社會生活》釋作『綱』，誤。
〔五〕『去』，甲本作『棄』，均可通。
〔六〕『乾』，當作『虔』，《唐後期五代宋初敦煌僧尼的社會生活》據文義校改，『乾』爲『虔』之借字。

〔七〕「披」，甲本同，《唐後期五代宋初敦煌僧尼的社會生活》釋作「被」，誤。

〔八〕「膺」，甲本同，當作「應」，據文義改，「膺」爲「應」之借字。

〔九〕「惠」，甲本作「慧」，《唐後期五代宋初敦煌僧尼的社會生活》釋作「慧」，誤。

〔一〇〕「伏聽」，《敦煌社會經濟文獻真蹟釋録》釋作「大德」，誤。

## 參考文獻

《敦煌寶藏》二一册，臺北：新文豐出版公司，一九八二年，二〇五頁（圖）；《敦煌社會經濟文獻真蹟釋録》四輯，北京：全國圖書館文獻縮微複製中心，一九九〇年，一四二頁（録）；《英藏敦煌文獻》四卷，成都：四川人民出版社，一九九一年，九七頁（圖）；《敦煌佛學·佛事篇》，蘭州：甘肅民族出版社，一九九三年，二四四頁（録）；《唐後期五代宋初沙州的方等道場與方等道場司》，載《唐研究》二卷，北京大學出版社，一九九六年，六九至七〇頁（録）；《俄藏敦煌文獻》八册，上海古籍出版社，一九九七年，九七頁（圖）；《唐後期五代宋初敦煌僧尼的社會生活》，北京：中國社會科學出版社，一九九八年，三三至三四頁（録）；《北京圖書館館刊》一九九九年二期，七五頁；《部分英藏敦煌文獻的定名問題》，載《英國收藏敦煌漢藏文獻研究：紀念敦煌文獻發現一百周年》，北京：中國社會科學出版社，二〇〇〇年，三八九頁。

## 斯二五七五　五　天成肆年（公元九二九年）三月六日應管内外都僧統置方等戒壇牓

### 釋文

應管内外都僧統　　牓[一]

普光寺方等道場司

右奉　處分，令置方等戒壇。竊聞龍沙境域，憑　佛法以爲基；玉塞遐關，仗王條而爲本。況且香壇淨法，自古歷代難逢。若不值　國泰民安，戒場無期製作。今遇令公鴻化，八方無爟火之危；每闡福門，四部有康寧之慶。斯乃青春告謝，朱夏纔迎，奉格置於道場，今乃正當時矣。准依律式，不可改移。　聖教按（岸）然[二]，憑文施設。

一　釋迦誕世，設教無邊。爲度尼人，真風陷半。戒條五百，一一分明。若不從依，釋儀頓絶。如來上妙之服，不過青黑墨蘭，剃削持盂，極甚端嚴表正。雖乃國豐家富，僧俗格令有殊。戒條切制嚚華，律中不佩錦繡[三]。今緣香壇逼邇，獲晨同躋道場，俱不許串（穿）綺綵之裳〔四〕，錦繡覆其身體〔五〕。錦腰錦襟，當便棄於胸前。雜邊繡口納鞋〔六〕，即目捐於足下。銀匙銀箸〔七〕，輒不得將入衆行面上，夜後添妝，莫推本來紅白。或若有此之輩〔八〕，正是釋中大魔。消息卧具之資，又罷持氈錦被。更有高宗自在，不許引禮亂儀。古云：君子入於學中，須共庶民同例。邊方法事，取此難成。即時若不制之，自後教儀似滅。輒有不遵律禁〔九〕，固犯如來大由（猷）〔一〇〕，便仰道場司申來，錦衣收入庫内，銀匙銀箸，打碎莫惜功夫。或有恃勢之徒，陳 官別取 嚴令。各仰覽悉，莫云不知。尤咎及身，後悔無益。

一 投緇習業，必須懇苦爲先；禮敬無乖，感得戒神早就。家家憐男愛女，諮 官剃削歸真，必藉審練因由，助佐 國家福事。香壇具戒，取次難逢。衣鉢之途，不是容易。身入道場之内，便須密護鵝珠。或若邪視輕非，必定有其重責。戒儀微細，律式難更。忽迨恥辱依身，律無捨法。

一 浮危採寶，必羡舟航；欲度人天，先憑戒律。令公洪慈，方等只爲薦 國資君；舉郡殷誠，並總爲男爲女。但依 聖條行下，寔乃不失舊規〔一一〕。若也違背教文，此令交容不得。甘湯美藥，各任於時供承，非食醇醪，切斷不令入寺。前門後户，關鎖須牢；外界院墻，周迴蘭塞〔一二〕。或有非人逃蓦，交下無此之儀。便須推度知由，具狀申於衙内。檢校大德，不令暗順他情。必須晝夜丁寧，愆及無人替代。

一　求真進戒，緣會方臨，本行齋延（筵）〔一三〕，豈勞分外。釋迦成道，衣鉢隨求無餘，應病藥中，不假貪榮廣廢（費）〔一四〕。應管受戒式叉沙彌尼等，逐日齋時，准依總數幾人，共造一日小食者，依團便衹。一朝盡暮煑藥香湯，以備淨戒沐浴。齋時，新戒食料，人各餜餅兩事〔一五〕，餢餅一翻，胡餅一枚〔一六〕，餢飳一個。其檢校大德〔一七〕，未可以（與）新戒齊眉〔一八〕，禮法之間，固令加色。准依新戒食外，更添餜餅一枚〔一九〕。饊飳〔二〇〕、餻餅〔二一〕、乳餰、菜蔬、蕎酪，巡行均行〔二二〕。羹飥粥流，隨宜進飽。切緣一壇戒品，衆平雅斷低昂。伏緣貧富有殊，輪次互生高下。或有父孃住世，兄弟推梨，額外更覓名聞，食上重增色數，如此之事，切令不行。若有固違之流，道場司便須申糾。如或同欲嗜味，曲允他情，斯事透露之時，司人須招重罰，新戒逐出壇内，父孃申　官別科，恰值面色失光，互看致甚不便。

右件條令〔二三〕，依律戒儀，曉衆知之〔二四〕，各令遵守者，故牓。

天成肆年三月六日　牓

應管内外僧統　龍辯

## 應管内外都僧統 海晏

### 説明

此件首尾完整，鈐有『河西都僧統印』七方，文中『民』字缺筆，應係避唐太宗之諱。受具足戒須置受戒道場，此件即爲在受戒者入道場前六日由都僧統發佈置方等戒壇的告示，宣佈將在哪所寺院置方等道場及受戒對象，公佈求戒者及其家人應注意的事項與道場司的監管之責（參看郝春文《唐後期五代宋初敦煌僧尼的社會生活》，三七頁），對了解五代時期的方等道場具有重要價值。

### 校記

〔一〕『牓』，《敦煌佛教律儀制度研究》釋作『榜』，雖義可通而字誤。

〔二〕『按』，當作『岸』，據文義改，『按』爲『岸』之借字。

〔三〕『佩』，《敦煌社會經濟文獻真蹟釋録》釋作『珮』，誤。

〔四〕『串』，當作『穿』，《敦煌碑銘贊輯釋》據文義校改，『串』爲『穿』之借字。

〔五〕『其』，《敦煌社會經濟文獻真蹟釋録》釋作『𡘜』，誤。

〔六〕『邊』，《敦煌社會經濟文獻真蹟釋録》《敦煌碑銘贊輯釋》釋作『逷』。

〔七〕『箸』，《唐後期五代宋初敦煌僧尼的社會生活》《敦煌佛教律儀制度研究》均釋作『筯』。以下同，不另出校。

〔八〕『輩』，《敦煌社會經濟文獻真蹟釋録》釋作『輂』，誤。

〔九〕『遵』，《敦煌佛教律儀制度研究》《唐後期五代宋初敦煌僧尼的社會生活》釋作『尊』，《唐後期五代宋初敦煌僧尼的社會生活》校改作「遵」，按底本實爲「遵」。

〔一〇〕「由」，當作「猷」，據文義改，「由」爲「猷」之借字。

〔一一〕「寔」，《敦煌社會經濟文獻真蹟釋録》《唐後期五代宋初敦煌僧尼的社會生活》釋作「是」。

〔一二〕「周」，《敦煌社會經濟文獻真蹟釋録》《敦煌佛教律儀制度研究》釋作「團」，誤；「蘭」，《唐後期五代宋初敦煌僧尼的社會生活》校改作「欄」，按「蘭」有「欄」義，不煩改。

〔一三〕「延」，當作「筵」，據文義改，「延」爲「筵」之借字。

〔一四〕「廢」，當作「費」，《唐後期五代宋初敦煌僧尼的社會生活》據文義校改，「廢」爲「費」之借字。

〔一五〕「餖」，《敦煌佛教律儀制度研究》釋作「餡」，誤。

〔一六〕「胡」，底本原作「餬」，但「餬餅」不詞，當係涉下文「餅」字而類化增加「食」旁。

〔一七〕「其」，《敦煌社會經濟文獻真蹟釋録》疑當作「盍」。

〔一八〕「以」，當作「與」，《唐後期五代宋初敦煌僧尼的社會生活》據文義校改，「以」爲「與」之借字。

〔一九〕「餖」，《敦煌社會經濟文獻真蹟釋録》《敦煌佛教律儀制度研究》釋作「餡」，誤。

〔二〇〕「餃」，《敦煌社會經濟文獻真蹟釋録》《敦煌佛教律儀制度研究》釋作「飯」，誤。

〔二一〕「餘」，《敦煌社會經濟文獻真蹟釋録》《敦煌佛教律儀制度研究》均釋作「蒸」。

〔二二〕「巡」，《唐後期五代宋初敦煌僧尼的社會生活》釋作「尋」，誤。

〔二三〕「右」，《敦煌佛教律儀制度研究》釋作「有」，校作「右」；「條」，《敦煌社會經濟文獻真蹟釋録》《唐後期五代宋初敦煌僧尼的社會生活》《敦煌佛教律儀制度研究》均釋作「律」，誤。

〔二四〕「知」，《敦煌佛教律儀制度研究》校改作「之」，不必；「之」，《敦煌社會經濟文獻真蹟釋録》釋作「知」，按底本第一個「知」下有一點，據文義當釋作「之」。

## 參考文獻

《敦煌寶藏》二一册，臺北：新文豐出版公司，一九八二年，二〇五至二〇八頁（圖）；《中國佛教社會史研究》，京都：同朋舍，一九八二年，三五二頁（録）；《敦煌學園零拾》（上），臺北：商務印書館，一九八六年，二四一至二四六頁（録）；《敦煌社會經濟文獻真蹟釋録》四輯，北京：全國圖書館文獻縮微複製中心，一九九〇年，一三四至一四〇頁（録）；《英藏敦煌文獻》四卷，成都：四川人民出版社，一九九一年，九七至一〇〇頁（圖）；《敦煌碑銘讚輯釋》，蘭州：甘肅教育出版社，一九九二年，二六三至二六四頁（録）；《敦煌藝術宗教與禮樂文明》，北京：中國社會科學出版社，一九九六年，三五六至三五七頁；《唐後期五代宋初沙州的方等道場與方等道場司》，載《唐研究》二卷，北京大學出版社，一九九六年，七三至七六頁（録）；《敦煌戒壇與大乘佛教》，載《華學》二輯，廣州：中山大學出版社，一九九六年，三二七頁；《唐後期五代宋初敦煌僧尼的社會生活》，北京：中國社會科學出版社，一九九八年，三七至四〇頁（録）；《敦煌佛教律儀制度研究》，北京：中華書局，二〇〇三年，一一〇至一一三頁（録）。

# 斯二五七五　六　天成四年（公元九二九年）三月九日普光寺置方等道場牓

## 釋文

普光寺置方等道場　牓〔一〕

謹取三月十二日首淨入道場。十三、十四日停〔二〕。十五日請令公祈願。十六日停。十七日請禪律諸寺大德策發〔三〕，其夜發露。十八日停。十九日問想。廿日停〔四〕。廿一日祈光。廿二日停。廿三日甄別。廿四日停。廿五日過狀兼　判。廿六日停。廿七日受戒。廿八日別置登壇道場，限至四月五日式叉須了，六日就僧寺求戒。

右如來教式，歷代興焉；八藏玄文，今自見在。此時法事，不比別段之儀，須憑《四分》要門，彌罕練窮本典，仍仰都檢校大德等，不違　佛勑，依律施行。稍有不旋，必當釋罪者。天成四年三月九日　牓。

## 説明

此件首尾完整，鈐有『河西都僧統印』三方，其中之『令公』即歸義軍節度使曹議金。從文中『此時法事，不比別段之儀，須憑《四分》要門』，可知當時敦煌所推行的律教即弘揚四分律的律宗教義；『方等道場』與大乘方等教有關，此件内容説明道宣以四分律爲大乘的學説在沙州得到實踐（參看姜伯勤《敦煌毗尼藏考》，《敦煌研究》一九九三年三期，二、八頁）。

此件書於『後唐天成肆年（公元九二九年）三月六日應管内外都僧統置方等戒壇牓』之後，兩件間有一道紙縫，到底是後來被人將兩件黏接在一起的，還是第二件原書於第一件所餘紙張的空白處，已不得而知。從此件榜文的口氣來看，發佈者應爲都僧統，但原件尾部並無都僧統簽押。這件方等道場儀程表記録了當時方等道場的整個過程和各項活動，對於了解唐後期五代宋初敦煌乃至中原方等道場的具體情況具有重要參考價值（參看郝春文《唐後期五代宋初敦煌僧尼的社會生活》，四一頁）。

## 校記

〔一〕『牓』，《敦煌藝術宗教與禮樂文明》釋作『榜』，雖義可通而字誤。以下同，不另出校。

〔二〕『日』，《敦煌藝術宗教與禮樂文明》漏録。

〔三〕『策』，《敦煌社會經濟文獻真蹟釋録》《敦煌藝術宗教與禮樂文明》《敦煌佛教律儀制度研究》均釋作『筞』。

〔四〕『廿』，《敦煌佛教律儀制度研究》釋作『二十』。以下同，不另出校。

## 參考文獻

《敦煌寶藏》二一册，臺北：新文豐出版公司，一九八二年，二〇九頁（圖）；《敦煌社會經濟文獻真蹟釋録》四輯，北京：全國圖書館文獻縮微複製中心，一九九〇年，一四一頁（録）；《英藏敦煌文獻》四卷，成都：四川人民出版社，一九九一年，一〇〇頁（圖）；《敦煌藝術宗教與禮樂文明》，北京：中國社會科學出版社，一九九六年，三五四至三五五頁（録）；《唐後期五代宋初沙州的方等道場與方等道場司》，載《唐研究》二卷，北京大學出版社，一九九六年，七六頁（録）；《敦煌戒壇與大乘佛教》，載《華學》二輯，廣州：中山大學出版社，一九九六年，三二六頁（録）；《唐後期五代宋初敦煌僧尼的社會生活》，北京：中國社會科學出版社，一九九八年，四〇至四一頁（録）；《敦煌佛教律儀制度研究》，北京：中華書局，二〇〇三年，一〇八至一〇九頁（録）。

## 斯二五七五背　一　己丑年（公元九二九年）三月廿六日應管内外都僧統爲道場納色目牓稿

### 釋文

應管内外都僧統　　牓

普光寺方等道場納色目等印　三科（顆）〔一〕

右奉　　處分，令置受戒道場。應管得戒、式叉、沙彌尼等，沿法事，准往例合有所税，人各麥油一升，橛兩笙〔二〕，訶梨勒兩顆〔三〕，麻十兩，石灰一升，青灰一升，苴萁兩束。諸餘沿道場雜要敷具，仍仰道場司校量差發，不得偏併，妄有加減。有（仍）仰准此條流〔四〕，不在違越者。

己丑年三月廿六日　　牓〔五〕。

某乙

某乙

## 説明

此件首尾完整，倒書。《敦煌社會經濟文獻真蹟釋録》擬題爲『己丑年（公元九二九年）五月廿六日都僧統爲道場納色目牓』，其中『五月』當爲『三月』之誤。此件末尾處只有年月日牓，而無都僧統署名，亦未鈐『河西都僧統印』，應爲牓稿而非實用文書，故應定名爲『己丑年（公元九二九年）三月廿六日應管内外都僧統爲道場納色目牓稿』。此件中之普光寺方等道場，當即正面都僧統牓所稱之道場，故『己丑年』當即後唐天成四年（公元九二九年）。

此件反映了得戒尼僧要承擔佈置方等道場之受戒道場所需的物品（參見郝春文《唐後期五代宋初敦煌僧尼的社會生活》，六二一頁）。

## 校記

〔一〕『科』，當作『顆』，《唐後期五代宋初敦煌僧尼的社會生活》據文義校改，『科』爲『顆』之借字。

〔二〕『橛』，《敦煌社會經濟文獻真蹟釋録》釋作『掘』，校改作『橛』。

〔三〕『勒』，《敦煌社會經濟文獻真蹟釋録》釋作『勑』，誤。

〔四〕『有』，當作『仍』，據文義改，《敦煌社會經濟文獻真蹟釋録》《唐後期五代宋初敦煌僧尼的社會生活》逕釋作『仍』。

〔五〕『三』，《敦煌社會經濟文獻真蹟釋録》釋作『五』，誤。

## 參考文獻

《敦煌寶藏》二一册，臺北：新文豐出版公司，一九八二年，二一二頁（圖）；《敦煌社會經濟文獻真蹟釋録》四輯，北京：全國圖書館文獻縮微複製中心，一九九〇年，一四五頁（録）；《英藏敦煌文獻》四卷，成都：四川人民出版社，一九九一年，一〇一頁（圖）；《唐研究》二卷，北京大學出版社，一九九六年，九一頁（録）；《唐後期五代宋初敦煌僧尼的社會生活》，北京：中國社會科學出版社，一九九八年，六二頁（録）。《晚唐五代敦煌貿易市場的外來商品輯考》，載《中華文史論叢》總六三輯，上海古籍出版社，二〇〇〇年，八二頁（録）。

## 斯二五七五背　二　天成四年（公元九二九年）三月四日普光寺道場司差發牓稿

### 釋文

普光寺道場司差發　　牓
　沿道場所要什物等著何色目名數標於腳下〔一〕：
要香一百五十口〔二〕
花氈拾領
白氈十領
石香廿〔三〕
牀四十玖張　　東樹十五　　燈籠蒲席
　右件所著物色，准依名目，限今月六日在夜，並須納足，如有不來納者，必當重罰，的無容免。三月四日　　帖
道場法律〔四〕

## 説明

此件首尾完整，下沿部分稍有殘損。從筆跡看，此件與上件或爲同一人所書。此件與上件均爲承擔佈置道場所需要的物品帖，但此件未注明所徵物品的交納者，據上件之『諸餘沿道場雜要敷具，仍仰道場司校量差發』，佈置方等道場所需物品似亦應由新戒負擔（參見郝春文《唐後期五代宋初敦煌僧尼的社會生活》，六三頁）。

## 校記

〔一〕『數標於腳下』以小字書於『沿道場所要什物等著何色目名』右側，蓋因空間不足所致。
〔二〕『香』，《敦煌社會經濟文獻真蹟釋録》釋作『幡』，誤。
〔三〕『廿』，《敦煌社會經濟文獻真蹟釋録》釋作『廿口』，按底本實無『口』。
〔四〕『道場』，《敦煌社會經濟文獻真蹟釋録》釋作『檢校』，誤。

## 參考文獻

《敦煌寶藏》二一册，臺北：新文豐出版公司，一九八二年，二一二頁（圖）；《敦煌社會經濟文獻真蹟釋録》四輯，北京：全國圖書館文獻縮微複製中心，一九九〇年，一四六頁（録）；《英藏敦煌文獻》四卷，成都：四川人民出版社，一九九一年，一〇一頁（圖）；《唐研究》二卷，北京大學出版社，一九九六年，九一至九二頁（録）；《唐後期五代宋初敦煌僧尼的社會生活》，北京：中國社會科學出版社，一九九八年，六二至六三頁（録）。

# 斯二五七五背　　三　齋文抄（？）

## 釋文

法身無相，猶若虛空，應物顯現，如水中月。蔭慈雲而周法界，揚懸月以朗迷津。圓鏡虛懸，無來不應；玄圖潛運，有感斯通。蓮花臺上，創開甘露之門；覺樹坐下，重現貴常之跡。攝善饒益，似瓊瑶之嚴身；律儀遺累，若撥雲之朗月。然則二法果成，要憑三聚之力；六信行滿，必（？）託六度之功，發天心即入佛位。

## 説明

此件首尾完整，頗似齋文之歎德部分。

## 參考文獻

《敦煌寶藏》二一册，臺北：新文豐出版公司，一九八二年，二〇九頁（圖）；《英藏敦煌文獻》四卷，成都：四川人民出版社，一九九一年，一〇一頁（圖）。

# 斯二五七五背　四　甄別求戒政學沙彌尼爲上中下三品判稿

## 釋文

竊以大雄設教，標戒品以爲宗；定惠從生，賴毗尼而爲首。跨天堂之梯蹬，憑懇仰而方昇；越苦海之津梁，非調伏而莫濟。是以鵝珠謹護，救蟲命而無傷[一]；草繫堅持，恐飛塵而有染。故使浮囊匪虧於針鼻，油鉢靡覆於終期。昔者天送香馨[二]，由梵行而感得；毗沙獻保（寶）[三]，護專精以來儀。故知戒是五乘德果之因，行是八王菩提之路。今者三邊康泰，四塞無危，百姓安居，萬人樂業，内無奸穴（宄）[四]，外罷防虞[五]。東作不失於寒耕，西城有望於歲稔。風俗無變[六]，禮樂允常者[七]，總是我　令公之德也。伏惟我　令公，五才神時[八]，鏡（靜）一道一關河[九]；七德兼明，匡八宏之獷俗。故得風（烽）煙不舉[一〇]，斥候無虞；三善養人，六條佈政。又爰因　國務□，每申禮敬之誠。使三寶之長隆[一一]，俾法流之不絶。矧知則道不孤運，弘之在令置香壇。二衆進具於斯晨，一期方等於此日。八萬細行，承瞻禮於人寰；三千威儀，渥火宅之煙焰者，則道場也。於是星羅金地，灑麗清華，幢幡窮佛部之嚴，繩墨盛律章之要。異香芬鬱，佳氣翔空，禮儀無乖於六時，唱和萬聖之尊號。浴室延（嚴）淨〔一二〕，離非道之往來；消息齋餐，泯六賊之邪視；詵詵蹈步，競生十善之業〔一三〕；弈弈練磨〔一四〕，頻趣四禪之路。其檢校大德等，數旬勞劬，策勵忘疲，匠訓軌持，箴規無舛，繩愆糾謬，革其非心。恩惠以春露俱柔，威肅等秋霜比麗；訓之以苦口良藥，誨之以逆耳真言。首末公心，初終不替。有功無賞，後無所憑。法事終時，別有錫賚〔一五〕。其求戒政學、沙彌等自入道場，已經二七，堅精勇捍，至禱心殷〔一六〕，歷想翹誠，請求加被。人心不等，昇墜有殊，若不校量，孰甄憂（優）劣〔一七〕？或有傾誠懇切，啓告　聖凡，一往專精，邀利八部，遂感他心帖護，道眼照臨，嘉瑞頻頻，膺祥處處。故得無始五蓋，承禮懺而雲飛；曠劫十纏，隨　佛聲而霧卷。身器既淨，未可例同，如斯等流，標爲上品。或有勤怠相伴，曷表精淳，進退潛更，兩楹難辯〔一八〕，一功一過，染淨俱兼〔一九〕，如此之疇，編爲中品。復有一類，悠悠不肖，徒設疲勞，稟性頑嚚，溺情懈怠，行惟邊鄙〔二〇〕，識昧荒唐，不能刮骨洗心，捐軀奉法。縱然説夢眇嘆〔二一〕，虚花涅合，浮詞利誘相説，如此之類，未可齊標，昇墜有殊〔二二〕，録爲下品。如上三等，黜陟階差，曉示諸人，唱名白衆。第一判者且放寬閑，第二第三頓歸釋放。

廿日

## 説明

此件首尾完整，記録了將受戒者分爲上、中、下三品的標準。此件文書根據受戒者自入道場以來的表現，將他們分爲上、中、下三品，對於了解當時方等道場的甄别活動具有重要意義。

## 校記

〔一〕『蟲』，《唐後期五代宋初敦煌僧尼的社會生活》釋作『血』，誤。
〔二〕『馨』，《唐後期五代宋初敦煌僧尼的社會生活》釋作『磬』，誤。
〔三〕『沙』，《唐後期五代宋初敦煌僧尼的社會生活》未能釋讀；『保』，當作『寶』，《唐後期五代宋初敦煌僧尼的社會生活》據文義校改，『保』爲『寶』之借字。
〔四〕『穴』，當作『究』，據文義改，《唐後期五代宋初敦煌僧尼的社會生活》逕釋作『究』。
〔五〕『罷』，《唐後期五代宋初敦煌僧尼的社會生活》釋作『解』。
〔六〕『風』，《唐後期五代宋初敦煌僧尼的社會生活》釋作『時』，誤；『變』，《唐後期五代宋初敦煌僧尼的社會生活》釋作『曠』，誤。
〔七〕『允』，《唐後期五代宋初敦煌僧尼的社會生活》釋作『元』，誤。
〔八〕『才』，《唐後期五代宋初敦煌僧尼的社會生活》釋作『等』，誤。
〔九〕『鏡』，當作『靜』，《唐後期五代宋初敦煌僧尼的社會生活》據文義校改，『鏡』爲『靜』之借字。
〔一〇〕『風』，當作『烽』，《唐後期五代宋初敦煌僧尼的社會生活》據文義校改，『風』爲『烽』之借字。
〔一一〕『長』，《唐後期五代宋初敦煌僧尼的社會生活》釋作『常』，誤。

（一二）「延」，當作「嚴」，據文義改，「延」爲「嚴」之借字，《唐後期五代宋初敦煌僧尼的社會生活》未能釋讀。

（一三）「競」，《唐後期五代宋初敦煌僧尼的社會生活》釋作「竟」。

（一四）「練」，《唐後期五代宋初敦煌僧尼的社會生活》釋作「煉」。

（一五）「錫」，《唐後期五代宋初敦煌僧尼的社會生活》校改作「賜」，按「錫」有「賜」義，不必校改。

（一六）「毀」，《唐後期五代宋初敦煌僧尼的社會生活》釋作「毀」，誤。

（一七）「憂」，當作「優」，據文義改，《唐後期五代宋初敦煌僧尼的社會生活》逕釋作「優」，「憂」爲「優」之借字。

（一八）「辯」，《唐後期五代宋初敦煌僧尼的社會生活》校改作「辨」，按「辯」有「別」義，不改亦通。

（一九）「俱」，《唐後期五代宋初敦煌僧尼的社會生活》釋作「具」，誤。

（二〇）「邊」，《唐後期五代宋初敦煌僧尼的社會生活》釋作「這」。

（二一）「暵」，《唐後期五代宋初敦煌僧尼的社會生活》釋作「英」。

（二二）「墜」，《唐後期五代宋初敦煌僧尼的社會生活》釋作「降」，誤。

## 參考文獻


《敦煌寶藏》二一册，臺北：新文豐出版公司，一九八二年，二一〇頁（圖）；《唐研究》二卷，北京：北京大學出版社，一九九六年，八四至八五、八七頁（録）；《英藏敦煌文獻》四卷，成都：四川人民出版社，一九九一年，一〇二頁（圖）；《唐後期五代宋初敦煌僧尼的社會生活》，北京：中國社會科學出版社，一九九八年，五一至五三頁（録）。

# 斯二五七五背　五　讚檢校法律文

## 釋文

檢校法律等，數旬習練，剋意劬勞，鈐鎋則霞隙不通〔一〕，禁機（？）則極毫無紊。東廊西院，支給齋食而無餘；南殿北堂，表散粥糜而又遍。抄名唱目，寺寺絶交錯之音〔二〕；入納出支，處處悦均平之美。此之大德，廢寐停餐，爲衆功勤，不可無賫。重檢沿壇前輩，尼律闍等，各能懇駐（？），精勤晨昏。

## 説明

此件首尾完整，《英藏敦煌文獻》定名爲『支給齋食文』，實則爲讚頌道場司檢校者的文字。由文中『廢寐停餐，爲衆功勤』可知道場司的工作是繁雜而又辛苦的。

## 校記

〔一〕『鎋』，《唐後期五代宋初敦煌僧尼的社會生活》釋作『轄』，雖義可通而字誤；『隙』，《唐後期五代宋初敦煌僧尼的社會生活》未能釋讀。

〔二〕『交』，《唐後期五代宋初敦煌僧尼的社會生活》釋作『欠』，誤。

## 參考文獻

《敦煌寶藏》二一册，臺北：新文豐出版公司，一九八二年，二一一頁（圖）；《英藏敦煌文獻》四卷，成都：四川人民出版社，一九九一年，一〇三頁（圖）；《唐後期五代宋初敦煌僧尼的社會生活》，北京：中國社會科學出版社，一九九八年，六八頁（録）。

# 斯二五七五背　六　普光寺道場司僧政惠雲法律樂寂爲下品尼流乞分去住上都僧統狀稿

## 釋文

普光寺道場司僧政惠雲法律樂寂等　　狀

右奉　　處分，令置方等道場，准法牓示[一]，律儀製自[二]，俄然成就。檢校雖居繩

佐，全虧匠訓之風[三]；勾當虚忝披壇，每乏戒因之化。况且式叉妙德、沙彌尼保定因

五尼寺等，額管數人，入綱本滿[四]，求真受具。殷誠渴仰[五]，棄積垢而冰清；捐愛

恭虔，洗累迷而皎潔。所以懇陳　　聖側[六]，靈光往往而潛通；發露　　尊前，瑞像

頻頻而降現。今乃時臨真景[七]，禮當散就安居；懺謝已終，理合昇壇進道[八]。式叉

教廣，沙彌名繁，止罷兩途，不（未）蒙　判釋[九]。伏望　　都僧統和尚[一〇]，高懸

智鏡，助照暝徒，下品尼流，乞分去住，伏聽　　裁下　　處分。

月　日　道場司法律法□[一一]

檢校法律臨界
法律知福田都判官某乙〔一二〕
法律雲寂
法律樂寂
檢校僧政某乙〔一三〕
檢校僧政某乙〔一四〕

## 説明

此件首部完整，尾部下角紙張稍有殘缺，但文字似未缺。其内容爲請求都僧統批准被判爲下品的式叉尼、沙彌尼受具的書狀，因有三位僧官以『某乙』代替署名，似應爲狀稿。（參見郝春文《唐後期五代宋初敦煌僧尼的社會生活》，五一一頁）。

## 校記

〔一〕『牓』，《唐後期五代宋初敦煌僧尼的社會生活》釋作『榜』，雖義可通而字誤。
〔二〕底本『律儀』二字已塗抹，其右側有墨筆所劃一豎，並於符號右側書有『生』字。
〔三〕『全』，《敦煌社會經濟文獻真蹟釋録》釋作『令』，誤。
〔四〕『綱』，《唐後期五代宋初敦煌僧尼的社會生活》釋作『綱』，誤。

〔五〕「殷」，《唐後期五代宋初敦煌僧尼的社會生活》釋作「懇」。

〔六〕「懇」，《敦煌社會經濟文獻真蹟釋録》釋作「辭」，誤。

〔七〕「真」，據斯二五七五《道場司爲下品尼去住上都僧統弘慈狀》及殘筆劃補。

〔八〕「進道」，《敦煌社會經濟文獻真蹟釋録》未能釋讀。

〔九〕「不」，當作「未」，《唐後期五代宋初敦煌僧尼的社會生活》據文義校改。

〔一〇〕「尚」，《敦煌社會經濟文獻真蹟釋録》《唐後期五代宋初敦煌僧尼的社會生活》釋作「尚仁恩」，按底本「仁恩」實已塗抹，應不録。

〔一一〕「司」，《敦煌社會經濟文獻真蹟釋録》《唐後期五代宋初敦煌僧尼的社會生活》釋作「司僧政」，按底本「僧政」已塗抹，應不録。

〔一二〕「某乙」，《敦煌社會經濟文獻真蹟釋録》釋作「惠雲」，《唐後期五代宋初敦煌僧尼的社會生活》未能釋讀。

〔一三〕「校」，《敦煌社會經濟文獻真蹟釋録》誤以此字殘缺並校補；「僧」，《敦煌社會經濟文獻真蹟釋録》誤以爲殘缺並校補；「某乙」，《敦煌社會經濟文獻真蹟釋録》漏録。

〔一四〕此句後尚有兩行朱筆倒書「一尺五寸」「四」等字，從紙張上看，與此件非同一文書，未録。

## 參考文獻

《敦煌寶藏》二一册，臺北：新文豐出版公司，一九八二年，三一一頁（圖）；《敦煌社會經濟文獻真蹟釋録》四輯，北京：全國圖書館文獻縮微複製中心，一九九〇年，一四三至一四四頁（録）；《英藏敦煌文獻》四卷，成都：四川人民出版社，一九九一年，一〇三頁（圖）；《唐研究》二卷，北京大學出版社，一九九六年，八六頁（録）；《唐後期五代宋初敦煌僧尼的社會生活》，北京：中國社會科學出版社，一九九八年，五四至五五頁（録）。

# 斯二五七七　　妙法蓮華經卷第八題記

## 釋文

余爲初學讀此經者〔一〕，不識文句，故憑點之。亦不看科段，亦不論起盡，多以四字爲句。若有四字外句者，然始點之。但是四字句者，絶不加點。別爲作爲（帷委反），別行作行（閑更反），如此之流，聊復分別。後之見者，勿怪下朱言錯點也〔二〕。

## 説明

此件首尾完整，朱筆所書，《英藏敦煌文獻》未收，現予增收。

## 校記

〔一〕『余』，《敦煌遺書總目索引新編》釋作『餘』，誤。

〔二〕『下』，《敦煌遺書總目索引新編》未能釋讀。

## 參考文獻

《鳴沙餘韻·解説篇》，東京：臨川書店，一九八〇年，二八六至二八七頁（録）；《敦煌寶藏》二一册，臺北：新文豐出版公司，一九八二年，二三三頁（圖）；《敦煌學要籥》，臺北：新文豐出版公司，一九八二年，一一八頁（録）；《敦煌遺書總目索引》，北京：中華書局，一九八三年，一六一頁（録）；《中國古代寫本識語集録》，東京大學東洋文化研究所，一九九〇年，二五二至二五三頁（録）；《敦煌文書學》，臺北：新文豐出版公司，一九九一年，二四七頁（録）；《敦煌遺書總目索引新編》，北京：中華書局，二〇〇〇年，七九頁（録）。

# 斯二五七八　一　某年十一月十九日押衙薛九安上張索二都頭狀

## 釋文

仲冬嚴寒，　伏惟

張都頭、索都頭尊體起居萬福。即日押衙薛九安，伏蒙二都頭重福，且得平善，不用遠憂。伏惟倍加保重，下情望也。昨九安遠聞男員通遂往南山，手内把卻。聞其此語，九安日夜恆憂一子，逍瘦總盡。願二都頭知悉知悉。九安又諮張都〔頭〕〔二〕、索都頭，天上取恩，發大弘願，久接貧兒。忽若二都頭勾當，得員通離得南山，遠到鄉井，九安拜賀無限。限以關山遥遠，面拜未期。謹謹上起居，不暄，謹狀。

十一月十九日押衙薛九安　謹狀。

都頭坐前謹空，閤下。

## 説明

此件首尾完整，係押衙薛九安爲其子被張、索二都頭留滯南山請其放歸的書狀。從書狀的内容來看，薛九安應屬歸義軍，張、索二都頭應屬南山。

此件後爲『孔子馬頭卜法一部』，但兩件間有紙縫痕跡，不能確定是時人在一卷紙上抄寫了不同内容的兩件文書，還是將兩件不同内容的文書黏接在了一起。

## 校記

〔一〕『頭』，《敦煌社會經濟文獻真蹟釋録》據文義校補。

## 參考文獻

《敦煌寶藏》二二册，臺北：新文豐出版公司，一九八二年，二三三頁（圖）；《敦煌社會經濟文獻真蹟釋録》五輯，北京：書目文獻出版社，一九九〇年，三九頁（録）；《英藏敦煌文獻》四卷，成都：四川人民出版社，一九九一年，一〇三頁（圖）；《敦煌碑銘讚輯釋》，蘭州：甘肅教育出版社，一九九二年，三五〇頁（録）。

# 斯二五七八　二　孔子馬頭卜法一部

## 釋文

《孔子馬頭卜法》一部，廿七條。

昔者孔子因行逐急〔一〕，看疑決事〔二〕，立馬，馬上坐臨〔三〕，馬頭上卜事，故曰『馬頭卜』。用算子九枚，從一剋（刻）至九剋（刻）〔四〕，□九算〔五〕。用一竹同（筒）管成（盛）之〔六〕，兩頭留節，開一小孔，臨卜時定心咒願，合□□一出者，看剋（刻）依文書決之〔七〕，萬不失一。

占己身及家口平〔安〕不〔八〕：一算〔九〕，平安，大吉；二算，亦大吉；三算，身平安，憂小口；四算，身吉，男厄；五算〔一〇〕，身吉，妻凶；六算，平安，大吉；七算，平安，有信；八算，平安；九算，大吉，平安。

占失物及六畜、奴婢等得不：一算，急逐之即得，遲即不得；二算，即得之，勿憂；三算，遠去不得；四算，亦不得；五算，亦不得；六算，急逐之得；七算，即得，勿憂；八算〔一一〕，得〔一二〕，勿憂；九算，遠去不得。

占捉賊得不：一算，不得；二算，亦〔不〕得〔一三〕；三算，亦不得；四算，亦不得；五算，捉得；六算，亦捉得；七算，亦捉得；八算，不得，被傷；九算，不得。

占雨有無：一算，多風少雨；二算，不出三日有雨；三算，明後還雨；四算，有雨；五算，雖雨，少；六算，多音（陰）不雨〔一四〕；七算，多風不雨；八算，多陰不雨；九算，多大甚〔一五〕。

占求神吉不：一算，吉；二算，凶，得病；三算，大吉；四算，不吉；五算，大吉；六算，大吉；七算，大吉；八算，大吉；九算，大吉也。

占覓人求□不：一，得見；二算，得見；三算，雖見，不來；四算，准上；五算，未見，久得；六算，不得；七算，未見，久得；八算，得見；九算，不得見。

占討叛得不：一算，得；二算，得；三算，得；四算，不得；五算〔一六〕，得；六算，得；七算，少得；八算，平安不〔一七〕；九算，得。

占興生有不：一算〔一八〕，有利；二算，有利，主失；三算，有利；四算，少；五算，吉利；六算，無利；七算，少；八算，有利；九算，大吉利。

占宅吉凶：一算，大吉；二算，卅年吉；二（三）算〔一九〕，大吉；四算，凶；五算，大吉；六算，男女亡貧；七算，大吉；八算，男吉；九算，男女大吉。

占病人差不：一算，不死；二算，不差，凶；三算，差；四算，遲差；五算，不差，三人疙；六算，准上；七算，准上；八算，差；九算，差，還加凶。

占行歸吉不[二〇]：一算，歸[二一]，並吉；二算，往來吉；三算，往來吉；四算，准上；五算，歸不往，吉；六算，身吉散財；七算，准上；八算，往來走[二二]；九算，大吉。

占官事口舌成不：一算，不成[二三]；二算，雖成不畏；三算，不了；四算，有憂；五算，得理；六算，吉，人扶；七算[二四]，口舌不畏；八算，大吉，無事；九算，不成事。

占借貸得不：一算，少得；二算，不稱意；三算，未得；四算，得；五算，得；六算，得；七算，少；八算，未得；九算，不得。

占魚（漁）臘（獵）得不[二五]：一，不得；二算，少得；三，少；四，少；五，少；六，少；七，得，吉；八，不得；九，大吉，得。

占葬後吉凶：一，大吉；二，吉；三，吉；四，舌（口）口（舌）[二六]；五，吉；六，吉；七，吉；八，吉；九，吉。

占任身是男女：一算，男；二算，女，難養；三算，女；四算，男，有福；五算，男；六算，男，難養；七算，女；八算，男，吉；九算，男，貴。

占昏後夫妻吉不：一，後離；二，凶，死亡；三，吉；四，吉；五，吉；六，吉，少子；七，吉；八，吉，少子；九，吉，少子。

占求婦得不：一，得，宜；二，得，後離；三，得，吉；四，吉；五，得，後離；六，吉；七，不得；八，遲得；九，吉，相宜。

占行人何日來：一，二日來；二，曰在道；三，曰有道（消）息〔二七〕，三日至；四，即至；五，在道；六，未到；七，有書，未到；八，在道；九，發來〔二八〕。

占被賊抄將吉凶：一，不來；二，平安；三，死；四，未來；五，平安；六，平安；七，來；八，未來；九，死。

占買賣吉凶：一，合，吉；二，不合；三，不宜；四，不合；五，吉；六，吉；七，喜未（？）；八，先吉後凶；九，大吉。

占一切怪吉凶：一，妨長；二，吉；三，口舌；四，吉；五，厭吉；六，病；七，吉；八，憂；九，凶。

占兩手把勿（物）〔二九〕：一，右黄色；二，右青黑如石；三，右黄黑；四，青白；五，左黄黑；六，左黄黑；七，左黄黑；八，右黄黑；九，左青白色。

占喚客來不：一，來；二，未來；三，不來；四，來；五，遲來；六，擬來；七，來；八，有難，遲；九，來。

占言訟：一，吉；二，得；三，不得；四，得；五，得；六，不得；七，得而被責，凶；八，准上；九，得，吉。

占收田不：一，收，吉；二，少收；三，吉，收；四，收，吉；五，口舌，平；六，早；七，損；八，吉；九，少收，凶。

占賊來不：一，來；二，不來；三，不來；四，來；五，來；六，來；七，來；八，未來；九，來。

## 説明

此件首尾基本完整，僅首部下沿略殘，首題『孔子馬頭卜法』，訖『九，來』，存序言和卜辭二十七條。每條卜辭所占事項不同，各條間用段落符號『△』區隔。現知敦煌文獻中保存的『孔子馬頭卜法』共有七件，分屬三個系統（參見黄正建《敦煌占卜文書與唐五代占卜研究》（增訂版），二二至三七頁），分別爲：一，斯八一三（本書第四卷已收）；二，斯一三三九（本書第五卷已收）、斯九五〇一、斯九五〇二、斯一一四一九和斯一三〇〇二背（後四件可綴合，參見榮新江《英倫所見三種敦煌俗文學作品跋》，《九州學刊》五卷四期，一九九三年，一三一頁）；三，此件。可見此種卜法在當時比較流行。諸版本雖然文詞略異，但是卜法、卜辭順序、吉凶判斷基本一致（參見王愛和《敦煌占卜文書研究》，一〇三頁）。

『孔子馬頭卜法』是用九枚標有不同刻數的算子進行占卜，占者手把算子，令被占者隨意抽取一枚，占者依據被占者抽取的算子上的刻數判斷吉凶。這種卜法在唐宋目録中不見著録，但《隋書・藝術・臨孝恭傳》載臨孝恭著《孔子馬頭易卜書》一卷，書名與此件相近，或者臨孝恭就是此卜法的作者（參見饒宗頤《敦煌本〈立成孔子馬坐占法〉跋》，《敦煌學輯刊》一九九九年一期，一至二頁）。

## 校記

〔一〕『因』，《神道人心：唐宋之際敦煌民生宗教社會史研究》釋作『田』，誤。

〔二〕『看』，《神道人心：唐宋之際敦煌民生宗教社會史研究》釋作『辨』，誤。

〔三〕『馬』，《神道人心：唐宋之際敦煌民生宗教社會史研究》漏録。

〔四〕『剋』，當作『刻』，《神道人心：唐宋之際敦煌民生宗教社會史研究》據文義校改，『剋』爲『刻』之借字。以下同，不另出校。

〔五〕『□』，《神道人心：唐宋之際敦煌民生宗教社會史研究》校補作『共』。

〔六〕『同』，當作『筒』，據文義改；『成』，當作『盛』，《神道人心：唐宋之際敦煌民生宗教社會史研究》據文義校改，『成』爲『盛』之借字。

〔七〕『看』，《神道人心：唐宋之際敦煌民生宗教社會史研究》釋作『辨』，誤。

〔八〕『安』，據斯九五〇二《孔子馬頭卜法》補。

〔九〕「一」，據殘筆劃及斯九五〇二《孔子馬頭卜法》補。
〔一〇〕「五」，據殘筆劃及文義補。
〔一一〕「算」，據殘筆劃及文義補。
〔一二〕「得」，據殘筆劃及文義補。
〔一三〕「不」，據文義補。
〔一四〕「音」，當作「陰」，據文義改，「音」爲「陰」之借字。
〔一五〕「多大甚」，此句疑有脱誤。
〔一六〕「算」，據殘筆劃及文義補。
〔一七〕「不」，據文義係衍文，當删。
〔一八〕「一」，據殘筆劃及文義補。
〔一九〕「二」，當作「三」，據斯一三三九《孔子馬頭卜法》及文義改。
〔二〇〕「不」，《神道人心：唐宋之際敦煌民生宗教社會史研究》校改作「否」，不必。
〔二一〕「歸」，《神道人心：唐宋之際敦煌民生宗教社會史研究》於該字前校補一「行」字。
〔二二〕「走」，《神道人心：唐宋之際敦煌民生宗教社會史研究》釋作「吉」，誤。
〔二三〕「不」，據殘筆劃及文義補。
〔二四〕「七」，據殘筆劃及文義補。
〔二五〕「魚臘」，當作「漁獵」，據文義改。
〔二六〕「舌口」，當作「口舌」，據斯一三三九《孔子馬頭卜法》改。
〔二七〕「逍」，當作「消」，據文義改。

〔二八〕「發來」，《神道人心：唐宋之際敦煌民生宗教社會史研究》釋作「落殺也」，按底本「也」字實爲段落符號「△」。

〔二九〕「勿」，當作「物」，據文義改，「勿」爲「物」之借字。

## 參考文獻

《敦煌寶藏》二一册，臺北：新文豐出版公司，一九八二年，二三三至二三四頁（圖）；《英藏敦煌文獻》四卷，成都：四川人民出版社，一九九一年，一〇三至一〇四頁（圖）；《法國漢學》五輯，北京：中華書局，二〇〇〇年，一九七頁；《敦煌占卜文書與唐五代占卜研究》（增訂版），北京：中國社會科學出版社，二〇一四年，二二至二三頁；《敦煌占卜文書研究》，蘭州大學博士論文，二〇〇三年，一〇三至一〇五頁（録）；《神道人心：唐宋之際敦煌民生宗教社會史研究》，北京：中華書局，二〇〇六年，二六四頁（録）。

# 斯二五七九　沙門善導願往生禮讚偈

## 釋文

（前缺）

緣歸本國。願共諸衆生，往生安樂國。

至心歸命禮西方阿彌陀佛。勢至菩薩難思議，威光普照無邊際。有緣衆生蒙光觸，增長智慧超三界。法界傾摇如轉蓬，化佛雲集滿虚空。普勸有緣常憶念，永絶胞胎證六通。願共諸衆生，往生安樂國。

至心歸命禮西方阿彌陀佛。正坐跏趺入三昧，想心乘念至西方。睹見彌陀極樂界，地上虚空七寶莊。彌陀身量極無邊，重勸衆生觀小身。丈六八尺隨機現，圓光化侍（佛）等前真[一]。願共諸衆生，往生安樂國。

至心歸命禮西方阿彌陀佛。上輩上行上根人，求生淨土斷貪嗔。就行差别分三品，五門相續助三因。一日七日專精進，畢命乘臺出六塵[二]。慶哉難逢金（今）得愚（遇）[三]，永證無爲法性身。願共諸（下缺）

## 説明

此件首尾均缺，無題。《英藏敦煌文獻》定名爲『西方淨土讚』，實爲善導『願往生禮讚偈』一卷中第六篇偈文之抄本的一部分，其全文見於斯二五五三，故應定名爲『善導願往生禮讚偈』（參看盛會蓮《〈禮阿彌陀佛文〉校勘記》，《敦煌研究》二〇〇五年二期，一〇五頁）。

以上釋文以斯二五七九爲底本，用斯二五五三（稱其爲甲本）參校。由於本書在對斯二五五三進行釋録時，曾以此件爲校本，爲避免重複，此件僅校改錯誤，其他異文不再一一出校。

## 校記

〔一〕『侍』，當作『佛』，據甲本改。

〔二〕『塵』字後尚有『一』字，蓋誤筆所致，未録。

〔三〕『金』，當作『今』，據甲本改，『金』爲『今』之借字；『愚』，當作『遇』，據甲本改，『愚』爲『遇』之借字。

## 參考文獻

《敦煌寶藏》二一册，臺北：新文豐出版公司，一九八二年，一至四、二三五頁（圖）；《英藏敦煌文獻》四卷，成都：四川人民出版社，一九九一年，九二至九四、一〇四頁（圖）；《法源》十八期，二〇〇〇年，一七四頁；《敦煌研究》二〇〇五年二期，一〇五頁。

# 斯二五八〇　一　布薩説偈文抄

## 釋文

入布薩堂説偈文〔一〕

持戒清淨如滿月，身口洨（皎）潔無瑕穢〔二〕。清淨和合無違諍，爾乃可得同布薩。

受水偈文〔三〕

八功德水淨諸塵〔四〕，灌掌去垢心無染。奉持禁戒無缺犯，一切衆生悉如是〔五〕。

浴籌説偈文

羅漢聖僧集〔六〕，凡夫衆和合。香湯浴淨〔籌〕〔七〕，布薩度衆生。

受香湯説偈文〔八〕

香水勳（薰）沐澡諸垢〔九〕，法身具足五分充〔一〇〕。般若圓照解脱滿〔一一〕，群生同會法界融。

唱行香説偈文〔一二〕

戒香定香解脱香〔一三〕，光明雲臺遍世界〔一四〕。供養十方無量佛，見聞普勳證寂滅〔一五〕。

受籌説偈文[一六]

金剛無礙解脱籌[一七]，難逢難遇如金果[一八]。我今歡喜頂戴受[一九]，一切衆生悉如是[二〇]。

還籌偈文[二一]

具足清淨受此籌[二二]，具足清淨還此籌。堅持禁戒無缺犯[二三]，一切衆生悉如是[二四]。

清淨妙偈文[二五]

清淨如滿月，清淨應布薩。身口業清淨，爾乃同布薩[二六]。

布薩竟説偈文[二七]

諸佛出世第一快，聞法奉行歡喜快[二八]。大衆和合寂滅快，衆生離苦安樂快。

## 説明

此卷原由兩紙粘貼而成。第一紙爲『布薩説偈文抄』，第二紙爲『豎幢傘文』。『豎幢傘文』背面文字在前，正面内容接續背面文字，但正背筆跡不同。

此件爲佛教信徒在舉行布薩儀式過程中所説之偈文，包括『入布薩堂説偈文』『受水偈文』『浴籌説偈文』『受香湯説偈文』『唱行香説偈文』『受籌説偈文』『還籌偈文』『清淨妙偈文』『布薩竟説偈文』九首，無總題。《英藏敦煌文獻》擬名爲《偈文抄（入布薩堂説偈文、受水偈文、浴籌説偈文、受香湯説偈文、唱行香説偈文、受籌説偈文、還籌説偈文、清淨妙偈文、布薩竟説偈文）》。『布薩』爲佛教僧團的持戒儀式，因此件之偈文僅適用於布薩儀式，故擬題爲『布薩説偈文抄』。

現知敦煌文獻尚有七件文書亦保存了『布薩説偈文抄』的内容。伯三二二一首尾完整，九首偈文全，起『入堂布薩説偈文』，訖『衆生離苦安樂快』；羽一五七首尾完整，九首偈文全，内容次序與此件稍異，起『入布薩堂説偈文』，訖『衆生離苦安樂快』；BD 七〇六八（龍六八）首尾完整，九首偈文全，内容次序與此件稍異，起『入布薩堂説偈文』，訖『一切衆生悉如是』；斯五九一八首尾完整，九首偈文全，下半截殘缺，起『入布薩堂説偈文』，訖『衆生離苦安樂快』；斯四四〇首尾完整，存八首偈文，無《浴籌説偈文》，起『入薩部堂説偈文』，訖『衆生離苦安樂快』；斯一五一六首尾完整，存八首偈文，無《還籌偈文》，起『入堂布薩説偈文』，訖『衆生離苦安樂快』；伯三一三五前缺，僅存『布薩竟説偈文』一首，起『布薩竟説偈文』，訖『衆生離苦安樂快』。因此文有時附在《四分尼戒本》之後，有時附在其中，有時又獨立成文，故《英藏敦煌文獻》多有遺漏，本書亦遺漏斯一五一六。除以上文書以外，還有斯四二一八、斯六三三五、伯三三三〇、斯六二二九保存了『布薩説偈文抄』九首中的若干首詩文，但内容與此件相差較大。

本書第二卷收録了斯四四〇之釋文，曾以此件參校，但因本書第一至三卷定稿於倫敦，時參考書不完備，故未能以上列多個寫本參校，故此件仍以搜集到的全部文本參校。

以上釋文以斯二五八〇爲底本，用伯三二二一（稱其爲甲本）、羽一五七（稱其爲乙本）、BD 七〇六八（稱其爲丙本）、斯五九一八（稱其爲丁本）、斯四四〇（稱其爲戊本）、斯一五一六（稱其爲己本）、伯三一三五（稱其爲庚本）參校。

## 校記

〔一〕「入布薩堂」，乙、丁、戊、己本同，甲本作「入堂布薩」。

〔二〕「洨」，甲、己本同，當作「晈」，據乙、丁、戊本改，「洨」爲「晈」之借字。

〔三〕「偈文」，乙、丙本同，甲本作「偈」，丁、戊、己本作「説偈文」。

〔四〕「浄」，甲、乙、戊、己本同，丙、丁本作「去」。

〔五〕「悉」，甲本同，乙、丙、戊、己本作「亦」。

〔六〕「漠」，甲、乙、丁、己本同，戊本脱，丙本作「漠」，誤；「僧」，甲、丙、丁、己本同，乙、戊本脱。

〔七〕「浴」，甲、丙、己本作「沐」，戊本脱，乙本作「木」，誤；「籌」，戊本亦脱，據甲、乙、丙、己本補。

〔八〕「説偈文」，甲、乙、丁、戊、己本同，丙本作「偈」。

〔九〕「水」，甲、乙、丙、丁、己本同，戊本作「湯」；「動」，甲、乙、丙、丁本同，當作「薰」，據戊、己本改。「動」爲「薰」之借字。

〔一〇〕「充」，甲、乙、丙、己本同，戊本作「衝」，「衝」爲「充」之借字。

〔一一〕「般若」，甲、丙、戊、己本同，乙本作「若般」，誤。

〔一二〕「唱」，甲、乙、丁、己本同，丙、戊本無；「説」，甲、乙、丁、戊、己本同，丙本無。

〔一三〕「解脱香」，甲、丙、丁本同，戊本作「惠香解脱香解脱知見香」，乙、己本作「慧香解脱香解脱知見香」。

〔一四〕「世」，丁本同，甲本作「法世」，乙、丙、戊、己本作「法」。

〔一五〕「動」，甲、乙、丙本同，戊、己本作「薰」。乙、丙、戊、己本此句後有「一切衆生亦如是」。

〔一六〕『受』，甲、丙、丁、戊、己本同，乙本作『授』；『説偈文』，甲、乙、丁、戊、己本同，丙本作『偈文』。

〔一七〕『礙』，甲、戊、己本同，丙、丁本作『畏』，乙本脱；『解』，甲、丙、丁、戊、己本同，乙本作『下』。

〔一八〕『逢難遇如』，據甲、乙、丙、戊、己本補，丁本作『得難遇如』；『金』，據殘筆劃及丙、丁本補，甲、乙、戊、己本作『今』；『果』，甲、乙、丙、丁、己本同，戊本作『過』。

〔一九〕『今』，甲、戊、己本同，乙、丙本作『金』，『金』爲『今』之借字；『頂』，甲、乙、戊、己本同，丙本作『項』，誤；『受』，甲、乙、戊、己本同，丙本作『籌』。

〔二〇〕『悉』，甲本同，丙本無，乙、戊、己本作『亦』。

〔二一〕『偈』，甲、乙、丁、戊本作『説偈』，丙、己本無。

〔二二〕『受』，甲、乙、丁、戊本同，己本脱，丙本作『籌』，誤。

〔二三〕『持』，甲、乙、丙、戊本同，己本脱，丁本作『固』；『禁戒』，甲、乙、戊本同，己本脱，丙本作『喜舍』，誤；『犯』，甲、乙、戊本同，己本脱，丙本作『杞』，誤。

〔二四〕『悉』，己本脱，甲、乙、丙、戊本作『亦』。

〔二五〕『清淨妙』，甲、丙、丁、戊、己本同，乙本無；『文』，甲、乙、丁、戊、己本同，丙本脱。

〔二六〕『同』，甲、乙、丁、己本同，丙本作『可德同』，戊本作『可得同』。

〔二七〕『竟説』，甲、乙、丁、庚本同，戊、己本作『説』，丙本作『意』，誤。

〔二八〕『聞』，甲、乙、丁、戊、己、庚本同，丙本作『問』。

## 參考文獻

《敦煌學海探珠》上，臺北：商務印書館，一九七九年，一四七至一四八頁（録）；《敦煌寶藏》三册，臺北：新文豐出版公司，一九八一年，五六六頁（圖）；《敦煌寶藏》一一册，臺北：新文豐出版公司，一九八一年，三三六頁（圖）；《敦煌寶藏》二一册，臺北：新文豐出版公司，一九八二年，二三五頁（圖）；《敦煌寶藏》二二册，臺北：新文豐出版公司，一九八二年，一九八頁（圖）；《敦煌寶藏》四四册，臺北：新文豐出版公司，一九八二年，五七〇頁（圖）；《英藏敦煌文獻》四卷，成都：四川人民出版社，一九九一年，一〇五頁（圖）；《英藏敦煌文獻》九卷，成都：四川人民出版社，一九九四年，二〇八頁（圖）；《法藏敦煌西域文獻》二一册，上海古籍出版社，二〇〇二年，三七五頁（圖）；《法藏敦煌西域文獻》二三册，上海古籍出版社，二〇〇二年，一九八頁（圖）；《國家圖書館藏敦煌遺書》九五册，北京圖書館出版社，二〇〇八年，一一一至一一五頁；《敦煌秘笈》二册，大阪：杏雨書屋，二〇〇九年，四五五至四五六頁。

# 斯二五八〇　二　豎幢傘文

## 釋文

伏願應乾備德，寶位以（與）五嶽同堅[一]；坤極治民，寵祩（秩）並三臺而永固[二]。天公主保壽，而（如）蒼海無傾移[三]；郎君小娘子延長，等江淮而不竭。有（又）持勝福[四]，次用莊嚴我管内釋門都僧統和尚[五]，伏願夫（敷）揚正述[六]，振邁玄門；色力堅於丘山，惠命俞（逾）於遐劫[七]。又持勝福，次用莊嚴都衙已下諸都頭等，伏願其才出衆，武藝（？）越倫；俱懷恤物之能，助我明王之化。又持勝福，次用莊嚴釋門管内都僧政、都僧録之（諸）僧政等[八]，伏願駕三車而利物，嚴六度以莊懷；使法門無衰變之憂，釋衆保康哉之樂。然後三邊晏淨（靜）[九]，人歌永泰之祥；四寇休征，共賀興寧之慶。災隨舊歲，霧散雲飛；福建新春，萌芽齊湊。摩訶般若，利樂無邊，大衆虔（虔）誠[一〇]，一切普誦。

## 説明

此件《英藏敦煌文獻》擬名爲『發願文』，其實是接續抄寫背面的『竪幢傘文』，正背合在一起是一篇完整的『竪幢傘文』。其中之『民』字缺筆，並有朱筆句讀，文中有『天公主』，時代應屬曹氏歸義軍時期。

## 校記

〔一〕『以』，當作『與』，據文義改，『以』爲『與』之借字；『獄同』右側原有一『靜』字，似屬於另紙，與此件無關，未録。
〔二〕『袂』，當作『秩』，據文義改。
〔三〕『而』，當作『如』，據文義改，『而』爲『如』之借字。
〔四〕『有』，當作『又』，據文義改，『有』爲『又』之借字；『持勝福』，據文義補。
〔五〕『次』，據文義補。
〔六〕『夫』，當作『敷』，據文義改，『夫』爲『敷』之借字。
〔七〕『俞』，當作『逾』，據文義改，『俞』爲『逾』之借字。
〔八〕『之』，當作『諸』，據文義改，『之』爲『諸』之借字。
〔九〕『淨』，當作『靜』，據文義改，『淨』爲『靜』之借字。
〔一〇〕『虎』，當作『虔』，據文義改。

## 參考文獻

《敦煌寶藏》二一册，臺北：新文豐出版公司，一九八二年，二三六頁（圖）；《英藏敦煌文獻》四卷，成都：四川人民出版社，一九九一年，一〇五頁（圖）。

# 斯二五八〇背　竪幢傘文

## 釋文

大覺雄悲，多門吸引。能仁演教，感應隨機。皆稱解〔脱〕之功〔一〕，莫非能際（濟）者也〔二〕。今囑（屬）三春令月〔三〕，四序初晨（辰）〔四〕。延百福以竪勝幢，殄千殃而精（旌）白傘〔五〕。將奉保休家國，載疫（育）黎元〔六〕。四方無衰變之憂，群（郡）睦（牧）有康寧之慶〔七〕。總斯多善，莫限良緣。先用莊嚴梵釋四王、龍天八部，伏願威光熾盛，福力彌增；興運慈悲，救人護國。又持勝福，次用〔莊〕〔嚴〕我當今皇帝貴位〔八〕，伏願再安宇宙，舜日恆清；四海共納於一家〔九〕，十道咸歡無二域〔一〇〕。又持勝福，復用莊嚴我河西節度使尚書貴位〔一一〕

## 説明

此件首部完整，尾部略殘，其後部分被抄寫到了正面空白處，正背合在一起是一篇完整的『齋文』。

《英藏敦煌文獻》擬名爲『發願文』，但從文中之『延百福以豎勝幢，殄千殃而精（旌）白傘』句來看，應爲『豎幢傘文』。此件内容又見於斯六四一七『豎幢傘文』，部分文句與斯四五四四『豎幢傘文』和伯二八五四『豎幢傘文』有相同之處。

## 校記

〔一〕『脱』，據斯四五四四『豎幢傘文』補。
〔二〕『際』，當作『濟』，據斯四五四四『豎幢傘文』改，『際』爲『濟』之借字。
〔三〕『囑』，當作『屬』，據文義改。
〔四〕『晨』，當作『辰』，據斯六四一七『豎幢傘文』改。
〔五〕『精』，當作『旌』，據伯二八五四『豎幢傘文』改，『精』為『旌』之借字。
〔六〕『疫』，當作『育』，據斯六四一七『豎幢傘文』改，『疫』爲『育』之借字。
〔七〕『群』，當作『郡』，據斯六四一七『豎幢傘文』改；『睦』，當作『牧』，據斯四五四四『豎幢傘文』改，『睦』爲『牧』之借字。
〔八〕『莊嚴』，據斯六四一七『豎幢傘文』補。
〔九〕『於一家』，據斯六四一七『豎幢傘文』補。
〔一〇〕『十』，據斯六四一七『豎幢傘文』補。
〔一一〕『書』，據殘筆劃及文義補；『貴位』，據殘筆劃及斯六四一七『豎幢傘文』補。

## 參考文獻

《敦煌寶藏》二一册，臺北：新文豐出版公司，一九八二年，一三六頁（圖）；《英藏敦煌文獻》四卷，成都：四川人民出版社，一九九一年，一〇六頁（圖）；《英藏敦煌文獻》六卷，成都：四川人民出版社，一九九二年，一三四頁（圖）；《英藏敦煌文獻》一一卷，成都：四川人民出版社，一九九四年，五一頁（圖）；《敦煌願文集》，長沙：嶽麓書社，一九九五年，四五五至四五八、四六一至四六二頁（録）；《法藏敦煌西域文獻》一九卷，上海古籍出版社，二〇〇一年，一二一至一二五頁（圖）。

# 斯二五八三背　一　齋文抄

## 釋文

聞西方有佛號釋迦師，悲念三界，救拔四生，隨喜者去危而獲福，禮敬者滅罪而生天[一]。今有佛弟子虔跪執爐，稽告金人，爲先發弘願，報佛慈恩[二]，嚴飾道場，請佛延僧，開讃大乘經典，設齋念佛，種種功德，無限勝因，並用莊嚴　座前施主即體，惟願命同劫石，壽若寒松，冬夏無彫[三]，四時長翠[四]，萬善雲集，百福爲身[五]。更願夫人及合家大小、内外宗親，亦願災似浮雲逐風散，福而（如）春草盡生芽[六]。累世先靈及見存[七]，願力光照解脱。然後上窮有頂，傍闊無邊，賴此勝因[八]，一時成佛。爲存爲亡，大念釋迦牟尼佛。

## 説明

此件首尾完整，抄於《大乘百法明門論疏釋》卷背，其後有『彌陀讃』『文様（某寺某大師賜紫沙門臣某言）』『齋儀抄（亡考、妣、夫等）』和『南天竺國菩提達摩禪師觀門』。

《英藏敦煌文獻》將此件定名爲『釋迦讚』，巴宙《敦煌韻文集》（佛教文化服務處，一九六五年，六八頁）擬題作『釋迦佛啓請文』。按此件實爲齋文之略抄，其中讚釋迦的部分實爲齋文之號頭（參看郝春文《關於敦煌寫本齋文的幾個問題》，《首都師範大學學報》一九九六年二期，六四頁）。

## 校記

〔一〕『禮敬』，《敦煌韻文集》釋作『敬禮』，誤。
〔二〕『佛』，《敦煌韻文集》釋作『福』，校改作『佛』，按底本實爲『佛』。
〔三〕『冬』，《敦煌韻文集》釋作『谷』，校改作『春』，誤；『彫』，《敦煌韻文集》校改作『凋』，按『彫』有『凋』義，不必校改。
〔四〕『翠』，《敦煌韻文集》疑作『茂』，誤。
〔五〕『身』，《敦煌韻文集》疑當校改作『臻』。
〔六〕『而』，當作『如』，《敦煌韻文集》據文義校改，『而』爲『如』之借字。
〔七〕『累』，《敦煌韻文集》校改作『屢』。
〔八〕『因』，《敦煌韻文集》釋作『恩』，誤。

## 參考文獻

《敦煌韻文集》，六八至六九頁（録）；《敦煌寶藏》二一册，臺北：新文豐出版公司，一九八二年，二四三頁（圖）；《英藏敦煌文獻》四卷，成都：四川人民出版社，一九九一年，一〇六頁（圖）。

# 斯二五八三背　二　彌陀讚

## 釋文

西方有佛子號曰彌陀，彼佛端嚴兮相好無過。放眉間之白毫，旋頂上之青蠡〔一〕。化五濁之衆生，同歸淨國；誘三界之迷徒〔二〕，超越愛河。觀夫極樂逍遥〔三〕，娑婆難比。奏仙樂於佛前，散天花於空裹。七重羅網，摇玉鐸於簾間；八德流池，佈金沙於水底。經是雲樓晃曜〔四〕，月殿崢嶸。紅頗梨莊嚴玉砌，碧琥珀地界金繩。分萬道之霞舒，互相映徹；并千輪之日出，放大光明。况乃香焚六銖，花開四色。十善業之預常聞〔五〕，三惡道之聲永息。白鶴鶯（鸚）鵡〔六〕，咸稱我佛之名；風樹水流，同讚彌陀之德。於是十方之佛〔七〕，八部龍天，菩薩處千花之坐，化生開九品之蓮。六律鏗鏘，共演菩提之曲；五音嚮亮，爭趨法會之筵。是以幡蓋星攢，道場霞鋪。和珠閣之霜鍾，振玉樓之法鼓。輪迴永謝（謝）〔八〕，長辭有漏之鄉；諸上善人，俱會無生之路。是以佛悲闡化，妙演慈音〔九〕。欲悞（悟）本來之性〔一〇〕，須降貪愛之心。事理俱融，非小賢之能惻（測）〔一一〕；有無雙泯，斯大〔乘〕之難尋〔一二〕。及至聞法幽玄，同聲讚歎。還經行於本國，獻香花於清旦。梵王帝釋，乘紫雲而卻赴，諸天菩薩聲聞，禮世尊已，瞥然分散。

## 説明

此件首尾完整，内容爲對彌陀的讚頌之文，巴宙曾對此件進行了校録（參看《敦煌韻文集》，一〇四至一〇五頁）。

## 校記

〔一〕「蠡」，《敦煌韻文集》校改作「螺」，按「蠡」通「螺」，不煩校改。
〔二〕「徒」，《敦煌韻文集》校改作「途」，按「徒」義可通，可不校改。
〔三〕「夫」，《敦煌韻文集》釋作「乎」，誤。
〔四〕「曜」，《敦煌韻文集》釋作「耀」，誤。
〔五〕「預」，《敦煌韻文集》校改作「願」，按「預」可通，不必校改。
〔六〕「鶯」，當作「鸚」，據文義改，《敦煌韻文集》逕釋作「鸚」，「鶯」爲「鸚」之借字。
〔七〕「之」，《敦煌韻文集》校改作「諸」，按「之」義可通，不煩改。
〔八〕「謝」，當作「謝」，據文義改，《敦煌韻文集》逕釋作「謝」。
〔九〕「音」，《敦煌韻文集》釋作「因」，校改作「音」，按底本實爲「音」。
〔一〇〕「悮」，當作「悟」，《敦煌韻文集》據文義校改，「悮」爲「悟」之借字。
〔一一〕「惻」，當作「測」，《敦煌韻文集》據文義校改，「惻」爲「測」之借字。

〔一二〕『乘』，《敦煌韻文集》據文義校補。

## 參考文獻

《敦煌韻文集》，佛教文化服務處，一九六五年，一〇四至一〇五頁（録）；《敦煌寶藏》二一册，臺北：新文豐出版公司，一九八二年，二四三至二四四頁（圖）；《英藏敦煌文獻》四卷，成都：四川人民出版社，一九九一年，一〇六頁（圖）。

## 斯二五八三背　三　文樣（某寺某大師賜紫沙門臣某言）

### 釋文

某寺某大師賜紫沙門臣某言：

德及萬里者聖王，恩瞻（贍）八宏者明王主〔一〕。天垂敬則陰陽順叙，地霑潤則草木之榮。伏惟　皇帝以正昇乾，居尊處位。育物道明於日月，招蘇令貫於古今。光雨露而百璧咸歡，佈仁澤而千官慶賀。但某伏自去載，迴蒙宣旨，遠届唐朝，捧聖書而西别龍都，賚國信而更臨鳳闕。萬水寧勞於往復，千山豈慮於登程。顯兩王應祐於昌期，結二國和叶於佳瑞。況某叨陪像季，謬廁班行，皇帝不以才微，幸承驅策。今者恃依天睠，獲赴王庭，唯增感戀之情，但積忻奇之念，某喜而龍顔〔二〕，誠恐誠恐！

### 説明

此件首尾完整，内容爲某寺某大師賜紫沙門向皇帝上書的文樣。

## 校記

〔一〕『瞻』，當作『贍』，據文義改；『王』，據文義係衍文，當删。

〔二〕此句疑有脱誤。

## 參考文獻

《敦煌寶藏》二一册，臺北：新文豐出版公司，一九八二年，二四四頁（圖）；《英藏敦煌文獻》四卷，成都：四川人民出版社，一九九一年，一〇七頁（圖）。

# 斯二五八三背　四　齋儀抄（亡考、妣、夫等）

## 釋文

聞靈靈不變者，千聖之真圓；茫茫沈没者，四生之假幻。是曰周公處夢，隨緤（蝶）舞之不還〔一〕；田主臨歧，氍鶯啼而中没。古今共有，貴賤皆同，往返如輪，何時見息於日？目盈青血，身掛素衣，唯申網（罔）極之情〔二〕，上答劬勞之德者，即孤子奉爲考靈某乙構斯香會。惟靈英姿挺秀，廣禮高明，家傳信義之豐，門有青嚴之韻。本冀規彰厚眷，領袖策枝，爲家主之貞祥，作子孫之日月。何期天鍾大禍，疊代高才，杳然入夜鶴豁之中〔三〕，倏忽掩淒涼之夢。孝等哀號盡禮，舉擗傾心，惟修勝福之因，上報考靈之德。於是道場宿勝會朝嚴，佛請三身，僧要五德，經開龍藏，梵奏魚止，福善無芽（涯）〔四〕，總用福〔五〕。亡靈生界，願靈襟頓爽，障累全驅，尋光而便禮嚴容，聞法而超居聖位。孝鶴齡龜算，與松柏而齋（齊）年〔六〕；福〔海〕壽山〔七〕，與乾坤而永固。一家眷屬，總得安寧，出入在家，聖力匡〔八〕。

又聞慈育之恩，劬勞之德，遶迷氳而未報，仰昊天而難窮。惟有良因，可資前路。今者跪禮哀懇，精嚴道場，手傳珍香，心仰毫相，即有哀孝，奉爲妣靈某乙構斯香會。惟靈三從皎潔，四德昭明，淑慎而蘭菊含芳，叶和而芙蓉迥析（殊）〔九〕。本冀斷繼訓子，繼母裙裾，爲家主之風光，作子孫之夜月。柰河（何）凶臨〔一〇〕，禍起高堂，疾主無望之元，魄掩逝川之朗。孝等啓首天災，難劬勞之德；斷脹泣血，惟思乳抱之恩。逾無丈託，仰福是資，元設齋修，用資妣靈生界。伏願身生淨土，願託天宫，當來與菩薩爲眷屬，莫越今生愛別離。若哀子善牙增長，福惠姿董，罪隨朝露，自令壽比南而山〔一一〕，更遠願紅顔益態〔一二〕，玉貌恆芳，禪（嬋）娟（娟）而鳳髻長榮〔一三〕，窈窕而鸞臺永固。

亥（駭）聞摎羅其翠〔一四〕，上干碧落之雲；琴瑟相扶，韻激青流之水。是知時來即往，緣散心（必）離〔一五〕，一期恩愛已終亡〔一六〕，百歲歡悮（娱）而定威（滅）〔一七〕。於日焚香動泣，一條煙色朦朧；禮聖含悲，方寸而於脹慘愴者，爲亡夫構期（斯）香會〔一八〕。惟靈文添珠玉，江淹夢竹重收；武動乾坤，玄女曉持書付（符）〔一九〕。佩鎮（鏌）鏷（鋣）之寶釰〔二〇〕，牛斗雲衝；彎瑚璉之彫弓，猿啼遶樹。本冀外富策粗，内益家豐，將素首已（以）同歡止〔二一〕，止家宅百年共住。何期鶯鸞一翥，兩劍單沈，命真徒而禮況爰申，供聖賢而福姿（資）冥路〔二二〕。伏願六天銀閣，隨所愛之壽生；九品摇瑎，恣歡情而快樂。

## 説明

此件首尾完整，脱誤較多。其内容爲齋儀之略抄（參看郝春文《敦煌寫本齋文的幾個問題》，《首都師範大學學報》一九九六年二期，六四至七一頁）。

## 校記

〔一〕「緤」，當作「蝶」，據文義改，「緤」爲「蝶」之借字。
〔二〕「網」，當作「罔」，據文義改，「網」爲「罔」之借字。
〔三〕「鶴」，據文義疑爲衍文。
〔四〕「芽」，當作「涯」，據文義改，「芽」爲「涯」之借字。
〔五〕此句疑有脱文。
〔六〕「齋」，當作「齊」，據文義改。
〔七〕「海」，據文義補。
〔八〕此句疑有脱誤。
〔九〕「析」，當作「殊」，據文義改。
〔一〇〕「河」，當作「何」，據文義改，「河」爲「何」之借字。
〔一一〕「而」，據文義係衍文，當删。
〔一二〕「遠」，據文義係衍文，當删。
〔一三〕「禪蜎」，當作「嬋娟」，據文義改，「禪」爲「嬋」之借字，「蜎」爲「娟」之借字。

〔一四〕「亥」，當作「駭」，據文義改，「亥」爲「駭」之借字。

〔一五〕「心」，當作「必」，據斯五六四〇《齋儀抄（亡夫）》改。

〔一六〕「亡」，據文義係衍文，當删。

〔一七〕「悮」，當作「娱」，據文義改；「威」，當作「滅」，據五六四〇《齋儀抄（亡夫）》改。

〔一八〕「期」，當作「斯」，據文義改。

〔一九〕「付」，當作「符」，據文義改，「付」爲「符」之借字。

〔二〇〕「鎮」，當作「鏌」，據五六四〇《齋儀抄（亡夫）》改；「鏁」，當作「鎁」，據五六四〇《齋儀抄（亡夫）》改。

〔二一〕「已」，當作「以」，據五六四〇《齋儀抄（亡夫）》改，「已」爲「以」之借字。

〔二二〕「姿」，當作「資」，據文義改，「姿」爲「資」之借字。

## 參考文獻

《敦煌寶藏》二一册，臺北：新文豐出版公司，一九八二年，二四四至二四五頁（圖）；《英藏敦煌文獻》四卷，成都：四川人民出版社，一九九一年，一〇七頁（圖）。

# 斯二五八三背　五　南天竺國菩提達摩禪師觀門

## 釋文

南天竹（竺）國菩提達摩禪師觀門〔一〕

何（問）曰〔二〕：何名禪定？

答曰：禪爲亂心不起〔三〕，無動無念爲禪定〔四〕。端心止念〔五〕，無生無滅〔六〕，無去無來，湛然不動〔七〕，名之爲禪定。

何名爲禪觀？

答曰〔八〕：心神澄淨，名之爲禪；照理分明，名之爲觀。禪觀自達〔九〕，無有錯謬〔一〇〕，故名禪觀。心神澄淨，不生不滅，不來不去〔一一〕，湛然不動，名之爲禪。

問曰：何名禪定？

答曰：禪定者梵音，此名功德叢林〔一二〕；三界諸佛皆從禪生〔一三〕，故名功德叢林〔一四〕。

又問：何名禪法〔一五〕？

答曰：禪法從通有次弟（第）〔一六〕，初學時從始終有七種觀門〔一七〕：弟（第）一住心門，弟（第）二空心門，第（弟）三無〔相〕門〔一八〕，弟（第）四心解脱門〔一九〕，弟（第）五禪定門〔二〇〕，弟（第）六真如門〔二一〕，弟（第）七智惠門〔二二〕。

住心門者，謂心散動，攀緣不住，專攝念住〔二三〕，更無去動〔二四〕，故名住心門〔二五〕。空心門者，謂看心轉追〔二六〕，覺心空寂，無去無來，無有住處，無所依心，故心（名）空心門〔二七〕。心無相門〔二八〕，謂心澄淨，無有相貌，非青非黄，非赤赤（非）白〔二九〕，非長非短，非大非少（小）〔三〇〕，非方非圓，湛然不動，故〔名〕無相門〔三一〕。心解脱門者，知心無繫無縛〔三二〕，一切煩惱，不來上心，故名心解脱門〔三三〕。禪定門者〔三四〕，西域梵音，唐言淨（靜）慮〔三五〕，覺心寂淨（靜）〔三六〕，行時住時，坐時卧時〔三七〕，皆悉寂淨（靜）〔三八〕，無有散動〔三九〕，故名寂淨（靜）〔四〇〕。真如門者，覺心無心〔四一〕，等同虚空，遍周法界，平等不二〔四二〕，無千無變，故名真如門。智惠門者〔四三〕，識了一切，名之爲智，契達空源〔四四〕，名之爲惠〔四五〕，故名智惠門〔四六〕，亦名究竟道〔四七〕，亦名大乘無相禪觀門〔四八〕，則是修禪學道〔四九〕，故禪有七種觀門〔五〇〕。

大聲念佛得十種功德〔五一〕：一者不聞惡聲，二者念佛不散〔五二〕，三者排去睡眠，四者勇猛精進，五者諸天歡喜，六者魔軍怖畏，七者聲振十方，八者三途息苦〔五三〕，九者三昧現前，十者往生淨土。

## 説明

此件首尾完整，起『南天竹（竺）國菩提達摩禪師觀門』，訖『十者往生淨土』。《英藏敦煌文獻》未收，因其具有佛教行事文性質，現予增收。現知敦煌文獻中保存的相同寫本尚有：斯二六六九，首尾完整，起『天竹（竺）國菩提達摩禪師觀門』，訖『十者往生淨土』；斯六九五八，首全尾缺，起『南天竹（竺）國菩提達摩禪師觀門』，訖『念口（佛）不散』；伯二〇五八，首全尾缺，起『南天竹（竺）國菩提達摩禪師觀』，訖『何名禪法』。此件對了解禪宗關於禪法、法性等認識具有重要參考價值。

以上釋文以斯二五八三背爲底本，用斯二六六九（稱其爲甲本）、斯六九五八（稱其爲乙本）、伯二〇五八（稱其爲丙本）參校。

## 校記

〔一〕『南』，乙、丙本同，甲本無；『竹』，甲、乙、丙本同，當作『竺』，據文義改，『竹』爲『竺』之借字；『門』，甲、乙本同，丙本脱。《大正新脩大藏經》未録此標題。

〔二〕『何』，當作『問』，據甲、乙、丙本改，《大正新脩大藏經》逕釋作『問』。

〔三〕『爲』，甲、乙、丙本作『謂』，均可通。

〔四〕第一個『無』，甲、丙本同，乙本作『蕪』，『蕪』爲『無』之借字；『動』，乙、丙本同，甲本作『念』；『念』，乙、丙本同，甲本作『動』。

〔五〕『止』，甲、丙本同，乙本作『正』。

〔六〕第一個「無」，甲、丙本同，乙本作「不」，均可通；第二個「無」，甲、丙本同，乙本作「不」，均可通。

〔七〕「湛」，《大正新脩大藏經》釋作「堪」，誤。

〔八〕「曰」，乙、丙本同，甲本無。

〔九〕「達」，甲、丙本同，乙本作「蓬」，「蓬」爲「達」之借字。

〔一〇〕「無」，甲、丙本同，乙本作「蕪」，「蕪」爲「無」之借字。

〔一一〕「來」，乙、丙本同，甲本作「去」；「去」，乙、丙本同，甲本作「來」。

〔一二〕「此」，甲本同，乙本作「虚言此」，丙本作「唐言此」；「名」，甲、乙本同，丙本作「之」。

〔一三〕「從」，甲、乙、丙本同，《大正新脩大藏經》釋作「説」，誤；「生」，甲、乙本同，丙本作「生故」，均可通，《大正新脩大藏經》釋作「坐」，誤。

〔一四〕「名」，甲、乙、丙本作「云」。

〔一五〕「禪法」，乙、丙本同，甲本作「法禪」。丙本止於此句。

〔一六〕「弟」，乙本同，當作「第」，據甲本改，《大正新脩大藏經》逕釋作「第」，「弟」爲「第」之本字。以下同，不另出校。

〔一七〕「種」，甲本同，乙本作「衆」，「衆」爲「種」之借字。

〔一八〕「無」，甲本同，乙本作「心無」；「相」，據甲、乙本補；「門」，甲本同，乙本作「門豕」。

〔一九〕「門」，甲本同，乙本作「門火」。

〔二〇〕「門」，甲本同，乙本作「門爲」。

〔二一〕「如」，甲、乙本同，《大正新脩大藏經》釋作「妙」，誤；「門」，甲本同，乙本作「門涑」。

〔二二〕「惠」，乙本同，甲本作「慧」，均可通，《大正新脩大藏經》釋作「慧」；「門」，甲本同，乙本作「門風」。

〔二三〕「攝」，甲本同，乙本作「瓓」，誤。
〔二四〕「去」，甲、乙本作「起」。
〔二五〕「門」，甲本同，乙本作「門者」。
〔二六〕「追」，甲、乙本脱。
〔二七〕「心」，當作「名」，據甲、乙本改，《大正新脩大藏經》釋作「云」，誤。
〔二八〕「門」，乙本同，甲本作「門者」。
〔二九〕第二個「赤」，當作「非」，據甲、乙本改，《大正新脩大藏經》逕釋作「非」。
〔三〇〕「少」，當作「小」，據甲、乙本改。
〔三一〕「故」，甲本同，乙本脱；「名」，乙本脱，據甲本補。
〔三二〕「知」，甲本同，乙本作「之」，「之」爲「知」之借字。
〔三三〕「心」，甲本同，乙本脱。
〔三四〕「門」，甲、乙本同，《大正新脩大藏經》漏録。
〔三五〕「唐」，甲本同，乙本作「虚」，誤；「淨」，甲、乙本同，當作「靜」，據文義改，「淨」爲「靜」之借字，《大正新脩大藏經》逕釋作「靜」；「慮」，甲本同，乙本作「利」，誤。
〔三六〕「淨」，甲、乙本同，當作「靜」，據文義改，「淨」爲「靜」之借字，《大正新脩大藏經》逕釋作「靜」。
〔三七〕「坐」，甲本同，乙本作「座」，「座」通「坐」。
〔三八〕「淨」，甲、乙本同，當作「靜」，據文義改，「淨」爲「靜」之借字，《大正新脩大藏經》逕釋作「靜」。
〔三九〕「動」，甲、乙本作「亂」。
〔四〇〕「寂」，甲、乙本作「禪」；「淨」，甲、乙本作「定」，當作「靜」，據文義改，「淨」爲「靜」之借字，《大正新脩大藏經》逕釋作「靜」。

〔四一〕第二個「心」，甲本同，乙本脱。

〔四二〕「平」，甲本同，乙本作「來」，誤；「二」，甲本同，乙本作「三」，誤。

〔四三〕「智」，甲本同，乙本作「之」，「之」爲「智」之借字；「惠」，甲、乙本作「慧」，均可通，《大正新脩大藏經》釋作「慧」。

〔四四〕「契」，甲本同，乙本作「慧」，誤；「源」，甲本同，乙本作「深」，誤。

〔四五〕「惠」，甲、乙本作「慧」，均可通。

〔四六〕「名」，甲本作「言」，均可通；「惠」，乙本同，甲本作「慧」，均可通，《大正新脩大藏經》釋作「慧」。

〔四七〕「道」，甲本同，乙本脱。

〔四八〕「相」，甲本同，乙本脱。

〔四九〕「則」，甲本同，乙本作「即」，均可通；「修」，乙本同，甲本作「脩」，均可通。

〔五〇〕「故」，甲本同，乙本作「故名」，均可通；「種」，甲本同，乙本作「衆」，「衆」爲「種」之借字。

〔五一〕「大聲」，甲本同，乙本無；「得」，甲本同，乙本無；「種」，甲本同，乙本作「動」，誤；「德」，甲本同，乙本作「得」，「得」爲「德」之借字。甲本此句前還有「五法三自性，八識爾無我，是名五法相。明分別了，是名五法。人無我法，無我惠，竟謂人了無我。五飲（陰）本來法無我，遍竟所勑，性捨他去，性緣成實，性成衆性。蘊八識，弟（第）六意識，弟（第）七摩那識，弟（第）八阿賴那（耶）識。弟（第）六意識，成所作智。弟（第）七摩那識，太緣竟意智。弟（第）八阿那（耶）識，妙觀察智」諸句。

〔五二〕「佛」，甲、乙本作「口」，誤。乙本止於此句。

〔五三〕「途」，甲本作「塗」，均可通。

## 參考文獻

《大正新脩大藏經》八五册，東京：大正一切經刊行會，一九三四年，一二七〇頁（録）；《宗教研究》一四六卷，東京：宗教研究會，一九五五年，二六一頁；《敦煌寶藏》二一册，臺北：新文豐出版公司，一九八二年，二四五頁（圖）；《敦煌寶藏》二二册，臺北：新文豐出版公司，一九八二年，一五〇頁（圖）；《敦煌寶藏》五四册，臺北：新文豐出版公司，一九八三年，一四四至一四五頁（圖）；《敦煌禪宗文獻の研究》，東京：大東出版社，一九八三年，二〇五、二一三、五〇八頁；《法藏敦煌西域文獻》三册，上海古籍出版社，一九九四年，三六四頁（圖）。

# 斯二五八八　失名類書（語對）

## 釋文

（前缺）

### 送別

**西征**潘岳爲咸陽令〔一〕，作《西征賦》：眷鞏之墳塋〔二〕。**東征**曹大家〔三〕，班彪之女，嫁之曹世叔，叔死〔四〕，號曰大家，作《東征賦》曰：『惟永初之有七，余隨子乎東征。』**河梁**漢都尉李陵別詩曰〔五〕：『攜手河梁上，遊子暮何之〔六〕。』**胡越**古詩曰：『行行重行行，與君生別離。相去萬餘里，各在天一崖〔七〕。道路隔且長，會面安可期。胡馬思北風，越鳥巢南枝。相去日已遠，衣帶日已緩。』**北梁**　**南浦**《楚辭》曰：『悲莫悲兮生別離。』又曰：『憀慄兮若在遠行〔八〕，登山臨水送將歸〔九〕。』又曰：『超北梁兮永辭，送美人兮南浦。』**都門**《漢書》曰：疎（疏）廣與兄子受並爲太子師傅〔一〇〕，廣謂受曰：『吾聞知足不辱。』遂上疏辭官，帝許之，疎（疏）將歸〔一一〕，士庶祖帳於東都門外，送車數百乘，觀者咸云：『賢哉二大夫也！』仕（掛）冠冕於都門而去〔一二〕，言不仕也。**東門**袁紹見鄭玄，歎曰：『吾本謂鄭君東州名儒，今乃天下長者耳〔一三〕。』玄將歸〔一四〕，紹餞之城東門，會者三百人，玄可飲三百杯不醉〔一五〕。**抗手**《孔叢》曰〔一六〕：子喬（高）遊（趙）〔一七〕，平原君門下客鄒文〔一八〕、季節者，喬（高）與相善〔一九〕。及喬（高）還〔二〇〕，二子送行三宿，臨行，二子流涕交頸，子喬（高）抗手而已〔二一〕，分背就路，從者怪之。喬（高）曰〔二二〕：『吾初謂此二子丈夫耳，今乃知婦人志也。』**不拜**《東觀漢記》曰：陳遵使凶奴〔二三〕，辭王丹，丹曰：『今子之絕域，無以相贈，贈子以不拜。』遂揖而別。**贈言**孔子去周，老子送之曰：『吾聞貴者送人以財，仁者送人以言，今送子以言。』**風馬**《宋書》曰：王弘之居貧，性好山水，有桓謙者與弘善。時殷仲文還姑射，祖送者傾朝。謙邀弘同行，弘曰：『凡祖送必在有情〔二四〕，下官與殷風馬不相接，既緣扈從也。』謙貴之。**數行**《俗說》曰〔二五〕：桓靈寶爲人哀樂至極，與人遠別，下牀時，猶含笑，臨行執手，涕淚數行而下。**歧路**　**離庭**　**別館**　**征陌**　**易水**燕太子丹使荊軻刺秦王〔二六〕，祖送易水之上〔二七〕，高漸離擊筑〔二八〕，宋意和之曰：風蕭蕭兮易水寒〔二九〕，壯士一去兮不復還。**驪歌**古歌也。客有將去者，乘驪駒，因歌之，言別也。

（中空兩行）

## 客遊

**雁書**《漢書》曰：蘇武使凶奴〔三〇〕，凶奴留之〔三一〕。詐云武已死。後漢使入凶奴〔三二〕，武竊見之，令使報凶奴云〔三三〕：『漢帝射得上林中雁〔三四〕，雁足得帛書〔三五〕，云武在凶奴〔三六〕。』遂武還〔三七〕。**北上**陸機，字士衡，從吴赴洛詩曰：『總轡登長路，嗚咽辭密親。借問子何之，世網嬰我身。』**東走**《韓子》曰：惠子云：『狂者東走，所逐者亦東走之。』**雙鶴**曹植詩曰：『雙鶴俱遨遊〔三八〕，相失東海傍。』**三聲**《巴東記》曰：行人峽中歌曰〔三九〕：『巫山三峽巫峽長，猿叫三聲淚霑裳〔四〇〕。』**零雨**《毛詩》曰〔四一〕：『我來自東，零雨其濛。』**聚糧**《莊子》曰：『適百里者〔四二〕，宿春糧；適千里者，三月聚糧〔四三〕。』**濠梁**莊子與惠子遊濠梁之上〔四四〕。莊子觀魚遊，曰：『是魚樂也。』惠子曰：『子非魚，安知魚之樂乎？』莊子曰：『子非我，安知吾不知魚之樂也〔四五〕？』**農山**《家語》曰：孔子北遊農山而歎曰：『於斯致思，無所不至〔四六〕。二三子各言其志〔四七〕。』**荆臺**《說苑》曰：楚昭王欲遊荆臺，司馬子綦諫曰：『荆臺之遊，左洞庭之陂，右彭蠡之水〔四八〕，南望獵山，下臨方淮，其樂使人遺老而忘死〔四九〕。』**新亭**《世說》曰〔五〇〕：江諸人〔五一〕，每至暇日，相邀出新亭，藉卉飲宴。周侯中坐而歎曰：『風景不殊〔五二〕，舉目有江山之異。』**歧路**楊朱〔五三〕。**抱膝**諸葛亮常抱膝〔五四〕。**窮途**阮籍常乘車行至路窮之處，乃慟矣。**折麻**《離騷》曰：『折疏（疏）麻兮贈遠人。』**結桂**《楚詞》曰：『結桂枝兮延佇。』**越鳥**南越鳥也。翔於中國，每巢於南枝〔五五〕。**胡馬**北方馬也。雖在中國，常思北風。

## 萬舉

**側席**《後漢書》曰：朕思遲直士，側席求賢〔五六〕。**樹桃李**《韓詩外傳》曰〔五七〕：魏文侯之時，子質仕而獲罪，去而北遊，謂簡主曰：『吾所樹堂上之士半〔五八〕，所樹朝廷之大夫半〔五九〕，所樹邊境之人半〔六〇〕。今堂上之人惡我於君，朝廷之大夫危我於法〔六一〕，邊境之人劫我以兵，是以吾不復樹德於人矣。』簡主曰〔六二〕：『子言過矣〔六三〕。夫春樹李桃〔六四〕，夏得蔭其下〔六五〕，秋得食其實〔六六〕；春樹蒺藜〔六七〕，夏不得采其葉，秋得其刺焉〔六八〕。由此睹之〔六九〕，子之所樹，非其人也〔七〇〕。』**管庫**《禮記・檀弓》曰：趙文子所舉於晉國管庫之士七十餘家。**淳于髡**《戰國策》曰：淳于髡見七人於宣王〔七一〕。王曰：『吾聞千里一士，是比肩相望；百代一聖，若隨踵而生也。今子一朝而見七士，不亦衆乎？』髡曰：『不然。夫鳥，同翼者聚居〔七二〕；獸，同足者俱行。今求茈胡桔梗於沮澤〔七三〕，則累代不得一焉。若求之梁甫之陰〔七四〕，則連車載耳〔七五〕。夫物有儔，今髡，賢者之儔。王求士於髡，如挹水於河〔七六〕，而取火於燧也〔七七〕。』

（中空兩行）

## 報恩

**扶輪** 靈輒者，齊人也。晉大夫趙遁（盾）於桑下見餓人〔七八〕，遁（盾）乃傾壺餐哺之〔七九〕，得蘇。遁（盾）問之，答曰：『齊人靈輒。學於秦，今歸國，乏糧，不能進。』遁（盾）遺糧，得還。後仕晉，爲守門監。遁（盾）以忠諫靈公〔八〇〕，靈公患之。公有獒〔八一〕，能齧人。遁（盾）臨朝，獒直來向遁（盾），遁（盾）以足蹴獒，下頷折。遁（盾）謂公曰：『賤人貴犬，君之獒何如臣之獒！』公怒，欲煞遁（盾）。遁（盾）走，出門，將乘車，車一輪公已令人脱脚（卻）〔八二〕，唯有一未脱。輒扶遁（盾）上車，以手軸一頭，駕車而走，遂得免難。遁（盾）怪問之，輒曰：『昔桑下人也。』

**結草** 魏顆者，晉卿魏武之子也。武子有寵妾，武子病，勑顆曰：『吾死後〔八三〕，可嫁此妾。』及病困臨終，又曰：『必須以此妾同葬〔八四〕。』及死〔八五〕，顆曰：『吾寧從父精始之言，豈可從亂惑之語！』遂嫁之〔八六〕。秦與晉戰，以魏顆爲將。夜夢見一老翁曰〔八七〕：『結草以抗秦軍。』及明日戰，秦將杜迴馬突結草而到（倒）〔八八〕，晉人擒之，秦軍大敗。其夜，顆復夢老翁曰：『吾是君前不煞妾之父也，今結草以相報。』

**黃雀**〔八九〕 弘農楊寶年七歲，行華山中〔九〇〕，見黃雀被螻蟻所困，寶收養之，瘡愈而去〔九一〕。後數年，黃雀爲黃衣童子，持玉環來，以贈楊寶。後漢時〔九二〕。出《搜神記》。

**白龜**〔九三〕 晉時，陳留人毛寶行江邊，見人釣得白龜子，寶贖放江中。後十年餘，寶鎮邾城，與石虎戰。寶敗，投江，腳如踏著一石，漸浮至東岸。乃白龜也。

**絶纓** 《韓子》曰：楚莊王夜與群臣飲酒，火滅，有人引王美人，美人絶其冠纓，告王曰：『絶纓者是。』王曰：『飲人狂藥（樂）〔九四〕，如何責人以禮？』悉令去其冠，後然出火。後王與晉戰，晉軍圍王，有一人登鋒敗晉〔九五〕。王怪問之，曰：『昔絶纓客也。』

**盜馬** 秦穆公有駿馬，有五夫者盜食之。公曰：『吾聞盜駿馬肉不得酒而死。』遂命賜其酒。後與惠王戰，忽有五夫擒惠王。穆公怪之，乃五夫也。王粲詩曰：『穆公飲盜馬，五夫濟其恩。楚王赦絶纓，國有投命臣。』

**葬地** 《幽明録》曰〔九六〕：吳人孫鍾居貧，種瓜爲業，瓜始孰〔九七〕。有三人來乞瓜，鍾〔與〕之〔九八〕。食訖，謂鍾曰：『無以相報，示子以葬地。』遂上山示地。訖曰：『我，司命也〔九九〕，□堅生權〔一〇〇〕，漢末據江東，立爲吳王。』

**種玉** 《搜神記》曰：後漢陽公字雍伯，洛陽人也。少儈賣爲業。後父□飲，飲訖，出懷中石子一升與公，曰〔一〇一〕：『種此當生玉，及得好婦〔一〇二〕。』□有好女〔一〇三〕，公試求之，徐氏笑曰：『得璧玉兩雙，當爲婚。』公取玉遺之〔一〇四〕，□。

**困鶴**〔一〇五〕 □有箭瘡〔一〇六〕，收歸□。

**傷蛇** 隨侯出行，見蛇被傷，以藥傅之，後銜明月珠以報隨侯〔一〇七〕。

（後缺）

### 說明

此件首尾均缺，起『送別』，訖『報恩』類『傷蛇』條之『以報隨侯』，爲古類書之一部分。其形式爲分類記事，條目用大字，記事用雙行小字，有的條目下並無記事，有的條目下的記事原未抄全，說明此件係時人抄件。《英藏敦煌文獻》定名作『失名類書』，據王三慶研究，此件實爲古類書《語對》之一部分（參看《敦煌本古類書〈語對〉研究》，四至五頁），此從其定名。

敦煌文獻中保存的與此件同爲一書之異抄件者有：伯二五二四、斯七八、伯四六三六、斯七九、伯四八七〇等。伯二五二四，首尾均缺，册葉裝，起『王』，訖『神仙』類『金案』條之『玉盤賜義』。斯七八，首尾均缺，起『送別』類之『數行』條，訖『孝行』類『范宣』條之『所以啼也』。伯四六三六，首尾均缺，起『孝養』，訖『喪葬』類『遷窆』條之『遷』。斯七九，首尾均缺，起『喪葬』類之『蒿里』條，訖『醜女』類之『阮氏』。伯四八七〇，首尾均缺，起『四鳥』，訖『難兄難弟也』。其中伯四八七〇、伯四六三六、斯七九與此件屬同一寫本，而今斷裂爲四，分藏巴黎、倫敦兩地。伯四六三六與斯七九可直接綴合，本書第一卷已收録這兩件綴合後的釋文。此件不能與其他幾件直接綴合。據王三慶考證，古類書《語對》的創作時間約在唐神龍至景雲年間（參看《敦煌本古類書〈語對〉研究》，二九頁）。王三慶對此件進行了細緻的校理和研究。

此件背面抄有另件『失名類書』。

以上釋文以斯二五八八爲底本，用伯二五二四（稱其爲甲本）、斯七八（稱其爲乙本）參校。本書第一卷斯七八『失名類書』（《語對》）曾以此件中『數行』之後的内容（稱其爲乙本）進行參校，此部分内容之異文見於該件之釋文者，不另出校。

## 校記

〔一〕「岳」，甲本作「兵」，誤。
〔二〕此句與《西征賦》原文有異，原文作「眷鞏洛而掩涕，思纏綿於墳塋」。
〔三〕「大」，甲本作「父」，誤。
〔四〕「叔」，甲本脱，《敦煌本古類書〈語對〉研究》認爲底本「世叔」二字重文，按底本僅「叔」字下有重文符號。
〔五〕「别」，甲本脱。
〔六〕「慕」，甲本作「暮」，「暮」爲「慕」之借字；「何」，甲本作「河」，「河」爲「何」之借字。
〔七〕「天一」，甲本作「一天」。
〔八〕「慄」，甲本作「慓」，誤。
〔九〕「送將」，甲本作「將送」，誤。
〔一〇〕「踈」，甲本同，當作「疏」，據文義改，「踈」爲「疎」之訛，「疎」同「疏」。以下同，不另出校。
〔一一〕「歸」，甲本脱。
〔一二〕「仕」，當作「掛」，據甲本改；「冕」，甲本無。
〔一三〕「下長」，據甲本補；「者」，甲本無。
〔一四〕「歸」，甲本脱。
〔一五〕「可」，甲本無；「醉」，甲本作「醉也」。
〔一六〕「叢」，《敦煌本古類書〈語對〉研究》釋作「聚」，誤；《敦煌本古類書〈語對〉研究》據文義及相關典籍於「叢」字後校補一「子」字。
〔一七〕「喬」，甲本同，當作「高」，據《孔叢子》卷四《儒服篇》改，《敦煌本古類書〈語對〉研究》逕釋作「高」；

「趙」，甲本脱，《敦煌本古類書〈語對〉研究》據《孔叢子》卷四《儒服篇》校補。

〔一八〕「鄒文」，據甲本補。

〔一九〕「喬」，甲本作「爲」，當作「高」，據《孔叢子》卷四《儒服篇》改，《敦煌本古類書〈語對〉研究》認爲底本作「高」，誤。

〔二〇〕「喬」，甲本同，當作「高」，據《孔叢子》卷四《儒服篇》改，《敦煌本古類書〈語對〉研究》逕釋作「高」。

〔二一〕「喬」，甲本同，當作「高」，據《孔叢子》卷四《儒服篇》改，《敦煌本古類書〈語對〉研究》逕釋作「高」。

〔二二〕「喬」，甲本同，當作「高」，據《孔叢子》卷四《儒服篇》改，《敦煌本古類書〈語對〉研究》逕釋作「高」。

〔二三〕「凶」，甲本同，《敦煌本古類書〈語對〉研究》校改作「匈」，按「凶奴」可通，不必校改。

〔二四〕「有」，甲本脱。

〔二五〕乙本始於此句。

〔二六〕「刺」，甲本同，乙本作「刺煞」；「秦王」，甲本同，乙本作「始皇」，《敦煌本古類書〈語對〉研究》認爲疑因諱太宗而改。

〔二七〕「祖」，甲本同，乙本作「群公」；「送」，甲本同，乙本作「送軻至」。

〔二八〕「漸」，甲本同，乙本作「斬」。

〔二九〕「蕭蕭」，乙本同，甲本脱一「蕭」字。

〔三〇〕「凶奴」，甲本同，乙本作「單于」。

〔三一〕「凶」，甲本同，乙本作「匈」，均可通。

〔三二〕「入」，甲本無。

〔三三〕「使」，甲本脱。

〔三四〕「林」，甲本作「林園」。

〔三五〕「雁足得帛書」，甲本同，乙本作「繫書雁足」。

〔三六〕「武在凶奴」，甲本同，乙本作「在北海牧羊也」。

〔三七〕「遂武還」，甲本作「武遂得還」，乙本脱。

〔三八〕「鶴」，乙本同，甲本脱。

〔三九〕「曰」，甲本同，乙本無。

〔四〇〕「霑」，甲本同，乙本作「沾」，均可通。

〔四一〕「《毛詩》曰」，甲本同，乙本作「出《毛詩》」，且置於「我來自東，零雨其濛」之後。

〔四二〕「者」，甲本同，乙本脱。

〔四三〕「糧」，甲、乙本作「糧也」，《敦煌本古類書〈語對〉研究》認爲「也」字蓋爲句末補白字，當删。

〔四四〕「遊」，甲本同，乙本作「遊於」。

〔四五〕「也」，甲本同，乙本作「哉」。

〔四六〕「所」，乙本同，甲本作「思」，《敦煌本古類書〈語對〉研究》認爲涉上句「思」字而誤。

〔四七〕「志」，甲本作「志也」，乙本作「志矣乎」。

〔四八〕「彭」，甲本同，乙本作「澎」，「澎」爲「彭」之借字。

〔四九〕「死」，甲本同，乙本作「死也」。

〔五〇〕「説」，乙本同，甲本作「記」。

〔五一〕「江諸人」，甲本同，乙本作「江外之人」。

〔五二〕「殊」，乙本同，甲本作「侏」，誤。

〔五三〕「歧路楊朱」，甲本同，乙本無。
〔五四〕甲本此條抄於「結桂」之後。
〔五五〕「於」，甲本同，乙本作「則」；「枝」，甲本同，乙本作「枝也」。
〔五六〕「求」，乙本同，甲本作「木」，誤，《敦煌本古類書〈語對〉研究》漏録。
〔五七〕「詩」，甲本同，乙本作「書」，誤；「曰」，甲本同，乙本作「云」。
〔五八〕「半」，甲本同，乙本作「半矣」。
〔五九〕「所樹」，甲本同，乙本無；「之」，甲本同，乙本無；「半」，甲本同，乙本作「亦半矣」。
〔六〇〕「半」，甲本同，乙本作「亦半矣」。
〔六一〕「之」，甲本同，乙本無。
〔六二〕「主」，甲本同，乙本作「子」，誤。
〔六三〕「言」，甲本同，乙本作「言之」。
〔六四〕「李桃」，甲、乙本作「桃李」。
〔六五〕「蔭其下」，甲本同，乙本作「其蔭」。
〔六六〕「食」，甲本同，乙本無；「實」，甲本同，乙本作「食」，「食」爲「實」之借字。
〔六七〕「蒺」，據甲、乙本補；「蔾」，據乙本補，甲本作「梨」，「梨」爲「蔾」之借字。乙本句末有「者」字。
〔六八〕「焉」，甲本同，乙本作「矣」。
〔六九〕「睹」，甲、乙本作「覩」，《敦煌本古類書〈語對〉研究》漏録。
〔七〇〕「其」，甲本同，乙本作「奇」，「奇」爲「其」之借字。
〔七一〕「宣王」，甲本同，乙本作「齐宣王」。

〔七二〕「者」，甲本同，乙本無。

〔七三〕「玼」，乙本同，甲本作「此」，「此」爲「玼」之借字，《敦煌本古類書〈語對〉研究》認爲底本、甲本、乙本均誤作「此」，當改作「柴」，誤；「梗」，乙本同，甲本作「便」，誤。

〔七四〕底本「陰」字右側似有「在」字。

〔七五〕「載耳」，甲本同，乙本作「而載之」。

〔七六〕「如」，甲本同，乙本作「亦如」。

〔七七〕「也」，乙本同，甲本無。

〔七八〕「遁」，甲、乙本同，當作「盾」，《敦煌本古類書〈語對〉研究》據《左傳》校改，「遁」爲「盾」之借字，以下同，不另出校；「餓」，甲本同，乙本作「一餓」。

〔七九〕「飱」，甲本作「饗」，乙本作「飧」，均可通；「哺」，甲本同，乙本作「以哺」。

〔八〇〕「遁」，乙本同，甲本脱。

〔八一〕「獒」，乙本同，甲本作「敖大」，蓋因分「獒」爲兩字而誤。

〔八二〕「腳」，甲本同，當作「卻」，據文義改，蓋涉上「脱」而誤。

〔八三〕「後」，甲本同，乙本作「之後」。

〔八四〕「以」，甲本同，乙本作「與」，「與」爲「以」之借字；「葬」，甲本同，乙本作「殉葬之」。

〔八五〕「及死」，乙本作「及父死」，甲本脱。

〔八六〕「之」，乙本同，甲本作「之於」。

〔八七〕「見」，甲本同，乙本無；「曰」，甲本同，乙本無。

〔八八〕「到」，甲本同，當作「倒」，據乙本改，「到」爲「倒」之借字。

〔八九〕「黄雀」及「白龜」條，乙本抄於「報恩」類之末。
〔九〇〕「行」，甲本同，乙本作「行於」。
〔九一〕「去」，甲本同，乙本作「飛去」。
〔九二〕「後漢時」，甲本同，乙本無。
〔九三〕「白」，乙本同，甲本作「毛」，誤。
〔九四〕「藥」，當作「樂」，據乙本改。
〔九五〕「鋒」，甲、乙本同，《敦煌本古類書〈語對〉研究》認爲底本作「錍」，誤。
〔九六〕「明」，甲本同，乙本作「冥」，均可通。
〔九七〕「孰」，甲、乙本作「熟」，「孰」有「熟」義，均可通。
〔九八〕「與」，據文義補。
〔九九〕「司命也」，據甲、乙本補。
〔一〇〇〕「堅」，據甲、乙本補。
〔一〇一〕「曰」，乙本同，甲本脱。
〔一〇二〕「好婦」，據甲、乙本補。
〔一〇三〕「有好」，據甲、乙本補。
〔一〇四〕「公」，乙本同，甲本脱；「玉遺之」，據甲、乙本補。
〔一〇五〕「困鶴」，據甲、乙本補。
〔一〇六〕「有」，據甲、乙本補。
〔一〇七〕「隨」，甲本同，《敦煌本古類書〈語對〉研究》認爲底本及甲本作「隋」，誤。

## 參考文獻

《敦煌寶藏》一册，臺北：新文豐出版公司，一九八一年，四一八至四一九頁（圖）；《敦煌寶藏》二一册，臺北：新文豐出版公司，一九八二年，二九一至二九二頁（圖）；《敦煌學》九輯，臺北：新文豐出版公司，一九八五年，六五頁；《敦煌學》十輯，臺北：新文豐出版公司，一九八五年，五一頁；《敦煌本古類書〈語對〉研究》，臺北：文史哲出版社，一九八五年，二二八至二五八頁（録）；《英藏敦煌文獻》一卷，成都：四川人民出版社，一九九〇年，三〇至三一頁（圖）；《英藏敦煌文獻》四卷，成都：四川人民出版社，一九九一年，一〇八至一〇九頁（圖）；《敦煌類書》，高雄：麗文文化事業股份有限公司，一九九三年，九七至九九、三七四至三七九頁（録）；《英藏敦煌社會歷史文獻釋録》一卷，北京：科學出版社，二〇〇一年，七九至九三頁（録）；《法藏敦煌西域文獻》一五册，上海古籍出版社，二〇〇一年，一一四至一三〇頁（圖）。

# 斯二五八八背 失名類書

## 釋文

（前缺）

早仕 甘羅十二爲秦相，甘茂孫也。張壁（辟）彊十五爲漢侍中〔一〕，張良子也〔二〕。□

沈屬 晚仕。積薪《漢書》曰：汲黯謂武帝曰：陛下用人如積薪也，後來者居上。登高 後漢梁竦字敬叔，不樂本土，自負其才，鬱鬱不得意。嘗登高遠望，歎息言曰：大丈夫居世，生當封侯，死當廟食。若其不然，閑居可以養志，詩書足以自娛，州郡之職，徒勞人耳。

鵶路《春秋》曰：六鷁退飛。龍門 魚得昇龍門者□龍，小仁者。□ □公 公□怒大王幾十封□□□□。□仕 □□年□吏殺□楚□。錐囊 平原君趙勝門下有一客毛遂，在門下二年□人，餘無取也。毛遂乃自請行，平原君曰：報□遂曰：恨不得錐囊。若得在囊，須養（？）□。

遇

鶯遷《毛詩》曰：出自幽谷，遷于喬木。鵬飛 大鵬飛九萬里□之。

作賦 司馬相如字長卿，□□□作《子虛賦》曰：王□意曰：此成都人，相如所作非□《上林賦》內有□□□。

回尾 蒼蠅之飛〔三〕，不過十步，若附驥尾〔四〕，禹□。前漢。

楊□

結□ 前漢□相從□。 結繼□ 指南《蜀志》曰：許靖字文休，南陽宋仲子□太守□於荆州與蜀郡太守王商書曰：文休倜儻瑰瑋，有當世之具，足下當以爲指南。 雁□《東觀漢紀》曰：□□□□之飛不能越階□

屠肆《漢書》曰：郭泰拔申屠子龍於漆工之中，嘉許偉康於屠酤之肆。

（後缺）

## 説明

此件首尾均缺，從其内容看應爲古類書，條目用大字，記事用雙行或多行小字，筆體與正面類書不同。卷中部分條目如『遇』等字右上方有勾勒符號，蓋標識其記事尚未抄寫或未抄完整。

## 校記

〔一〕『壁』，當作『辟』，據《漢書》改，『壁』爲『辟』之借字。

〔二〕『良』，據《漢書》補。

〔三〕『蠅之飛』，據《後漢書》補。

〔四〕『驥尾』，據《後漢書》補。

## 參考文獻

《漢書》一二册，北京：中華書局，一九六二年，三九三八頁；《後漢書》二册，北京：中華書局，一九六五年，新文豐出版公司，一九八二年，二九三頁（圖）；《英藏敦煌文獻》四卷，成都：四川人民出版社，一九九一年，一一〇頁（圖）。

五二三頁；《敦煌寶藏》二一册，臺北：

# 斯二五八九　中和四年（公元八八四年）十一月一日肅州防戍都營田康漢君等狀

## 釋文

（前缺）

□九（？）涼州入川□氾李行恩等□界〔一〕，共邠寧道兵馬互相□州節度使〔二〕，遂於靈州請兵馬救接〔三〕。其靈州不與助兵，因兹邠州共靈州亦爲酬（仇）惡〔四〕。中間兼有党項抄劫，使全過不得〔五〕。宋輸略等七人從邠州出，於河州路過，到涼州，其同行迴鶻使并在邠州〔六〕。先淮詮郎君路上遭賊〔七〕，落在党項，亦邠州節度贖到邠州〔八〕，郎君二人及娘子、家累、軍將米住等廿人〔九〕，輸略等親自見面，并在邠州。淮詮郎君擬從嗢末使發來〔一〇〕，緣裝束不辨（辦）〔一一〕，發赴不得。其草賊黄巢被尚讓煞卻於西川進（盡）頭〔一二〕，　皇帝迴駕，取今年十月七日，的入長安。遊弈使白永吉〔一三〕、押衙陰清兒等〔一四〕，十月十八日平善，已達嘉麟。緣涼州鬧亂，鄭尚書共□□諍位之次〔一五〕，不敢東行。宋潤盈一行亦在涼州未發〔一六〕。其甘州共迴鶻和斷未定，二百迴鶻常在甘州左右捉道劫掠。甘州自胡進達去後，更無人來往。白永吉、宋潤盈、陰清兒各有狀一封，并同封角内，專差官健康清奴馳狀通報，一一謹具如前，謹録狀上。

牒　件　狀　如　前，謹　牒〔一七〕。

中和四年十一月一日，肅州防戍都營田康漢君〔一八〕、

縣承（丞）張勝君等狀〔一九〕。

## 説明

此件首缺尾全，内容爲唐中和四年（公元八八四年）十一月一日肅州防戍都營田康漢君、縣丞張勝君等上給沙州歸義軍節度使的一篇狀文，對於研究歸義軍政權與党項、回鶻等少數民族之間的關係以及甘州回鶻，均有一定價值。

## 校記

〔一〕『氾』，據殘筆劃及文義補；『恩』，《敦煌邈真讚校録并研究》釋作『思』，誤；『等』，據殘筆劃及文義補。

〔二〕『互』，《敦煌邈真讚校録并研究》釋作『牙』，誤；『相』，《敦煌邈真讚校録并研究》漏録。

〔三〕「救」，據殘筆劃及文義補。
〔四〕「酬」，當作「仇」，《敦煌邈真讚校録并研究》據文義校改，「酬」爲「仇」之借字。
〔五〕「使」，《敦煌邈真讚校録并研究》漏録。
〔六〕「在」，據殘筆劃及文義補；「邠」，《敦煌邈真讚校録并研究》未能釋讀。
〔七〕「淮」，《敦煌邈真讚校録并研究》釋作「進」，誤；「郎」，《敦煌邈真讚校録并研究》據文義校補。
〔八〕「到」，《敦煌邈真讚校録并研究》未能釋讀。
〔九〕「米」，《敦煌邈真讚校録并研究》釋作「常」。
〔一〇〕「從嗢」，《敦煌邈真讚校録并研究》據文義校補。
〔一一〕「辨」，當作「辦」，據文義改，《敦煌社會經濟文獻真蹟釋録》《敦煌邈真讚校録并研究》逕釋作「辦」，「辨」爲「辦」之借字。
〔一二〕「進」，當作「盡」，《敦煌邈真讚校録并研究》據文義校改，「進」爲「盡」之借字。
〔一三〕「弈」，《敦煌邈真讚校録并研究》釋作「奕」。
〔一四〕「清」，據殘筆劃及文義補。
〔一五〕「諍」，《敦煌邈真讚校録并研究》校改作「爭」，按「諍」通「爭」，不煩改。
〔一六〕「亦在」，據殘筆劃及文義補。
〔一七〕「牒」，《敦煌邈真讚校録并研究》釋作「狀」，誤。
〔一八〕「康」，《敦煌邈真讚校録并研究》釋作「索」，誤；「漢」，《敦煌社會經濟文獻真蹟釋録》釋作「使」，誤。
〔一九〕「承」，當作「丞」，據文義改，《敦煌邈真讚校録并研究》逕釋作「丞」，「承」爲「丞」之借字；「等」，《敦煌邈真讚校録并研究》漏録。

## 參考文獻

*Descriptive Catalogue of the Chinese Manuscripts from Tunhuang in the British Museum*, The Trustees of the British Museum, London: 1957, p. 254（録）;《敦煌寶藏》二一册，臺北：新文豐出版公司，一九八二年，二九三至二九四頁（圖）；《北京大學學報》一九八六年五期，九三頁；《敦煌社會經濟文獻真蹟釋録》四輯，北京：全國圖書館文獻縮微複製中心，一九九〇年，四八五至四八六頁（録）；《英藏敦煌文獻》四卷，成都：四川人民出版社，一九九一年，一一一頁（圖）；《歷史研究》一九九三年五期，三六頁；《敦煌邈真讚校録并研究》，臺北：新文豐出版公司，一九九四年，六二頁（録）；《歸義軍史研究》，上海古籍出版社，一九九六年，一〇、一八六、三〇三至三〇四頁。

## 釋文

（前缺）

孟春之月[一]，日在營室，昏□聖王因其會而分之，以爲大數焉。觀□日月會於娵訾[二]，而斗建寅之辰也。□而聽天下，視時候以授民事。其日甲乙。乙之言□物，月爲□出[三]，因以爲日名焉。乙不爲月名者，君統臣功也。其帝太□臣[四]，自古以來，著德立功者也[五]，大暤（皞）[六]，□□氏也[七]。句芒，少暤（皞）氏之字（子）[八]，曰重，爲木官也[九]。其□其音角[一〇]。謂樂器之聲也。三分羽益一以生角，角數六十四。屬木者[一一]，以其清濁中[一二]，民之象也[一三]。春氣和，則角聲調。《樂記》曰：角亂則憂[一四]，其民怨。凡聲尊卑，取象五行，數多者濁，數少者清，大不過宮，細不過羽。律中太族[一五]。律，候氣之官（管）也[一六]，以銅爲之。中猶應也。孟春氣至，則太族之律應。應謂吹灰也。太族者，林鍾之所生也[一七]。三分益一，律長八寸。凡律空圍九分。《周語》曰：太族所以金奏替（贊）陽出滯[一八]。其數八。數者，五行佐天地生萬物成物之次也[一九]。《易》曰：『天一地二，天三地四，天五地六，天七地八，天九地十。』而五行自水始，火次之，木次之，金次之，土爲後。木生數三，成數八。但言八者，舉其成數之者[二〇]。其味酸，其臭羶。木之臭味也。凡酸、羶者，皆屬也[二一]。其祀户，祭先脾。春，陽氣出，祀之於户，内陽也。祀之先祭脾者，春爲陽中，於藏直脾，脾爲尊也[二二]。凡祭五祀於廟，用特牲，有主有尸，皆先（設）席于奥[二三]。祀户之禮，南面設主于户内（之）西[二四]，乃制脾及腎爲俎，奠于主北；又設盛于俎西，祭黍[二五]、祭肉、祭體（醴）[二六]，皆三。祭肉，脾一，腎再也[二七]。既祭，徹之，更陳鼎俎，設饌于筵前，迎户（尸）[二八]，略如祭宗廟之儀。東風解凍，蟄蟲始振，魚上冰，獺祭魚，鴻雁來。皆記時候也。振，動也。《夏小正》『正月啓蟄』，『魚陟員（負）冰』[二九]。漢始亦以驚蟄爲正月中。此時魚肥美，獺將食之[三〇]，先以祭也。雁自南方來，將北反其居，今《月令》『鴻』皆爲『候』。天子居青陽左個，乘鸞路，駕倉龍，載青旂，衣青衣，服食（倉）玉〔三一〕，食麥與羊，其器疏以達。皆所以順時氣也。青陽左個，太寢東堂北偏也〔三二〕。鸞路，有虞氏之車也〔三三〕，有鸞和之節，而飾之以青，取其名耳。春言鸞，冬夏言色，互文也〔三四〕。馬八尺以上爲龍。凡所服玉，謂冠飾及所佩者之衡璜也〔三五〕。麥實有孚甲〔三六〕，屬木。羊，火畜也。時尚寒，食之以安性也。器疏者刻鏤之〔三七〕，象物當貫土而出也〔三八〕。凡此車馬、衣服〔三九〕，皆所取於殷時〔四〇〕，而有變焉〔四一〕。

（後缺）

## 説明

此件首尾均缺，《英藏敦煌文獻》定名爲《御刊定禮記月令》，《敦煌經部文獻合集》以《翟目》定名之《鄭玄注〈禮記·月令〉》爲是（參看張涌泉主編《敦煌經部文獻合集》二册，九八六頁），兹從之。

此件不避『民』字，背面爲《卯年八月録事索榮國牒》，屬於吐蕃時期（參看寧可、郝春文《敦煌社邑文書輯校》，七一八頁）。王重民據此件筆跡及紙色，認爲係中唐寫本（參看《敦煌古籍叙録》，四六頁）。

以上釋文以斯二五九〇爲底本，用中華書局影印阮元刻《十三經注疏·禮記正義》（稱其爲甲本）參校。

## 校記

〔一〕『孟』，據甲本補；『春』，據殘筆劃及甲本補。

〔二〕「觀」，據殘筆劃及甲本補；「娵」，甲本作「諏」，《敦煌經部文獻合集》認爲「娵」爲「娶」之偏旁移位字，「娵」「諏」爲同音通假字。

〔三〕「爲」，據殘筆劃及甲本補。

〔四〕「太」，甲本作「大」，《敦煌經部文獻合集》認爲「大」「太」爲古今字。以下同，不另出校。

〔五〕「著德」，據殘筆劃及甲本補。

〔六〕「大」，據殘筆劃及甲本補；「睪」，當作「皞」，據甲本改。

〔七〕「□□」，《敦煌經部文獻合集》補作「伏羲」；「也」，甲本無。

〔八〕「睪」，當作「皞」，據甲本改；「字」，當作「子」，據甲本改，「字」爲「子」之借字。

〔九〕「也」，甲本無。

〔一〇〕第一個「其」，據殘筆劃及甲本補。

〔一一〕「木者」，據甲本補。

〔一二〕「以」，據甲本補。

〔一三〕「之」，甲本無。

〔一四〕「則」，據殘筆劃及甲本補。

〔一五〕「族」，甲本作「蔟」，《敦煌經部文獻合集》認爲「蔟」「族」音同義通。以下同，不另出校。

〔一六〕「官」，當作「管」，據甲本改，「官」爲「管」之借字；「也」，甲本無。

〔一七〕「也」，甲本無。

〔一八〕「替」，當作「贊」，據甲本改。

〔一九〕「萬」，據甲本係衍文，當删。

〔二〇〕「之者」，甲本無，《敦煌經部文獻合集》認爲此當是爲雙行對齊而添加之補白。
〔二一〕「也」，甲本作「焉」。
〔二二〕「也」，甲本無。
〔二三〕「設」，據甲本補。
〔二四〕「之」，據甲本補。
〔二五〕「黍」，甲本作「黍稷」。
〔二六〕「體」，當作「醴」，據甲本改。
〔二七〕「也」，甲本無。
〔二八〕「户」，當作「尸」，據甲本改，《敦煌經部文獻合集》逕釋作「尸」。
〔二九〕「員」，當作「負」，據甲本改，《敦煌經部文獻合集》逕釋作「負」。
〔三〇〕「獺」，據殘筆劃及甲本補。
〔三一〕「食」，當作「倉」，據甲本改。
〔三二〕「也」，甲本無。
〔三三〕「也」，甲本無。
〔三四〕「也」，甲本無。
〔三五〕「佩」，甲本作「珮」，《敦煌經部文獻合集》認爲「佩」「珮」爲古今字。
〔三六〕「麥實有」，據殘筆劃及甲本補。
〔三七〕「之」，據甲本補。
〔三八〕「象物當」，據甲本補。

〔三九〕『衣服』，據殘筆劃及甲本補。

〔四〇〕『皆所取於殷』，據殘筆劃及甲本補；『時』，據甲本補。

〔四一〕『而有』，據甲本補；『變焉』，據殘筆劃及甲本補。

## 參考文獻

《敦煌古籍叙録》，北京：商務印書館，一九五八年，四六頁；《十三經注疏·禮記正義》，北京：中華書局，一九八〇年，一三五二至一三五五頁；《敦煌寶藏》二二册，臺北：新文豐出版公司，一九八二年，二九四頁（圖）；《英藏敦煌文獻》四卷，成都：四川人民出版社，一九九一年，一一一頁（圖）；《敦煌社邑文書輯校》，南京：江蘇古籍出版社，一九九七年，七一八頁；《敦煌經部文獻合集》二册，北京：中華書局，二〇〇八年，九八六至九九〇頁（録）。

# 斯二五九〇背　卯年八月録事索榮國牒并判

**釋文**

（前缺）

請處分。□

牒，件狀如前，謹牒。

卯年八月　日録事索榮國牒

**付案准條。廿七日。**

什德□□

粟付使□□□

**説明**

此件首尾均缺，前三行爲索榮國所上牒之内容，後三行爲判之内容，二者筆跡不同。此狀事由不明，從其用地支紀年來看，當屬吐蕃時期（參看寧可、郝春文《敦煌社邑文書輯校》，七一八頁）。

## 參考文獻

《敦煌寶藏》二一册，臺北：新文豐出版公司，一九八二年，二九五頁（圖）；《英藏敦煌文獻》四卷，成都：四川人民出版社，一九九一年，一一二頁（圖）；《敦煌社邑文書輯校》，南京：江蘇古籍出版社，一九九七年，七一八頁（録）。

# 斯二五九三背　一　沙州圖經卷第一

## 釋文

沙州圖經卷第一

第一州　第二　第三　第四敦煌縣　第五壽昌縣

沙州下。屬涼州都督府管。無瘴。

右沙州者，古瓜州地[一]。其地平川，多沙鹵。人以耕稼爲業。草木略與東華夏同[二]。其木無猗（椅）桐梓漆[三]、栝[四]、柏。（以下原缺文）

## 説明

此件抄於《大般涅槃經卷第四十至四十一遺教品》卷背，首尾完整，但原未抄完。内容係《沙州圖經》卷第一，僅抄寫六行，爲該書之序目及沙州總叙部分。其後另有雜寫一行。

《沙州圖經》，一稱《沙州都督府圖經》，爲唐沙州地志，共五卷，編纂於唐高宗時期，玄宗時又有增補（參看李正宇《古本敦煌鄉土志八種箋證》，一一頁）。敦煌文獻中保存的寫卷尚有：伯二〇〇五，首缺尾全，係卷第三，存五百一十三行；伯二六九五，首缺尾全，係卷第三，存一百一十四行；伯五〇三四，首尾均缺，係卷第五，存二百一十七行。

## 校記

〔一〕『地』，《敦煌地理文書彙輯校注》漏録。
〔二〕『東』，《敦煌地理文書彙輯校注》漏録。
〔三〕『猗』，當作『椅』，據文義改。
〔四〕『栝』，《敦煌社會經濟文獻真蹟釋録》疑作『松』。

## 參考文獻

《榎博士還曆紀念東洋史論叢》，東京：山川出版社，一九七五年，五五至一〇一頁；《敦煌寶藏》二一册，臺北：新文豐出版公司，一九八二年，三二五頁（圖）；《新疆大學學報》一九八四年一期，六二頁；《敦煌社會經濟文獻真蹟釋録》一輯，北京：書目文獻出版社，一九八六年，一頁（録）；《敦煌地理文書彙輯校注》，蘭州：甘肅教育出版社，一九八九年，一至四頁（録）；《英藏敦煌文獻》四卷，成都：四川人民出版社，一九九一年，一一二頁（圖）；《古本敦煌鄉土志八種箋證》，臺北：新文豐出版公司，一九九八年，一一頁。

# 斯二五九三背　二　雜寫（順東漢法與光武）

## 釋文

順東漢法與光武。

## 説明

以上文字係時人隨手所寫，字跡與上件不同，應爲不同人所書。

## 參考文獻

《敦煌寶藏》二一册，臺北：新文豐出版公司，一九八二年，三二五頁（圖）；《英藏敦煌文獻》四卷，成都：四川人民出版社，一九九一年，一一二頁（圖）。

## 斯一五九五　觀心論一卷題記

### 釋文

庚申年五月廿三記[一]。

### 説明

此件《英藏敦煌文獻》未收，現予增收。

### 校記

〔一〕『廿』，《敦煌遺書總目索引》《敦煌遺書總目索引新編》釋作『二十』；『三』，*Descriptive Catalogue of the Chinese Manuscripts from Tunhuang in the British Museum* 據文義校補，《敦煌學要籥》《敦煌遺書總目索引》《敦煌遺書總目索引新編》釋作『三日』，按底本實無『日』。

### 參考文獻

*Descriptive Catalogue of the Chinese Manuscripts from Tunhuang in the British Museum*, The Trustees of the British Museum, Lon-

don 1957, p. 184（録）；《敦煌寶藏》二一册，臺北：新文豐出版公司，一九八二年，三三四頁（圖）；《敦煌學要籥》，臺北：新文豐出版公司，一九八二年，七八至七九頁（録）；《敦煌遺書總目索引》，北京：中華書局，一九八三年，一六一頁（録）；《中國古代寫本識語集録》，東京大學東洋文化研究所，一九九〇年，三四五頁（録）；《敦煌遺書總目索引新編》，北京：中華書局，二〇〇〇年，七九頁（録）。

## 斯二五九六背　咸通十年（公元八六九年）八月三日投社人王贊贊狀稿

**釋文**

投社人王贊贊

右贊贊薄福，回送之日，贊贊先無物色。諮三官

録事等，許贊贊投社，當日筵屈

社人〔一〕。已後社内若有文帖行下，贊[贊]

依例承文帖知承三馱〔二〕。伏望　官

録希群垂　處分。

咸通十年八〔月〕三日投社人王贊[贊]〔三〕。

**説明**

此件抄寫於《淨名經集解關中疏》卷背，首尾完整，下部殘缺，有朱書，係咸通十年（公元八六九

年）八月三日投社人王贇贇向社司遞交的入社申請狀，其所要加入的是一個立有『三馱名目』的私社（參看寧可、郝春文《敦煌社邑文書輯校》，七〇一頁）。此件墨跡較淡，有的文字很難辨認，以上釋文較此前諸家釋文多出的文字，是通過查閱原件辨認出來的。

此件前有蔣孝琬所書數碼和『大智度經論』，未録。

## 校記

〔一〕『筵』，《敦煌社邑文書輯校》據文義校改作『延』，按『筵』可通，不煩校改。

〔二〕『贇』，《敦煌社邑文書輯校》據文義校補。

〔三〕『十』，《敦煌社會經濟文獻真蹟釋録》《敦煌社邑文書輯校》釋作『七』，誤；『月』，《敦煌社會經濟文獻真蹟釋録》據文義校補；『贇』，《敦煌社邑文書輯校》據文義校補。

## 參考文獻

《敦煌寶藏》二一册，臺北：新文豐出版公司，一九八二年，三三九頁（圖）；《敦煌學輯刊》一九八三年創刊號，八五頁；《敦煌社會經濟文獻真蹟釋録》一輯，北京：書目文獻出版社，一九八六年，二九二頁（録）；*Tun-huang and Turfan Documents Concerning Social and Economic History*（Ⅳ），東京：東洋文庫，一九八九年，一四頁；《英藏敦煌文獻》四卷，成都：四川人民出版社，一九九一年，一一三頁（圖）；《敦煌社邑文書輯校》，南京：江蘇古籍出版社，一九九七年，七〇〇至七〇一頁（録）。

# 斯二五九八　大般涅槃經題記

## 釋文

維大隋大業二年歲次丙寅，比丘釋善藏奉爲　亡妣張夫人敬造此　經，流通供養。伏惟霜露之感[一]，悽愴莫追[二]；蓼莪之慕，終天無已。敢藉大悲，用申罔極。唯願二字之善[三]，仰福幽靈；半偈之功，奉資神路。法聲不朽，魚嶺恆傳。劫火雖燎，龍宫斯在。六道四生，普同勝業。

## 説明

此件《英藏敦煌文獻》未收，現予增收。『大業二年』即公元六〇六年。黄征、吴偉認爲此件中之『善藏』，即斯二〇四八《攝論章》卷第一題記中之『瓜州崇教寺沙彌善藏』（參看《敦煌願文集》，八七一頁）。

## 校記

〔一〕『惟』，《敦煌學要籥》《敦煌遺書總目索引》釋作『維』，《敦煌遺書總目索引新編》釋作『爲』，均誤。

〔二〕『僂』，《敦煌遺書總目索引新編》釋作『凄』，誤。

〔三〕『二』，《敦煌學要籥》《敦煌遺書總目索引》釋作『三』，誤。

## 參考文獻

*Descriptive Catalogue of the Chinese Manuscripts from Tunhuang in the British Museum*, The Trustees of the British Museum, London 1957, p. 47（録）；《敦煌寶藏》二一册，臺北：新文豐出版公司，一九八二年，三六六頁（圖）；《敦煌學要籥》，臺北：新文豐出版公司，一九八二年，一一八頁（録）；《敦煌遺書總目索引》，北京：中華書局，一九八三年，一六一頁（録）；《中國古代寫本識語集録》，東京大學東洋文化研究所，一九九〇年，一七一頁（録）；《敦煌願文集》，長沙：嶽麓書社，一九九五年，八七一頁（録）；《敦煌遺書總目索引新編》，北京：中華書局，二〇〇〇年，七九頁（録）。

## 斯二六〇五　佛説金剛般若經題記

### 釋文

大隋大業十二年七月廿三日，清信優婆夷劉圓淨敬寫此經[一]。以兹微善，願爲一切衆生轉讀[二]，聞者敬信，皆悟苦空；見者受持，俱勝常樂。又願劉身早離邊荒，速還京輦[三]，罪鄣消除[四]，福慶臻集。

### 説明

此件《英藏敦煌文獻》未收，現予增收。『大業十二年』即公元六一六年。

### 校記

〔一〕『優』，《敦煌願文集》釋作『憂』，誤。
〔二〕『爲』，《敦煌遺書總目索引新編》漏録。
〔三〕『還』，《敦煌願文集》釋作『達』，誤。

〔四〕『鄣』，《敦煌學要籥》《敦煌遺書總目索引》《敦煌遺書總目索引新編》均釋作『障』；『消除』，《敦煌學要籥》《敦煌遺書總目索引》未能釋讀。

## 參考文獻

*Descriptive Catalogue of the Chinese Manuscripts from Tunhuang in the British Museum* , The Trustees of the British Museum , London 1957, p. 26（録）；《敦煌寶藏》一一一册，臺北：新文豐出版公司，一九八二年，三九〇頁（圖）；《敦煌學要籥》，臺北：新文豐出版公司，一九八二年，一一八至一一九頁（録）；《敦煌遺書總目索引》，北京：中華書局，一九八三年，一六二頁（録）；《中國古代寫本識語集録》，東京大學東洋文化研究所，一九九〇年，一七七頁（録）；《敦煌願文集》，長沙：嶽麓書社，一九九五年，八七八頁（録）；《敦煌遺書總目索引新編》，北京：中華書局，二〇〇〇年，七九頁（録）。

## 斯二六〇七＋斯九九三一　曲子詞抄

**釋文**

（前缺）

□臺服化絶勝□[　　]往復，任君多征使，[　　]願年年生居。定昭〔一〕[　　]千如日月詔（照）無已〔二〕。

四海征弊〔三〕，惜天雨降〔四〕。[　　]唐堯，鴻恩四補（溥）〔五〕，海内樂[　　]陳雲收〔六〕。

同前般□〔七〕

國泰人安靜，風沙向秀□。[　　]地種□[　　]吕閙任船車〔八〕。聽海燕，[坐]金牙〔九〕，提胡蘆帝薩金沙，長垂羅袖拂煙霞。齊拍手，賀我當家。

同前〔一〇〕

木（本）是蕃家帳（將）〔一一〕，年年在草頭。夏月披氈帳，冬天掛皮裘。語即令人難會，朝朝牧馬在荒丘。若不謂抛沙塞〔一二〕，無恩（因）拜玉樓〔一三〕。

同前〔一四〕

與君別後，何日再相逢？關山阻隔信難通。情恨切，氣田（填）胸〔一五〕，連襟淚落重重。世通榮貴受（壽）如松〔一六〕，寒雁來過附書縱（蹤）〔一七〕。謂君燋（憔）焠（悴）損形容〔一八〕，交（教）兒淚落千重〔一九〕。

西江月

女伴同尋煙水，今宵江月分明，駄（舵）頭無力別一船横〔二〇〕。波面微風闇起〔二一〕，嬾（擲）棹乘船無定正（止）〔二二〕，拜詞處處闇（聞）聲〔二三〕，連天紅浪侵（浸）秋星〔二四〕，悟（誤）入蓼花叢裏〔二五〕。

又同一首

皓（浩）渺天涯無濟（際）〔二六〕，吕（旅）人船薄孤舟〔二七〕，團團明月照江樓。遠望秋花風起〔二八〕，東去不迴千萬里。乘船整（正）置（值）高秋〔二九〕，此時變作望鄉愁，一夜若（苦）吟雲水〔三〇〕。

浪濤沙〔三一〕

五兩竿頭風欲平〔三二〕，長（張）帆舉棹覺（教）船行〔三三〕。柔虜（艣）不施停卻棹〔三四〕，是船行。滿眼風波多陝汋〔三五〕，看山恰似走來迎〔三六〕。子細看山山不動〔三七〕，是船行。

又一首〔三八〕

八十頹年志不迷，一竿長地坐磻谿〔三九〕。釣□，□時清〔四〇〕。直道守池頻負命〔四一〕，子鱗何必用東西〔四二〕。我不□

菩薩蠻

千年鳳闕□二（三）峰〔四三〕，天同地不同。宇宙憎□常，思佐聖人〔王〕〔四四〕。

同前一首〔四五〕

自從鑾駕三峰住，傾心日夜思明主〔四六〕。慣在紫微間，笙歌不暫閑〔四七〕。受祿分南北，誰是憂邦國。此度卻迴鑾〔四八〕，須交（教）祅（社）稷安〔四九〕。

同前一首

登樓遙望秦宮殿〔五〇〕，翩翩只見雙飛燕。渭水一條流，千山與萬丘〔五一〕。野煙遮遠樹，陌上行人去。何處有英雄，迎歸大内中〔五二〕。

飄飄且在三峰下，秋風往往堪霑灑。腸斷憶仙宮〔五三〕，朦朧煙霧中〔五四〕。思夢時時睡，不語長如醉。何日卻迴歸，玄穹知不知？

又同前一首

常慚血怨居臣下〔五五〕，明君巡幸恩霑灑。差匠見修宮，謁（竭）誠無有終〔五六〕。奉國何曾睡，葺治無人醉。剋日卻迴歸，願天涯總西。

又同前一首〔五七〕

御園照照紅絲罷〔五八〕，金（因）風墜落霑枝架〔五九〕。柳色政（正）依依〔六〇〕，玄宮照淥池。每思龍鳳闕，惟恨累年□〔六一〕。計日卻迴歸，象似南山不動微。

浣溪沙〔六二〕

良人去，住邊庭，三載長征。萬家拈（砧）杵擣衣聲〔六三〕。坐寒更，添□玉淚（漏）〔六四〕，嬾頻聽。向深閨，遠聞雁悲鳴。遙望行〔人〕〔六五〕，三春月影照階庭。簾前跪拜，人長命，月長生。

又同前一首〔六六〕

浪打輕船雨打篷，遙看篷下有魚翁〔六七〕，莎笠不收船不繫〔六八〕，任西東。即問魚翁何所有〔六九〕，一臺（壺）清酒一竿風〔七〇〕，山月與漚（鷗）長作伴〔七一〕，在五湖中〔七二〕。

又同前一首

倦卻詩書上釣船〔七三〕，身披莎笠執魚竿〔七四〕。棹向碧波深處去，復幾重灘。不是從前爲釣者〔七五〕，蓋緣時世厭良賢。所以將身巖藪下，不朝天。

又同前一首

一隊風去（起）吹黑雲〔七六〕，船車撩亂滿江津。浩溉洪波長水面，浪如銀。即問長江來往客，東西南北幾時分。一過交（教）人腸欲斷〔七七〕，謂行人〔七八〕。

又西江月

雲散金波初吐，煙迷沙渚（渚）沈沈〔七九〕。棹歌驚起亂西（棲）禽〔八〇〕，女伴各歸南補（浦）〔八一〕。船押波光遥（摇）野（夜）虜（艣）〔八二〕，〔貪〕歡不覺更深〔八三〕。楚詞哀怨出江心〔八四〕，整（正）置（值）明月當南午〔八五〕。

獻忠心

自從黄巢作亂，直到今年，頃（傾）動遷移每驚天〔八六〕。京華飄飖因此荒〔八七〕，空有心長思戀明皇〔八八〕。願聖明主，久居宫宇，臣等然始有望常殊〔八九〕，弓劍更抛涯計會。將鑾驚（駕）步步卻西迴〔九〇〕。

曲子恭（宫）怨春〔九一〕

柳條垂處也（處）〔九二〕，喜鵲語零零，焚香稽告素（訴）君情〔九三〕。慕德（得）蕭稂（郎）好武〔九四〕，累歲長征。向沙場裏，輪寶劍，定攙槍〔九五〕。去時花欲謝，幾度葉還青，遥思（相）相（思）〔九六〕，夜夜到邊庭。願　天下銷戈鑄戟〔九七〕，舜日清平。待功成日，麟閣上畫圖形。

御製〔九八〕

時清海晏，定風波。恩光六塞，瑞氣遍山坡〔九九〕。風調雨順，野老行歌。四寒（塞）休征罷戰〔一〇〇〕，放將仕（士）盡迴戈〔一〇一〕。君臣道泰，禮樂譪中和，此時快活感恩多。願　聖壽萬歲，同海嶽山河。似生　佛向宫殿裏〔一〇二〕，絶昇（勝）兜率大羅〔一〇三〕。

御製曲子

百花競發，焕新楊柳垂院光〔一〇四〕。向珠簾池□，萬喜含芳〔一〇五〕。觀園裏青青，山川草木異禎祥。一萬人樂〔一〇六〕，行歌□爾時康〔一〇七〕。我□明主〔一〇八〕，□中看此（？）景色在邊疆〔一〇九〕。更將新翻御製□長，步元戎千秋萬歲，聖作（祚）得姚（遥）長〔一一〇〕。知存而治化，□□舜禹湯〔一一一〕。

曲子臨江仙

岸闊臨江帝宅賖〔一一二〕，東風吹柳向西斜。春光催綻後園花〔一一三〕，鸚（鶯）

啼燕語〔一一四〕，遼（撩）亂爭忍不思家〔一一五〕。每恨經年離別苦〔一一六〕，縱然抛棄生涯〔一一七〕。
如今時世以（已）參差〔一一八〕。不如歸去，歸去也，枕（沈）醉臥煙霞〔一一九〕。
□不處囂塵千萬年〔一二〇〕，我於此峒求仙〔一二一〕。坐□行遊策杖，策杖也，尋
溪聽流泉。夜深長□，□舞於前〔一二二〕。神方求盡願爲丹，須登雲，登雲
也〔一二三〕，□

□曲子

仕女鸞鳳〔一二四〕，齊登金。坐匡閑階□專心懇望轉加新〔一二五〕。金絲線織成鸞／鳳
師子／〔一二六〕，／虎豹／□□得〔一二七〕，金枝合蟬野馬，逕（競）逐分紜〔一二八〕。／遂乃
各自裁論／，／爲言／□直千金〔一二九〕。足蜂蕊攢花，蒲／桃芭蕉錦／，／蓋織稀／
□〔一三〇〕。直爲無人往〔一三一〕，達進入西秦。共練師／羅婦／。／一別且過朝／，
□然織成端疋，遺家僮市賣，不／逢嬾別諸人／，／日暮／窗，每恨織稀紋〔一三二〕。報
仕女，兩兩三三，／面含真色／，／各自／□□歸鄰。從此後，更也無人，日夜無效
功／勤／〔一三三〕。

傷蛇曲子

聽説昔時隨侯，奉命出使行方，／行至漢水池邊／，／見有一蛇／□□傷，臨欲喪，眼中光淚流，血染路傍。□□□／嗟歎／，／特次／□□開展芝囊，取藥封裹，／至旬／［　］歸日，見一二八［童］蛇改易[一三四]，蒙君［　］［救］[一三五]，其蛇晝夜［　］□[一三六]。

曲子□

［　］□吐萌□□[一三七]，［　］日西□[一三八]［　］

（後缺）

**説明**

此件首尾均缺，中間亦有殘缺，存曲子詞數十首，有墨筆句讀。調名相同者，皆用『同前』『又同』『又同前』『又同前一首』標識。斯九九三一殘存『□曲子（仕女鸞鳳）』『傷蛇曲子』的部分内容，與此件可以綴合（參看榮新江《英國圖書館藏敦煌漢文非佛教文獻殘卷概述》，載《敦煌文藪》（下），一二八頁）。其中《傷蛇曲子》爲故事叙述體，《菩薩蠻》之第三和第四首爲唐昭宗李曄所作。

以上釋文以斯二六〇七+斯九九一三爲底本，因兩件綴合處成斜線型，故有多行文字是由兩件文書綴合組成的。爲便於區分，在釋録綴合處的文字時，用『／』表示保存在斯九九三一上的文字，即在兩個

『／』之間的文字，是保存在斯九九三一上的文字。

## 校記

〔一〕『昭』，《敦煌曲》校改作『照』。

〔二〕『詔』，當作『照』，《敦煌曲》據文義校改，『詔』爲『照』之借字。

〔三〕此句前詞名缺失，《敦煌歌辭總編》擬題爲『失調名（陣雲收）』；『弊』，《敦煌歌辭總編》認爲此字不合韻，必訛。

〔四〕『惜』，《敦煌歌辭總編》校改作『喜』。

〔五〕『補』，當作『溥』，《敦煌歌辭總編》據文義校改。

〔六〕『陳』，《敦煌歌辭總編》校改作『陣』，按『陳』同『陣』，不必校改。

〔七〕『□』，《敦煌歌辭總編》釋作『涉』，並認爲『般涉』指辭之宫調名，由印度樂律名『般贍』譯來。

〔八〕『吕』，《敦煌歌辭總編》釋作『宫』，誤。

〔九〕『坐』，據殘筆劃及文義補。

〔一〇〕《敦煌歌辭總編》認爲此調名應作『贊普子』。

〔一一〕『木』，當作『本』，《敦煌歌辭總編》據文義校改，《敦煌曲子詞集》逕釋作『本』；『帳』，《敦煌歌辭總編》釋作『悵』，當作『將』，《敦煌歌辭總編》據文義校改。

〔一二〕『謂』，《敦煌歌辭總編》校改作『爲』，《〈敦煌歌辭總編〉商補》認爲『謂』字可通，不必校改。

〔一三〕『恩』，當作『因』，《敦煌曲子詞集》據文義校改。

〔一四〕《敦煌歌辭總編》認爲此首調名應爲『再相逢』。

〔一五〕『田』，當作『填』，《敦煌曲子詞集》據文義校改，『田』爲『填』之借字。

〔一六〕「受」，當作「壽」，《敦煌曲子詞集》據文義校改，「受」爲「壽」之借字。

〔一七〕「縱」，當作「蹤」，《敦煌歌辭總編》據文義校改，「縱」爲「蹤」之借字。

〔一八〕「焦悴」，當作「憔悴」，《敦煌歌辭總編》據文義校改，「焦」爲「憔」之借字，「焠」爲「悴」之借字，《敦煌曲子詞集》逕釋作「憔悴」。

〔一九〕「交」，當作「教」，《敦煌曲子詞集》據文義校改，「交」爲「教」之借字。

〔二〇〕「馱」，當作「舵」，《敦煌曲校録》據文義校改；「別」，《敦煌曲校録》據文義認爲係衍文，當删。

〔二一〕「闇」，《敦煌曲子詞集》《敦煌歌辭總編》均釋作「暗」，雖義可通而字誤。

〔二二〕「嬾」，當作「擷」，據文義改，《敦煌曲校録》校改作「撥」；「正」，當作「止」，《敦煌曲校録》據文義校改。

〔二三〕「拜詞」，《敦煌曲子詞集》校改作「拜辭」，《敦煌曲校録》校改作「漁歌」，《敦煌歌辭總編》校改作「楚詞」；「闇」，當作「聞」，《敦煌曲子詞集》據文義校改。

〔二四〕「紅」，《敦煌曲校録》《敦煌歌辭總編》校改作「江」；「侵」，當作「浸」，《敦煌歌辭總編》據文義校改。

〔二五〕「悟」，當作「誤」，《敦煌曲子詞集》據文義校改，「悟」爲「誤」之借字。

〔二六〕「皓」，當作「浩」，《敦煌曲子詞集》據文義校改，「皓」爲「浩」之借字；「濟」，當作「際」，《敦煌曲子詞集》據文義校改，「濟」爲「際」之借字。

〔二七〕「吕」，當作「旅」，《敦煌曲子詞集》據文義校改，「吕」爲「旅」之借字；「舟」，《敦煌曲校録》《敦煌歌辭總編》校改作「洲」，按不改亦可通。

〔二八〕「秋」，《敦煌曲校録》《敦煌歌辭總編》校改作「荻」。

〔二九〕「整置」，當作「正值」，《敦煌曲子詞集》據文義校改，「整」爲「正」之借字，「置」爲「值」之借字。

〔三〇〕「若」，當作「苦」，《敦煌歌辭總編》據文義校改；「水」，《敦煌曲校録》據文義校補。

〔三一〕《敦煌歌辭總編》認爲此調名應作「浣溪沙」。

〔三二〕「兩」，《敦煌歌辭總編》釋作「雨」，校改作「兩」，按底本實爲「兩」。

〔三三〕「長」，當作「張」，《敦煌曲校録》據文義校改，「長」爲「張」之借字；「覺」，當作「教」，據文義改，「覺」爲「教」之借字。

〔三四〕「虜」，當作「艣」，《敦煌歌辭總編》據文義校改，「虜」爲「艣」之借字，《敦煌曲子詞集》校改作「櫓」。

〔三五〕「陜汋」，《敦煌曲子詞集》校改作「閃灼」，《敦煌歌辭總編》校改作「戰灼」。

〔三六〕「看山」，據伯三一二八背《曲子詞》、伯三二五五背《曲子詞》補。

〔三七〕「看山」，據伯三一二八背《曲子詞》、伯三二五五背《曲子詞》補。

〔三八〕《敦煌曲子詞集》指出此首與「浪濤沙」不合，《敦煌歌辭總編》認爲此首調名應爲「浣溪沙」。

〔三九〕「谿」，《敦煌曲校録》《敦煌歌辭總編》校改作「溪」，按「谿」「溪」同，「溪」爲後起字，不必校改。

〔四〇〕「時清」，《敦煌歌辭總編》校改作「清時」。

〔四一〕「池」，《敦煌曲校録》《敦煌歌辭總編》校改作「遲」，《〈敦煌歌辭總編〉匡補》疑當校改作「雌」。

〔四二〕「子」，據殘筆劃及文義補，《〈敦煌歌辭總編〉匡補》校改作「紫」。

〔四三〕「二」，當作「三」，據伯三一二八背《曲子詞》改。

〔四四〕「佐」，《敦煌歌辭總編》釋作「佑」，校改作「佐」，按底本實爲「佐」；「王」，據伯三一二八《曲子詞》補。

〔四五〕「一首」，據殘筆劃及文例補。

〔四六〕「明」，據殘筆劃及文義補。

〔四七〕「歌」，《敦煌歌辭總編》據文義校補。

〔四八〕「度」，《敦煌曲子詞集》《敦煌曲校録》《敦煌歌辭總編》均釋作「夜」，誤。

〔四九〕「交」，當作「教」，《敦煌曲子詞集》據文義校改，「交」爲「教」之借字；「袄」，當作「社」，據文義改，《敦煌曲子詞集》《敦煌曲校録》《敦煌歌辭總編》均逕釋作「社」；「安」，據殘筆劃及文義補。
〔五〇〕「望」，據《全唐詩》補。
〔五一〕此句據《全唐詩》補。
〔五二〕「中」，據《全唐詩》補。
〔五三〕「宫」，據《全唐詩》補。
〔五四〕此句據《全唐詩》補。
〔五五〕「怨」，《敦煌曲校録》《敦煌歌辭總編》校改作「願」。
〔五六〕「謁」，當作「竭」，《敦煌歌辭總編》據文義校改。
〔五七〕「又」，據殘筆劃及文義補。
〔五八〕「照照」，《敦煌曲校録》《敦煌歌辭總編》校改作「點點」；「罷」，《敦煌曲校録》《敦煌歌辭總編》校改作「掛」。
〔五九〕「金」，當作「因」，《敦煌曲校録》據文義校改。
〔六〇〕「政」，當作「正」，《敦煌歌辭總編》據文義校改，「政」爲「正」之借字，《敦煌曲子詞集》逕釋作「正」。
〔六一〕「□」，《敦煌曲校録》《敦煌歌辭總編》釋作「别」。
〔六二〕「浣溪沙」，《敦煌歌辭總編》認爲此調名誤，應爲「擣衣聲」。
〔六三〕「拈」，當作「砧」，《敦煌詞初校》據文義校改。
〔六四〕《敦煌歌辭總編》認爲底本「添」後原有空；「淚」，當作「漏」，《敦煌詞初校》據文義校改。
〔六五〕「人」，《敦煌歌辭總編》據文義校補。

〔六六〕《敦煌歌辭總編》認爲此首字數和句法皆與《浣溪沙》不符。

〔六七〕「篷」，據殘筆劃及文義補；「有」，《敦煌歌辭總編》以底本爲「有曾」，並以「曾」爲衍文，按底本「曾」已被塗抹，應不録；「魚」，《敦煌曲子詞集》《敦煌歌辭總編》均校改作「漁」，按不改亦可通。

〔六八〕「莎」，《敦煌曲子詞集》校改作「蓑」，按不改亦可通。

〔六九〕「魚」，《敦煌曲子詞集》《敦煌歌辭總編》均校改作「漁」，按不改亦可通。

〔七〇〕「臺」，當作「壺」，《敦煌歌辭總編》據文義校改，《敦煌曲子詞集》逕釋作「壺」。

〔七一〕「漚」，當作「鷗」，《敦煌曲子詞集》據文義校改，「漚」爲「鷗」之借字。

〔七二〕「在」，《敦煌曲子詞集》漏録，《敦煌歌辭總編》以其爲「五」之訛字，未録。

〔七三〕「倦」，《敦煌歌辭總編》校改作「捲」，按不改亦可通。

〔七四〕「莎」，《敦煌曲子詞集》校改作「蓑」，按不改亦可通。

〔七五〕「者」，《敦煌歌辭總編》釋作「名」，校改作「者」，按底本實爲「者」。

〔七六〕「隊」，《敦煌歌辭總編》校改作「陣」；「去」，當作「起」，《敦煌歌辭總編》《敦煌方音止遇二攝混同及其校勘學意義》據文義校改，《敦煌曲校録》校改作「來」，「去」爲「起」之借字。

〔七七〕「交」，當作「教」，《敦煌曲子詞集》據文義校改，「交」爲「教」之借字。

〔七八〕「謂」，《敦煌曲校録》《敦煌歌辭總編》校改作「況」，《〈敦煌歌辭總編〉匡補》校改作「爲」。

〔七九〕「責」，當作「渚」，《敦煌曲子詞集》據文義校改，「責」爲「渚」之借字。

〔八〇〕「西」，當作「棲」，《敦煌曲子詞集》據文義校改。

〔八一〕「補」，當作「浦」，《敦煌歌辭總編》據文義校改，「補」爲「浦」之借字。

〔八二〕「押」，《敦煌歌辭總編》據文義校改作「壓」，按不改亦可通；「遥」，當作「摇」，《敦煌曲子詞集》據文義校改，「遥」爲「摇」之借字；「野」，當作「夜」，《敦煌歌辭總編》據文義校改，「野」爲「夜」之借字；「虜」，當作「艫」，《敦煌歌辭總編》據文義校改，「虜」爲「艫」之借字。

〔八三〕「貪」，《敦煌歌辭總編》據文義校補。

〔八四〕「哀」，《敦煌歌辭總編》釋作「衷」，校改作「哀」，按底本實爲「哀」。

〔八五〕「整置」，當作「正值」，《敦煌曲子詞集》據文義校改，「整」爲「正」之借字，「置」爲「值」之借字；「明」，《敦煌曲校録》認爲係衍文，當删；「南」，《敦煌曲子詞集》校改作「闌」。

〔八六〕「頃」，當作「傾」，《敦煌歌辭總編》據文義校改，「頃」爲「傾」之借字，《敦煌曲子詞集》逕釋作「傾」。《敦煌歌辭總編》將此句點讀爲「頃（傾）動遷移，每驚天」。

〔八七〕「飆」，《敦煌歌辭總編》以其爲缺文並補，按底本實有「飆」；「荒」，《敦煌歌辭總編》釋作「荒□」。《敦煌歌辭總編》將此句點讀爲「京華飄飆，因此荒□」。

〔八八〕「長」，《敦煌歌辭總編》釋作「腸」，校改作「長」，按底本實爲「長」；「皇」，《敦煌歌辭總編》釋作「皇□」，並將此句點讀爲「空有心，長思戀，明皇□」。

〔八九〕「然」，《敦煌曲子詞集》《敦煌歌辭總編》釋作「默」；「始」，《敦煌歌辭總編》校改作「佑」；「望」，《敦煌歌辭總編》補作「望□」；「殊」，《敦煌歌辭總編》校改作「輸」。《敦煌歌辭總編》將此句點讀爲「臣等默佑，有望□」，並將「常輸」斷入下句「常輸弓劍」。

〔九〇〕「鑾」，《敦煌歌辭總編》釋作「鸞」，校改作「鑾」，按底本實爲「鑾」；「驚」，當作「駕」，《敦煌曲子詞集》據文義校改；《敦煌歌辭總編》於第一個「步」字前補一「一」字，按不補亦可通；「迴」，《敦煌歌辭總編》校改作「遷」。《敦煌歌辭總編》將此句點讀爲「會將鑾駕，一步步，卻西遷」。

〔九一〕「恭」，當作「宫」，《敦煌歌辭總編》據文義校改，「恭」爲「宫」之借字。

〔九二〕「也」，當作「處」，《敦煌曲校録》據文義校改。

〔九三〕「稽」，《敦煌歌辭總編》認爲底本此字乃「稽首」的合體，誤；「告」，《敦煌歌辭總編》認爲係衍文，誤；「素」，當作「訴」，《〈敦煌歌辭總編〉匡補》據文義校改，「素」爲「訴」之借字，《敦煌歌辭總編》校改作「表」。

〔九四〕「德」，當作「得」，《敦煌曲校録》據文義校改，「德」爲「得」之借字；「稂」，當作「郎」，《敦煌曲子詞集》據文義校改，「稂」爲「郎」之借字。

〔九五〕「攙」，《敦煌歌辭總編》釋作「欃」，均可通。

〔九六〕「遥」，《敦煌曲校録》《敦煌歌辭總編》認爲係衍文，當删；「思」，當作「相」，《敦煌曲校録》據文義校改；「相」，當作「思」，據文義改，《敦煌曲子詞集》校改作「想」。

〔九七〕「戈」，《敦煌歌辭總編》釋作「弋」，校改作「戈」，不必。

〔九八〕「御」，據文義補。

〔九九〕「遍」，《敦煌歌辭總編》釋作「徧」，誤；「坡」，《敦煌曲校録》《敦煌歌辭總編》校改作「河」，不必。

〔一〇〇〕「寒」，當作「塞」，《敦煌曲子詞集》據文義校改。

〔一〇一〕「仕」，當作「士」，《敦煌曲子詞集》據文義校改，「仕」爲「士」之借字。

〔一〇二〕「佛」，《敦煌曲校録》《敦煌歌辭總編》釋作「佛□」，並點讀爲「似生佛□，向宫殿裏」。

〔一〇三〕「昇」，當作「勝」，《敦煌詞初校》據文義校改，「昇」爲「勝」之借字。

〔一〇四〕「新楊」，《敦煌歌辭總編》校改作「青陽」；「垂院」，《敦煌歌辭總編》釋作「院重」，誤。《敦煌歌辭總編》將此句點讀爲「百花競發焕青陽，柳院重光」。

〔一〇五〕「喜」，《敦煌歌辭總編》校改作「蕊」。

〔一〇六〕「一」，《敦煌歌辭總編》認爲係衍文，當删。

〔一〇七〕「□爾」，《〈敦煌歌辭總編〉匡補》補作「國泰」。

〔一〇八〕「明」，據殘筆劃及文義補。

〔一〇九〕「看」，《敦煌歌辭總編》未能釋讀。

〔一一〇〕「聖」，《敦煌歌辭總編》釋作「豈」，校改作「聖」，按底本實爲「聖」；「作」，當作「祚」，《敦煌歌辭總編》據文義校改，「作」爲「祚」之借字；「姚」，當作「遥」，《敦煌歌辭總編》據文義校改，「姚」爲「遥」之借字。

〔一一一〕第二個「□」，《敦煌歌辭總編》釋作「堯」。

〔一一二〕「岸闊臨」，據伯二五〇六背《詞四闋》補。

〔一一三〕「催」，據殘筆劃及文義補。

〔一一四〕「鸎」，當作「鶯」，《敦煌曲校録》據文義校改，「鸎」爲「鶯」之借字；「啼燕語」，據伯二五〇六背《詞四闋》補。

〔一一五〕「遼」，當作「撩」，據伯二五〇六背《詞四闋》改，「遼」爲「撩」之借字。

〔一一六〕「別苦」，據伯二五〇六背《詞四闋》補。

〔一一七〕「生涯」，據伯二五〇六背《詞四闋》補。

〔一一八〕「如」，據伯二五〇六背《詞四闋》補；「以」，當作「已」，據伯二五〇六背《詞四闋》改，「以」爲「已」之借字。

〔一一九〕「枕」，當作「沈」，《敦煌歌辭總編》據文義校改；「卧煙霞」，據伯二五〇六背《詞四闋》補。

〔一二〇〕「萬」，《敦煌歌辭總編》認爲乃「百」之訛。

〔一二一〕「峒」，《敦煌歌辭總編》校改作「洞」，按「峒」通作「洞」，不必校改。

〔一二二〕「於」，《敦煌歌辭總編》校改作「爐」，按「於」可通，不必校改。《敦煌歌辭總編》將此句和上一句誤置於「神方求盡願爲丹」之後。

〔一二三〕「也」，據殘筆劃及文義補。

〔一二四〕「鳳」，《敦煌歌辭總編》校改作「凰」，誤。

〔一二五〕「坐」，《敦煌歌辭總編》校改作「座」，按「坐」有「座」義，不必校改。

〔一二六〕「鸞」，《敦煌歌辭總編》校改作「鴛」，誤。

〔一二七〕「□」，《〈敦煌歌辭總編〉匡補》認爲當作「邈」。

〔一二八〕「逕」，當作「競」，《敦煌歌辭總編》據文義校改，「逕」爲「競」之借字；「分」，《敦煌歌辭總編》校改作「紛」，按不改亦可通。

〔一二九〕「直」，《敦煌歌辭總編》校改作「值」，按不改亦可通。

〔一三〇〕「蒲」，《敦煌歌辭總編》校改作「滿」，誤。

〔一三一〕「直」，《敦煌歌辭總編》校改作「只」，按不改亦可通。

〔一三二〕「稀」，《敦煌歌辭總編》釋作「錦」，誤。

〔一三三〕「無」，《敦煌歌辭總編》釋作「舞」，校改作「無」，按底本實爲「無」。

〔一三四〕「童」，據殘筆劃及文義補；「一二八童」，《敦煌歌辭總編》釋作「玉帝」，誤。

〔一三五〕「救」，據殘筆劃及文義補。

〔一三六〕「□」，《敦煌歌辭總編》釋作「堂」。

〔一三七〕第二個「□」，《敦煌歌辭總編》疑作「和」。

〔一三八〕『□』，《敦煌歌辭總編》釋作『山』。

## 參考文獻

《敦煌曲子詞集》，北京：商務印書館，一九五〇年，四至八、一〇、一二、三〇至三二、六七至六八頁（録）；《敦煌曲校録》，上海文藝聯合出版社，一九五五年，三七至三八、四〇、四二、四四至四五、五〇至五二、八四、一〇八至一〇九頁（録）；《敦煌研究》一九八六年四期，五一頁；《敦煌寶藏》二一册，臺北：新文豐出版公司，一九八二年，三九八至四〇〇頁（圖）；《敦煌歌辭總編》，上海古籍出版社，一九八七年，三〇九至三一一、三一三至三一五、三四〇至三四一、四〇六至四一二、四一五至四一八、四二一至四二五、四四一至四四二、四六〇至四六二、四六六至四六九、四七五至四七八、四九九至五〇二、五二一至五二二、五二六至五三一、五三四至五三五、六〇一至六〇三、六〇六至六一〇、六七一至六七三、六七九至六八二頁（録）；《英藏敦煌文獻》四卷，成都：四川人民出版社，一九九一年，一一三至一一四頁（圖）；《〈敦煌歌辭總編〉商補》，《敦煌吐魯番研究》二卷，北京大學出版社，一九九七年，三四六頁；《英國圖書館藏敦煌漢文非佛教文獻殘卷概述》，載《敦煌文藪》（下），臺北：新文豐出版公司，一九九九年，一二八頁；《〈敦煌歌辭總編〉匡補》，成都：巴蜀書社，二〇〇〇年，二至三、一〇至一一、一五至一六、一九至二〇、三三至三五、三八至四〇、四二、五〇至五一頁（録）；《〈英藏敦煌文獻〉定名商補》，《文史》五二輯，北京：中華書局，二〇〇〇年，一二〇頁。

# 斯二六〇七背＋斯九九三一背　某寺交割常住什物點檢歷

**釋文**

（前缺）

□復儭兩面住帶具足〔一〕。□錦傘壹，白布裹。□後儭并兩面住帶具

□窠獨織錦傘壹〔二〕，白布□儭住帶具足〔三〕。大額壹□壹條。録（緑）

綾裙古破紅綾□堪使用〔四〕，同爲壹，角封印全〔五〕。□條并綊録（緑）羅裙

紅錦腰，内有住帶肆拾肆個〔六〕。□□玖尺，紅綾額壹條。紅錦腰帶住一百六十四〔七〕，

并破。新附董師子幡小額子壹條。録（緑）綾裙紅□腰住帶貳拾玖。織成錦經巾壹，

白紬裹，古破。繡錦經巾壹〔八〕，無裹。新錦繡大經巾壹，紅川錦，緑紅綾裹〔九〕，古

破〔一〇〕。青纈經巾壹，欠裹壹副。而（如）意杖并□机〔一一〕。唱經案壹。蓮花坐并幢

坐兩副。

**供養具**〔一二〕：銅香爐貳，内壹柄折。幡竿上大銅鈴壹〔一三〕，并鐸。銅師子壹，無壹腳〔一四〕。

銅師子壹〔一五〕，在道政。銅鈴貳，并鐸〔一六〕，内壹項折。經案貳。鑾三腳壹副〔一七〕。轉
經□壹副，并經〔一八〕，在都判官。捌尺大經案貳〔一九〕。螺貝貳。破香奩貳。供養花競
（檠）貳〔二〇〕，内壹是臺〔二一〕。木師子貳。木碑子壹〔二二〕。盛香録（緑）花楪子
貳〔二三〕。紫楪三條。竹箱子壹。方食牀壹。小經藏子壹，在教授。小經藏子壹，在法
真〔二四〕。小經藏子壹〔二五〕，在管内法律。又經藏子壹〔二六〕，在□□〔二七〕。□□腳經案
壹，在都判官〔二八〕。又經案壹〔二九〕，在〔三〇〕□
□黑漆楪子捌枚〔三一〕，古破〔三二〕。又□子壹。又古破磁椀貳。□□盤貳〔三三〕。
□斗木盆壹。古破牙盤肆面，無連蹄。黑團盤壹。小□□壹〔三四〕。漆疊子拾枚。
花合子壹副。花競□參面，内壹在管内法律。木槐子參〔三五〕，内壹破〔三六〕。花聚□
壹〔三七〕。□競腳肆，内貳破。方牙盤壹。小花團盤□黑漆合子壹副〔三八〕。白
木盛子壹〔三九〕，并蓋。小□壹面。食櫃壹〔四〇〕。□食牟壹〔四一〕。赤楪子參枚，内
壹破。白木椀參枚〔四二〕。白木楪子柒拾陸枚〔四三〕，内五枚在（欠）欠（在）道政〔四四〕。
又新附畫牖赤楪子肆拾枚〔四五〕，櫝内出〔四六〕。赤木椀新〔四七〕，肆拾柒枚。又疊子肆
枚〔四八〕。何（褐）楪子肆枚〔四九〕。瓷（？）花盤□壹拾玖枚〔五〇〕，内肆枚黑〔五一〕，二

枚欠在石寺主〔五二〕，兩在陰寺主〔五三〕。又蠶（?）司赤心盤子拾枚〔五四〕，二欠在石寺主，□欠在陰寺主〔五五〕。黄花楪子壹拾枚〔五六〕。黄花合盛貳〔五七〕，内壹破〔五八〕。大木盆貳〔五九〕，内壹在南楪。白楊木盆貳〔六〇〕，内壹破烈。□楪花壹〔六一〕。花競盤壹面。新録（緑）畫何（褐）楪子肆枚〔六二〕。閣梨案黑木壘子肆枚〔六三〕。白木盛子壹。合盤壹〔六四〕。大木杓壹〔六五〕。

**□鐵器**〔六六〕：銅盤肆〔六七〕，内壹有腳。□銅盤子壹〔六八〕，内有壹烈紋（?）〔六九〕。銅悉羅壹〔七〇〕。鐵爪子壹〔七一〕，銅楪子壹〔七二〕。銅鎚貳〔七三〕，内壹在宅内〔七四〕。銅灌壹〔七五〕。銅尼紋瓶貳〔七六〕。競□□銅鉢壹〔七七〕，古破〔七八〕。軍持參〔七九〕，内壹在道政〔八〇〕。破尼瓶壹，無下接〔八一〕。大龍篋鏡壹面〔八二〕，具全。又螺貝貳〔八三〕，壹在石寺主〔八四〕。

**鐺鏊**〔八五〕：壹碩玖斗鑊壹〔八六〕，新接底〔八七〕。兩碩壹斗大鐺壹口，□并鐃。壹碩貳斗鐺壹口，破。參斗煮油鐺壹口。貳斗肆升鐺壹口，烈〔八八〕。貳尺肆寸大鑄鏊壹面〔八九〕，有烈。破釜肆口。貳斗破鐺壹口〔九〇〕。壹斗貳升鐺壹口〔九一〕。柒升方耳鐺子壹，破，用換鐵寫鑊〔九二〕。壹尺壹寸鑄鏊壹件〔九三〕。又壹尺柒寸鑄鏊壹面，有小烈子〔九四〕。又貳尺鑄鏊一面〔九五〕，有小烈子〔九六〕。又貳斗煑油鐺壹口〔九七〕。肆斗破鑊子壹口〔九八〕。又肆升小鐺子壹口〔九九〕。張眼子破用〔一〇〇〕。貳斗烈鐺壹口。壹斗銅鍋壹〔一〇一〕，烈〔一〇二〕。貳斗銅鍋壹口〔一〇三〕，内有孔〔一〇四〕。釜兩口，内壹新〔一〇五〕，在南樑〔一〇六〕，壹在北樑。磓錘釧壹副〔一〇七〕。□□□鐘在磓□。鎖陸具，内壹换鐵造鏘刃五具〔一〇八〕，俱給[　]〔一〇九〕。印壹。熟鐵塹壹〔一一〇〕，重貳斤參兩。平斤[　]玖兩□錯〔一一一〕，壹截在平老宿〔一一二〕。浮丁壹貸（袋）子〔一一三〕，[　]伍□鋸壹樑〔一一四〕。钁壹具，重壹斤參兩。[　]袋子封印全。打磓錘貳〔一一五〕，各重壹拾[　]〔一一六〕。熟鐵□□子〔一一七〕，重柒兩〔一一八〕，在陰寺[　]封印全〔一一九〕。□□燒鐵兩裹（？）〔一二〇〕，封印全。[　]鑊□壹片〔一二一〕。□瀉用破〔一二二〕。

**函櫃**〔一二三〕：　／櫃大／小貳拾壹口〔一二四〕，内五口有象鼻胡鉞〔一二五〕。[　]／壹拾五碩／壹口在應寂〔一二六〕。吴老宿施入[　]／壹口并象／鼻胡鉞具全〔一二七〕，在吴老宿。[　]／□法律胡鉞象／鼻具全〔一二八〕。壹口胡鉞象〔鼻〕具全〔一二九〕，　／律／〔一三〇〕。　／漆函／子壹〔一三一〕，無蓋〔一三二〕。食櫃貳，在行[　]／火爐五／，／内壹在／慶張法律〔一三三〕，壹在石寺主〔一三四〕。□□／櫃壹／〔一三五〕，／在王教授／〔一三六〕。斗兩

具〔一三七〕。函壹具〔一三八〕，并魁〔一三九〕，在官／倉／〔一四〇〕。［　］／壹／〔一四一〕。函大小

肆。秤壹棵〔一四二〕，并鐵勾鐵／鉅／〔一四三〕。［　］貳□壹管内院〔一四四〕，壹在都判

［官］〔一四五〕。［　］子壹，片子在□□〔一四六〕，□［　］律〔一四七〕。大隔子［　］在管

内〔一四八〕。［　］石寺主〔一四九〕。［載　］□車腳壹□〔一五〇〕［　］

（後缺）

## 説明

此件抄於斯二六〇七+斯九九三一《曲子詞抄》的背面，首尾均缺，中間亦有殘破，記録了沙州某寺的部分幢傘、供養具、家具、銅鐵器、鐺鏊、函櫝等物品。其中供養具、銅鐵器、鐺鏊等標題，原爲朱筆抄寫。卷中部分種類物品右上方有朱筆勘驗符號，可能與點檢活動有關。此件雖失事由，但與本書第八卷所收之斯一七七四『天福柒年（公元九四二年）十二月大乘寺法律智定等一伴交歷』、斯一七七六A《顯德伍年（公元九五八年）大乘寺法律尼戒性等交割常住什物點檢歷》内容、格式均相類，可以確定其亦爲『交割常住什物點檢歷』，其年代和所屬寺院待考。

因兩件綴合處成斜線型，故有數行文字是由兩件文書綴合組成的。爲便於區分，在釋録綴合處的文字時，用『／』表示保存在斯九九三一背上的文字，即在兩個『／』之間的文字，是保存在斯九九三一背

上的文字。

## 校記

〔一〕『復』，《敦煌社會經濟文獻真蹟釋録》未能釋讀；『足』，據殘筆劃及文義補。

〔二〕『後』，《敦煌社會經濟文獻真蹟釋録》未能釋讀；『具』，《敦煌社會經濟文獻真蹟釋録》未能釋讀；『窠』，據殘筆劃及文義補。

〔三〕『布』，據殘筆劃及文義補。

〔四〕『録』，當作『緑』，據文義改。以下同，不另出校。

〔五〕『印』，《敦煌社會經濟文獻真蹟釋録》未能釋讀。

〔六〕『拾肆個』，《敦煌社會經濟文獻真蹟釋録》未能釋讀。

〔七〕『帶』，《敦煌社會經濟文獻真蹟釋録》釋作『並』，誤。

〔八〕『錦』，《敦煌社會經濟文獻真蹟釋録》釋作『錦□』，按底本『錦』下無字。

〔九〕『緑』，《敦煌社會經濟文獻真蹟釋録》釋作『緣』，誤；『紅』，《敦煌社會經濟文獻真蹟釋録》未能釋讀；『綾』，《敦煌社會經濟文獻真蹟釋録》釋作『絹』，誤。

〔一〇〕『古』，《敦煌社會經濟文獻真蹟釋録》釋作『面』，誤。

〔一一〕『而』，當作『如』，據文義改，『而』爲『如』之借字。

〔一二〕『供』，原爲朱筆，黑白圖版不能顯示。

〔一三〕『竿』，《敦煌社會經濟文獻真蹟釋録》釋作『杆』，雖義可通而字誤。

〔一四〕『腳』，《敦煌社會經濟文獻真蹟釋録》未能釋讀。

〔一五〕「銅」，《敦煌社會經濟文獻真蹟釋録》釋作「經」，誤；「子」，《敦煌社會經濟文獻真蹟釋録》漏録。

〔一六〕「鐸」，《敦煌社會經濟文獻真蹟釋録》釋作「並□鐸」，按底本「并」「鐸」間並無文字。

〔一七〕「三」，《敦煌社會經濟文獻真蹟釋録》釋作「二」，誤。

〔一八〕「經」，據殘筆劃及文義補。

〔一九〕「貳」，《敦煌社會經濟文獻真蹟釋録》未能釋讀。

〔二〇〕「供」，《敦煌社會經濟文獻真蹟釋録》未能釋讀；「養」，《敦煌社會經濟文獻真蹟釋録》釋作「食」，誤；「竸」，當作「檠」，據文義改，「竸」爲「檠」之借字，《敦煌社會經濟文獻真蹟釋録》釋作「鏡」，誤。

〔二一〕「是臺」，《敦煌社會經濟文獻真蹟釋録》釋作「□蠻」。

〔二二〕「木碑子」，《敦煌社會經濟文獻真蹟釋録》未能釋讀。

〔二三〕「香録（緑）花楪」，《敦煌社會經濟文獻真蹟釋録》未能釋讀。

〔二四〕「真」，《敦煌社會經濟文獻真蹟釋録》未能釋讀。

〔二五〕「小經」，據殘筆劃及文義補。

〔二六〕「又經藏」，《敦煌社會經濟文獻真蹟釋録》未能釋讀；「壹」，《敦煌社會經濟文獻真蹟釋録》未能釋讀。

〔二七〕「在」，《敦煌社會經濟文獻真蹟釋録》未能釋讀。

〔二八〕「都」，《敦煌社會經濟文獻真蹟釋録》未能釋讀；「判官」，《敦煌社會經濟文獻真蹟釋録》釋作「烈口」，誤。

〔二九〕「經案」，《敦煌社會經濟文獻真蹟釋録》未能釋讀。

〔三〇〕「在」，《敦煌社會經濟文獻真蹟釋録》未能釋讀。

〔三一〕「黑漆楪」，《敦煌社會經濟文獻真蹟釋録》未能釋讀；「子」，據殘筆劃及文義補。

〔三二〕「古」，《敦煌社會經濟文獻真蹟釋録》釋作「面」，誤。

〔三三〕「盤貳」，《敦煌社會經濟文獻真蹟釋録》未能釋讀。

〔三四〕「小」，《敦煌社會經濟文獻真蹟釋録》未能釋讀。

〔三五〕「木」，《敦煌社會經濟文獻真蹟釋録》未能釋讀；「子參」，《敦煌社會經濟文獻真蹟釋録》未能釋讀。

〔三六〕「内」，《敦煌社會經濟文獻真蹟釋録》未能釋讀。

〔三七〕「聚」，《敦煌社會經濟文獻真蹟釋録》釋作「累」。

〔三八〕「子」，《敦煌社會經濟文獻真蹟釋録》漏録。

〔三九〕「盛」，《敦煌社會經濟文獻真蹟釋録》未能釋讀。

〔四〇〕「食」，《敦煌社會經濟文獻真蹟釋録》漏録。

〔四一〕「牟」，《敦煌社會經濟文獻真蹟釋録》未能釋讀。

〔四二〕「枚」，《敦煌社會經濟文獻真蹟釋録》未能釋讀。

〔四三〕「白木楪子柒拾」，《敦煌社會經濟文獻真蹟釋録》未能釋讀；「陸」，《敦煌社會經濟文獻真蹟釋録》釋作「壹」，誤。

〔四四〕「在欠」，當作「欠在」，據文義改，《敦煌社會經濟文獻真蹟釋録》逕釋作「欠在」。

〔四五〕「赤」，《敦煌社會經濟文獻真蹟釋録》未能釋讀；「枚」，《敦煌社會經濟文獻真蹟釋録》漏録。

〔四六〕「樻内」，《敦煌社會經濟文獻真蹟釋録》未能釋讀。

〔四七〕「赤木椀新」，《敦煌社會經濟文獻真蹟釋録》未能釋讀。

〔四八〕「肆」，《敦煌社會經濟文獻真蹟釋録》未能釋讀；「枚」，據殘筆劃及文義補。

〔四九〕「何」，當作「褐」，據文義改，「何」爲「褐」之借字；「枚」，《敦煌社會經濟文獻真蹟釋録》未能釋讀。

〔五〇〕「瓷」，《敦煌社會經濟文獻真蹟釋録》漏録；「壹」，《敦煌社會經濟文獻真蹟釋録》未能釋讀。

〔五一〕「内」，《敦煌社會經濟文獻真蹟釋録》未能釋讀。

〔五二〕「在」，據殘筆劃及文義補。

〔五三〕「兩在」，據殘筆劃及文義補。

〔五四〕「又霾司赤心」，《敦煌社會經濟文獻真蹟釋録》未能釋讀。

〔五五〕「欠在」，《敦煌社會經濟文獻真蹟釋録》未能釋讀；「陰」，《敦煌社會經濟文獻真蹟釋録》釋作「張」，誤；「寺主」，《敦煌社會經濟文獻真蹟釋録》未能釋讀。

〔五六〕「拾」，《敦煌社會經濟文獻真蹟釋録》釋作「拾伍」，按底本「伍」被朱筆「柭」替代。

〔五七〕「黄」，《敦煌社會經濟文獻真蹟釋録》釋作「黄□」，按底本「黄」下無字；「盛貳」，《敦煌社會經濟文獻真蹟釋録》未能釋讀。

〔五八〕「内」，據殘筆劃及文義補；「壹」，《敦煌社會經濟文獻真蹟釋録》未能釋讀。

〔五九〕「大木」，《敦煌社會經濟文獻真蹟釋録》未能釋讀。

〔六〇〕「楊」，《敦煌社會經濟文獻真蹟釋録》未能釋讀。

〔六一〕「楪花」，《敦煌社會經濟文獻真蹟釋録》未能釋讀。

〔六二〕「何」，當作「褐」，據文義改，「何」爲「褐」之借字。「新」「畫何（褐）楪」「柭」，《敦煌社會經濟文獻真蹟釋録》未能釋讀。

〔六三〕「閣梨案」，《敦煌社會經濟文獻真蹟釋録》未能釋讀。

〔六四〕「合」，《敦煌社會經濟文獻真蹟釋録》未能釋讀。

〔六五〕「大」，《敦煌社會經濟文獻真蹟釋録》未能釋讀；「壹」，《敦煌社會經濟文獻真蹟釋録》未能釋讀。

〔六六〕「鐵」，據殘筆劃及文義補；「器」，《敦煌社會經濟文獻真蹟釋録》漏録。

〔六七〕「肆」，《敦煌社會經濟文獻真蹟釋録》釋作「案」，誤。

〔六八〕「銅」，《敦煌社會經濟文獻真蹟釋録》未能釋讀；「壹」，《敦煌社會經濟文獻真蹟釋録》釋作「貳」，誤。

〔六九〕「烈紋」，《敦煌社會經濟文獻真蹟釋録》未能釋讀。

〔七〇〕「悉羅」，《敦煌社會經濟文獻真蹟釋録》未能釋讀。

〔七一〕「爪子」，據殘筆劃及文義補；「壹」，《敦煌社會經濟文獻真蹟釋録》未能釋讀。

〔七二〕「楪子」，《敦煌社會經濟文獻真蹟釋録》未能釋讀。

〔七三〕「鎞」，《敦煌社會經濟文獻真蹟釋録》未能釋讀。

〔七四〕「宅内」，《敦煌社會經濟文獻真蹟釋録》未能釋讀。

〔七五〕「壹」，《敦煌社會經濟文獻真蹟釋録》釋作「壹副」，按底本實無「副」字。

〔七六〕「銅尼紋」，《敦煌社會經濟文獻真蹟釋録》未能釋讀；「貳」，《敦煌社會經濟文獻真蹟釋録》未能釋讀。

〔七七〕「鐃」，《敦煌社會經濟文獻真蹟釋録》未能釋讀；「鉢」，《敦煌社會經濟文獻真蹟釋録》釋作「鈸」，誤；「壹」，《敦煌社會經濟文獻真蹟釋録》未能釋讀。

〔七八〕「古」，《敦煌社會經濟文獻真蹟釋録》未能釋讀。

〔七九〕「軍持」，《敦煌社會經濟文獻真蹟釋録》未能釋讀。

〔八〇〕「道政」，《敦煌社會經濟文獻真蹟釋録》未能釋讀。

〔八一〕「無下接」，《敦煌社會經濟文獻真蹟釋録》未能釋讀。

〔八二〕「篕」，《敦煌社會經濟文獻真蹟釋録》未能釋讀。

〔八三〕「貳」，《敦煌社會經濟文獻真蹟釋録》未能釋讀。

〔八四〕「石」，《敦煌社會經濟文獻真蹟釋録》未能釋讀。

〔八五〕「鐺鏊」，《敦煌社會經濟文獻真蹟釋録》漏録。
〔八六〕「玖」，《敦煌社會經濟文獻真蹟釋録》未能釋讀。
〔八七〕「接底」，《敦煌社會經濟文獻真蹟釋録》未能釋讀。
〔八八〕「烈」，《敦煌社會經濟文獻真蹟釋録》未能釋讀。
〔八九〕「面」，據殘筆劃及文義補。
〔九〇〕「貳」，《敦煌社會經濟文獻真蹟釋録》釋作「叁」，誤；「鐺」，《敦煌社會經濟文獻真蹟釋録》未能釋讀。
〔九一〕第一個「壹」，《敦煌社會經濟文獻釋録》未能釋讀。
〔九二〕「鑊」，《敦煌社會經濟文獻真蹟釋録》未能釋讀。
〔九三〕「件」，《敦煌社會經濟文獻真蹟釋録》未能釋讀。
〔九四〕「有」，據殘筆劃及文義補；「小烈」，《敦煌社會經濟文獻真蹟釋録》未能釋讀。
〔九五〕「一」，《敦煌社會經濟文獻真蹟釋録》釋作「壹」。
〔九六〕「小」，《敦煌社會經濟文獻真蹟釋録》未能釋讀。
〔九七〕「煮」，《敦煌社會經濟文獻真蹟釋録》釋作「貳」，誤；「油」，據殘筆劃及文義補，《敦煌社會經濟文獻真蹟釋録》釋作「升」，誤。
〔九八〕「子」，據殘筆劃及文義補，《敦煌社會經濟文獻真蹟釋録》漏録。
〔九九〕「肆」，《敦煌社會經濟文獻真蹟釋録》釋作「半」，誤。
〔一〇〇〕「破」，《敦煌社會經濟文獻真蹟釋録》釋作「失卻破」，按底本「破」書於「失卻」右側，爲朱筆，係替代「失卻」二字。
〔一〇一〕「鍋」，《敦煌社會經濟文獻真蹟釋録》未能釋讀；「壹」，據殘筆劃及文義補。

〔一〇二〕「烈」，《敦煌社會經濟文獻真蹟釋録》未能釋讀。
〔一〇三〕「銅」，《敦煌社會經濟文獻真蹟釋録》未能釋讀。
〔一〇四〕「孔」，《敦煌社會經濟文獻真蹟釋録》釋作「烈」，誤。
〔一〇五〕「新」，《敦煌社會經濟文獻真蹟釋録》釋作「烈」，誤。
〔一〇六〕「在」，《敦煌社會經濟文獻真蹟釋録》漏録；「南」，據殘筆劃及文義補，《敦煌社會經濟文獻真蹟釋録》漏録。
〔一〇七〕「錘」，《敦煌社會經濟文獻真蹟釋録》釋作「釦」；「釧」，《敦煌社會經濟文獻真蹟釋録》未能釋録。
〔一〇八〕「造鏘刃」，《敦煌社會經濟文獻真蹟釋録》未能釋讀；「具」，《敦煌社會經濟文獻真蹟釋録》未能釋讀。
〔一〇九〕「俱給」，據殘筆劃及文義補。
〔一一〇〕「熟鐵鏨」，《敦煌社會經濟文獻真蹟釋録》未能釋讀。
〔一一一〕「平斤」，《敦煌社會經濟文獻真蹟釋録》未能釋讀；「兩」，據殘筆劃及文義補；「錯」，《敦煌社會經濟文獻真蹟釋録》未能釋讀。
〔一一二〕「截」，《敦煌社會經濟文獻真蹟釋録》未能釋讀；「平」，《敦煌社會經濟文獻真蹟釋録》未能釋讀。
〔一一三〕「貸」，當作「袋」，據文義改，「貸」爲「袋」之借字；「子」，據殘筆劃及文義補。
〔一一四〕「伍」，《敦煌社會經濟文獻真蹟釋録》未能釋讀；「鋸壹」，《敦煌社會經濟文獻真蹟釋録》未能釋讀。
〔一一五〕「磑」，據殘筆劃及文義補；「貳」，《敦煌社會經濟文獻真蹟釋録》未能釋讀。
〔一一六〕「各重」，《敦煌社會經濟文獻真蹟釋録》未能釋讀；「拾」，《敦煌社會經濟文獻真蹟釋録》未能釋讀。
〔一一七〕「熟鐵」，《敦煌社會經濟文獻真蹟釋録》未能釋讀；「子」，《敦煌社會經濟文獻真蹟釋録》未能釋讀。
〔一一八〕「重」，《敦煌社會經濟文獻真蹟釋録》未能釋讀。
〔一一九〕「寺」，《敦煌社會經濟文獻真蹟釋録》未能釋讀。

〔一二〇〕「燒」，《敦煌社會經濟文獻真蹟釋録》未能釋讀；「裹」，《敦煌社會經濟文獻真蹟釋録》未能釋讀。
〔一二一〕「片」，《敦煌社會經濟文獻真蹟釋録》釋作「袋」。
〔一二二〕「瀉」，《敦煌社會經濟文獻真蹟釋録》未能釋讀。
〔一二三〕「函櫃」，《敦煌社會經濟文獻真蹟釋録》未能釋讀。
〔一二四〕「櫝大小」，《敦煌社會經濟文獻真蹟釋録》未能釋讀。
〔一二五〕「内五口有」，《敦煌社會經濟文獻真蹟釋録》未能釋讀；「象」，《敦煌社會經濟文獻真蹟釋録》釋作「像」，誤。
〔一二六〕「應寂」，《敦煌社會經濟文獻真蹟釋録》未能釋讀。
〔一二七〕「壹口并象鼻胡鉞具全」，《敦煌社會經濟文獻真蹟釋録》未能釋讀。
〔一二八〕「法律胡鉞象鼻具全」，《敦煌社會經濟文獻真蹟釋録》未能釋讀。
〔一二九〕「象」，《敦煌社會經濟文獻真蹟釋録》釋作「像」，誤；「鼻」，據文義補。
〔一三〇〕「律」，《敦煌社會經濟文獻真蹟釋録》未能釋讀。
〔一三一〕「漆函子」，《敦煌社會經濟文獻真蹟釋録》未能釋讀。
〔一三二〕「無蓋」，《敦煌社會經濟文獻真蹟釋録》未能釋讀。
〔一三三〕「慶張法律」，《敦煌社會經濟文獻真蹟釋録》未能釋讀。
〔一三四〕「壹」，《敦煌社會經濟文獻真蹟釋録》未能釋讀；「寺主」，《敦煌社會經濟文獻真蹟釋録》未能釋讀。
〔一三五〕「櫝壹」，《敦煌社會經濟文獻真蹟釋録》未能釋讀。
〔一三六〕「在王教授」，《敦煌社會經濟文獻真蹟釋録》未能釋讀。
〔一三七〕「兩」，《敦煌社會經濟文獻真蹟釋録》漏録。

〔一三八〕『函壹』，《敦煌社會經濟文獻真蹟釋録》未能釋讀。
〔一三九〕『魁』，《敦煌社會經濟文獻真蹟釋録》未能釋讀。
〔一四〇〕『在』，《敦煌社會經濟文獻真蹟釋録》未能釋讀。
〔一四一〕『壹』，《敦煌社會經濟文獻真蹟釋録》未能釋讀。
〔一四二〕『櫟』，《敦煌社會經濟文獻真蹟釋録》未能釋讀。
〔一四三〕『勾鐵鉅』，《敦煌社會經濟文獻真蹟釋録》未能釋讀。
〔一四四〕『貳』，《敦煌社會經濟文獻真蹟釋録》未能釋讀；『壹』，《敦煌社會經濟文獻真蹟釋録》未能釋讀。
〔一四五〕『判』，《敦煌社會經濟文獻真蹟釋録》未能釋讀；『官』，據殘筆劃及文義補。
〔一四六〕『在』，《敦煌社會經濟文獻真蹟釋録》未能釋讀。
〔一四七〕『律』，《敦煌社會經濟文獻真蹟釋録》未能釋讀。
〔一四八〕『大』，《敦煌社會經濟文獻真蹟釋録》未能釋讀；『子』，《敦煌社會經濟文獻真蹟釋録》未能釋讀；『在』，《敦煌社會經濟文獻真蹟釋録》未能釋讀。
〔一四九〕『石寺主』，《敦煌社會經濟文獻真蹟釋録》未能釋讀。
〔一五〇〕『載』，據殘筆劃及文義補；『車』，《敦煌社會經濟文獻真蹟釋録》未能釋讀。

## 參考文獻

Mair, *Chinoperl Papers*, No. 10（1981）, p. 52；《敦煌寶藏》二一册，臺北：新文豐出版公司，一九八二年，四〇〇至四〇二頁（圖）；《唐五代敦煌寺户制度》，北京：中華書局，一九八七年，二五七頁；《敦煌社會經濟文獻真蹟釋録》三輯，北京：全國圖書館文獻縮微複製中心，一九九〇年，四二至四五頁（録）；《英藏敦煌文獻》四卷，成都：

四川人民出版社，一九九一年，一一五至一一六頁（圖）；《敦煌寺院會計文書研究》，臺北：新文豐出版公司，一九九七年，六頁；《唐後期五代宋初敦煌僧尼的社會生活》，北京：中國社會科學出版社，一九九八年，一三〇頁。

## 斯二六一一　大乘無量壽經題記

### 釋文

鄧英。

### 説明

此件《英藏敦煌文獻》未收，現予增收。

### 參考文獻

《敦煌寶藏》二一册，臺北：新文豐出版公司，一九八二年，四三七頁（圖）；《中國古代寫本識語集録》，東京大學東洋文化研究所，一九九〇年，三九三頁（録）。

## 斯二六一三　　瑜伽論卷第四十三至五十題記

**釋文**

《瑜伽論》第卌四卷手記　　談迅　福慧
《瑜伽論》第卌六卷手記初　　談迅　福慧
《瑜伽論》第卌六卷手記已竟　　談迅　福慧
《瑜伽論》第卌七卷手記　　談迅　福慧
《瑜伽師地論》第卌八手記〔一〕　　談迅　福慧
《瑜伽師地論》第卌九卷手記〔二〕　　談迅　福慧
《瑜伽論》第五十卷手記初　　談迅　福慧記
福慧
福慧
福慧〔三〕
《瑜伽論》第四十六卷一半已後也　　談迅　福慧

## 説明

以上題名分別題於各卷卷首或卷尾標題之下，第七行以下題於卷背，八、九、十等三行題名以濃墨大字書於兩紙粘接的紙縫處。此件《英藏敦煌文獻》未收，現予增收。

## 校記

〔一〕『師地』，《中國古代寫本識語集録》漏録。
〔二〕『師地』，《中國古代寫本識語集録》漏録。
〔三〕『福慧』，《中國古代寫本識語集録》漏録。

## 參考文獻

*Descriptive Catalogue of the Chinese Manuscripts from Tunhuang in the British Museum*, The Trustees of the British Museum, London: 1957, p. 181（録）；《敦煌寶藏》二一册，臺北：新文豐出版公司，一九八二年，四五七、四六〇至四六一、四六四、四六八、四七二、四七四、四七六、四七七、四八三頁（圖）；《中國古代寫本識語集録》，東京大學東洋文化研究所，一九九〇年，四一九至四二〇頁（録）。

圖書在版編目(CIP)數據

英藏敦煌社會歷史文獻釋録. 第12卷/郝春文等編著.
—北京：社會科學文獻出版社，2015.3
（敦煌社會歷史文獻釋録. 第1編）
ISBN 978-7-5097-7156-3

Ⅰ.①英… Ⅱ.①郝… Ⅲ.①敦煌學-文獻-注釋
Ⅳ.①K870.6

中國版本圖書館CIP數據核字(2015)第037895號

敦煌社會歷史文獻釋録 第一編
英藏敦煌社會歷史文獻釋録 第十二卷

編　　著 / 郝春文　宋雪春　董大學　王秀林

出 版 人 / 謝壽光
項目統籌 / 宋月華　李建廷
責任編輯 / 李建廷

出　　版 / 社會科學文獻出版社·人文分社（010）59367215
地址：北京市北三環中路甲29號院華龍大廈　郵編：100029
網址：www.ssap.com.cn
發　　行 / 市場營銷中心（010）59367081　59367090
讀者服務中心（010）59367028
印　　裝 / 三河市東方印刷有限公司

規　　格 / 開 本：889mm×1194mm　1/32
印 張：16.75　字 數：400千字
版　　次 / 2015年3月第1版　2015年3月第1次印刷
書　　號 / ISBN 978-7-5097-7156-3
定　　價 / 69.00圓